CON ZETA DE MUERTE

1ª EDICIÓN: FEBRERO, 2013

CON ZETA DE MUERTE

AGENTE EDITORIAL PARA EU: CARLOS J. MATALLANA
2141 W. 21ST STREET CHICAGO ILLINOIS 60608

WWW.GIRONBOOKS.COM

ISBN: 0974139394

RAFAEL RODRÍGUEZ CASTAÑEDA
COORDINADOR

CON ZETA DE MUERTE

CON EL CUERPO DE REPORTEROS DE LA REVISTA
proceso

Índice

CAPÍTULO 2:
LA EXPANSIÓN

CAPÍTULO 3:
UN EJÉRCITO TRASNACIONAL

CAPÍTULO 4:
COMPLICIDADES

CAPÍTULO 5:
EL CORREDOR MORTÍFERO

CAPÍTULO 6:
LAS MATANZAS

CAPÍTULO 7:

LOS LIDERAZGOS

PRESENTACIÓN

Y cuando el país despertó el monstruo estaba ahí...

Los gobiernos lo prohijaron, lo alimentaron, lo dejaron crecer y cuando quisieron acabarlo, prácticamente era imbatible.

El narcotráfico, que se extiende a lo largo y ancho de México, no es un producto de la generación espontánea. Es resultado de una mezcla explosiva: el empobrecimiento de un enorme segmento de la población; la corrupción impune en las estructuras administrativas, empresariales, políticas y gubernamentales y la cínica actitud de sus contrapartes en Estados Unidos, cuya población urbana, en amplios sectores, no disminuye la avidez por las drogas y cuyos fabricantes y comerciantes de armamento disfrutan de la creciente demanda allende la frontera.

Si alguien imaginaba una revolución en México en los albores del siglo XXI, la revolución ocurrió sin previo aviso. No de otra manera puede definirse el fenómeno social mexicano actual más importante: Podemos decir llanamente que es la Revolución Narca. No hay ideología de por medio ni está sistematizada, ni menos aun ha sido analizada como tal. Pero un movimiento que tiene liderazgos, que cuenta con cuadros de mando intermedios, que puede sostener casi de tú a tú una guerra contra las poderosas fuerzas armadas mexicanas –más armadas que mexicanas, puesto que disponen de sus recursos bélicos gracias a la contribución de Washington–, que administra no sólo poblaciones sino regiones enteras, que dispone de recursos humanos inagotables en una leva permanente, voluntaria e involuntaria, no puede menos que merecer el nombre de Revolución, entre otras razones semánticas porque ha acelerado negativamente la evolución del país.

A lo largo de la guerra que lanzó Felipe Calderón contra los cárteles de la droga, éstos han sido más o menos mermados y aun aparentemente descabezados. Nada hace pensar, sin embargo, que su fuerza disminuya. El caso más dramático, razón de ser de este libro, es el de Los Zetas. Nacidos sus fundadores en el seno del Ejército mexicano, la estructura central de este grupo de sicarios del Cártel del Golfo, que al paso de su creciente fortaleza se convirtió en un cártel independiente, recibió preparación sofisticada en el cuerpo de élite militar denominado Grupo Aeromóvil de Fuerzas Especiales.

Y ahora, con estrategias propias y peculiares, con un potencial de fuego y de logística equiparable al de un ejército de medianas dimensiones, Los Zetas desafían no sólo a las autoridades locales y estatales y a las corporaciones que participan en la guerra federal contra el narcotráfico, sino a grupos rivales a los que han ido arrebatando plazas clave en la costa del Golfo de México, en la costa del Pacífico y en los estados del norte del país. Huellas suyas se advierten igualmente en muchos estados de la Unión Americana, con aliados trasfronterizos. A sangre y fuego Los Zetas han incursionado en actividades complementarias del narcotráfico, como el contrabando, la piratería, el secuestro, la trata de personas y el control de la migración proveniente de Centroamérica, región en la que también ejercen dominio sobre amplios territorios.

Los Zetas han experimentado golpes, como el abatimiento de su fundador, Arturo Guzmán Decena, *El Z-1*, cuando el grupo aún constituía la fuerza de choque del Cártel del Golfo, encabezado entonces por Osiel Cárdenas Guillén, hoy preso en una cárcel de Estados Unidos. Con el sucesor del *Z-1*, el desertor del ejército Heriberto Lazcano Lazcano, Los Zetas fueron adquiriendo el poder suficiente para independizarse y llegar a ser lo que ahora son: el grupo criminal más violento y sanguinario de los que operan en México. De ello son sólo ejemplos las matanzas de San Fernando en Tamaulipas y la de los Arcos del Milenio en

Guadalajara, así como la brutal pelea por las rutas del narco, que siembra de cadáveres las carreteras de los estados del norte de la República.

A lo largo de los últimos años **Proceso** ha seguido periodísticamente la evolución de Los Zetas. *Con zeta de muerte* es el resultado de investigaciones de reporteros, corresponsales, enviados especiales y fotógrafos del semanario que, en conjunto, muestran no sólo las actividades del grupo que ha sobrevivido aun a la presunta muerte de su líder máximo, *El Lazca*, sino la forma como se ha dado su expansión, la cual no habría sido posible sin la red de complicidades que han establecido con la estructura de seguridad de los gobiernos municipales, estatales y federal.

Cambian las administraciones y los signos de partido, a nivel federal, estatal y municipal. En la estrategia del combate al narcotráfico se transforman o se inventan estrategias: de Fox a Calderón, y ahora, de Calderón a Peña Nieto. Los Zetas se recomponen, alimentan sus filas del componente más débil de la sociedad y el más accesible para el crimen organizado, el de los jóvenes marginados, y continúan vigentes, en movilidad continua, de región en región, de estado en estado.

Con toda su sanguinaria crueldad así son Los Zetas y así los mostramos a los lectores de este volumen.

Rafael Rodríguez Castañeda

CAPÍTULO 1

SUS ORÍGENES, SUS FEUDOS

30 de enero de 2005

Un ejército sofisticado

Alejandro Gutiérrez

Son el brazo armado mejor preparado que hayan tenido los narcotraficantes mexicanos. Se trata de Los Zetas, grupo formado por desertores del Ejército, principalmente del Grupo Aeromóvil de Fuerzas Especiales (GAFE), caracterizado por tener la más alta especialización contrainsurgente y antinarcóticos. Ahora están al servicio del Cártel del Golfo y se dan el lujo de actuar fuera de su zona de influencia, como lo hicieron en el penal de Apatzingán, Michoacán, hace unos días.

Con la más alta preparación en el manejo de armamento y explosivos, telecomunicaciones, estrategias de contrainsurgencia y operaciones de inteligencia que imparten las Fuerzas Armadas, Los Zetas son ya considerados un grupo criminal que, en el narcotráfico de México, se distingue por su pragmatismo, capacidad operativa, eficacia y espectacularidad.

Su alto perfil lo describen sus acciones: Lo mismo realizan "operaciones quirúrgicas", como el asalto a un reclusorio para liberar a 25 presos "con poco uso de fuego y bajo saldo de sangre" –operación realizada el 5 de enero de 2004 en Apatzingán–, que aplastan brutalmente a sus enemigos, como en el secuestro y liquidación de ocho integrantes del Cártel del Milenio –Los Valencia–, que perpetraron el año pasado en el norte del país.

También hay indicios de su posible participación el 30 de noviembre de 2003 en la ejecución de ocho personas –seis guatemaltecos, dos mexicanos– en el rancho JR, en la carretera Tuxtla Chico-Cacahoatán, Chiapas –limítrofe con Guatemala–, según comenta un estudioso de las Fuerzas Armadas y de la seguridad nacional, Manuel I. Balcázar Villarreal, aunque la procuraduría del estado atribuyó tales hechos a "conflictos familiares".

En Tamaulipas se atribuye también a Los Zetas la venta de protección a organizaciones dedicadas al tráfico humano, en especial de brasileños, chinos, indios y polacos, como lo expresó al diario *La Jornada* (el 4 de octubre de 2003) Arturo Solís, presidente del Centro de Estudios Fronterizos y de Promoción de los Derechos Humanos, de Reynosa.

Por eso el titular de la Subprocuraduría de Investigación Especializada en Delincuencia Organizada (SIEDO), José Luis Santiago Vasconcelos, comentó el 6 de enero de 2004 que el caso de Los Zetas es "de alta prioridad", pues debido a la capacitación con que cuentan podrían hasta incurrir "en posibles actos terroristas".

E inclusive la Procuraduría General de la República (PGR) ofrece recompensas –cuyo monto variará de acuerdo con el valor de la información– y protección a quienes aporten datos relevantes sobre este grupo criminal.

Y es que a juicio de un investigador de la Universidad Nacional Autónoma de México especializado en el tema del narcotráfico, Luis Astorga, dicha organización "no sólo es el caso más acabado de mercenarios al servicio del narcotráfico en el país" sino que hoy es más peligrosa porque "parece ser parte fundamental en la estructura de dirección del Cártel del Golfo y aún no la hemos visto desplegar todas sus capacidades".

De acuerdo con el investigador "este caso recuerda la experiencia de los mercenarios israelíes e ingleses que contrató en Colombia el narcotraficante Gonzalo Rodríguez Gacha para la protección de su organización, lo cual sirvió para el crecimiento de las organizaciones paramilitares en ese país".

A su vez Balcázar Villarreal recuerda que al desertar de las Fuerzas Armadas para sumarse al crimen organizado, los integrantes de Los Zetas cometieron el delito de alta traición en el fuero militar, en tanto que el subprocurador Vasconcelos señala que son perseguidos por la PGR y las secretarías de la Defensa (Sedena) y de Seguridad Pública (SSP) federal.

"Ese esfuerzo sostenido", dice, "ha traído como consecuencia la detención de más de 80 miembros de la organización del Cártel del Golfo y de su líder, Osiel Cárdenas Guillén."

Los nombres y la misión

Mientras tanto Los Zetas tratan de impedir que otros grupos –como el de Los Valencia y el de Joaquín *El Chapo* Guzmán– se apoderen de la ruta del Golfo, que era controlada por Cárdenas Guillén.

Este capo tamaulipeco, detenido por el Ejército el 14 de marzo de 2003, fue quien cortejó desde 1999 a estos integrantes del GAFE, caracterizado por tener la más alta especialización contrainsurgente y antinarcóticos de la Sedena, misma que los comisionó a la Fiscalía Especializada en Atención a Delitos contra la Salud para combatir justamente al Cártel del Golfo. Pero Cárdenas Guillén los convenció, los compró y los incorporó como su cuerpo de seguridad (**Proceso** 1368).

Algunos de los integrantes de Los Zetas, según la PGR, son: Mateo Díaz López, *Comandante Mateo*; Sergio Enrique Ruiz Tlapanco, *Tlapa*; Lucio Hernández Lechuga, *Luki*; Braulio Arellano Domínguez, *El Gonzo*; Isidro Lara Flores, *El Colchón*; Ismael Flores Téllez; Fernando López Trejo; Ismael Marino Ortega Galicia; Carlos Vera Calva; Ramón Ulises Carvajal Reyes, *El Piojo*; Alejandro Pérez Mancilla; Rubén Alejandro Valenzuela Zúñiga; Armando Flores Arreola; Arturo Muro González; Ernesto Zatarain Beliz, *El Traca*; José Ramón Dávila Cano, *El Cholo*, y Prisciliano Ibarra Yepis.

Al igual que Rogelio Guerra Ramírez, *El Guerra*; Ignacio Mateo Laureano; Raúl Alberto Trejo Benavides, *El Alvin*; Luis Alberto Guerrero Reyes; Óscar Guerrero Silva, *El Winnie Pooh*; Heriberto Lazcano Lazcano, *El Lazca*; Galdino Mellado Cruz; Jesús Enrique Rejón Aguilar; Gonzalo Geresano Escribajo, *El Quije*; Omar Larméndez Pitalúa, *Pita*; Gustavo González Castro, *Erótico*; Flavio Méndez Santiago, *El Amarillo*; Daniel Enrique Márquez Aguilar, *Chocotorro*; Daniel Pérez Rojas, *Cachetes*; Eduardo Estrada González; Jaime González Durán, *El Hummer*; Nabor López Reyes; Nabor Vargas García Debora; Mario Serrano Contreras, *Marino*; Jorge López, *El Chuta*; Eduardo Salvador López Lara y Efraín Teodoro, *El Efra*.

Por lo pronto la PGR ha identificado a Guerrero Silva, a Méndez Santiago y a Lazcano como tres de los participantes en la liberación de los presos en Apatzingán.

Se afirma que cuando aún estaban en la milicia, dos de estos zetas alcanzaron el rango de capitanes, cuatro el de tenientes y cuatro más el de subtenientes, entre otros mandos.

Arturo Guzmán Decena, *El Z-1* y jefe de Los Zetas (**Proceso** 1368) murió en un enfrentamiento con el Ejército el 21 de noviembre de 2002 en Matamoros, Tamaulipas. Entre las ejecuciones que las autoridades le acreditan están las de los principales contrincantes de Cárdenas Guillén.

La innovación en el delito

Autor del libro *Drogas sin fronteras* (Grijalbo, 2003), doctor en sociología por la Universidad de París y coordinador de la cátedra UNESCO relacionada con el problema de los estupefacientes, Luis Alejandro Astorga opina que "Los Zetas vienen a modificar de manera cualitativa tanto las técnicas de operación como las estrategias de los grupos mexicanos dedicados al tráfico de drogas".

El rasgo principal, considera, es que son militares con la mejor formación en contrainsurgencia y en operativos de inteligencia contra el narcotráfico, "lo cual les da una ventaja potencial muy grande respecto de las otras organizaciones, les permite capacitar más gente y eso nos ofrece una lógica del paramilitarismo en el mercado mexicano de la droga".

Otra diferencia que Astorga advierte respecto de las organizaciones de narcotraficantes de origen sinaloense es que si éstas cuentan con militares o exmilitares coludidos, ninguna dispone de un cuerpo militar tan compacto como el Cártel del Golfo ni con esa formación tan especializada.

Balcázar apunta: "No sólo pueden actuar en forma efectiva con células de seis integrantes, sino tener resultados óptimos, para recabar información, hacer daño a un enemigo o concluir satisfactoriamente una tarea".

Dice Astorga que la formación que recibieron estos exmilitares les permite prever los movimientos de sus adversarios y de las autoridades, principalmente de los cuerpos de élite del Ejército, porque cuentan con el mismo entrenamiento que ellos.

Y agrega: "Lo cierto es que no hemos visto a Los Zetas actuando en todas sus capacidades y ojalá no los tengamos que ver, porque ellos están preparados para el manejo de explosivos. Hasta ahora sólo hemos visto en el país dos casos muy rudimentarios de uso de explosivos vinculados con el narcotráfico, en Culiacán y en Guadalajara, en las riñas entre sinaloenses".

En contraste Santiago Vasconcelos considera que "la fortaleza del grupo no la vemos tan sólida porque su principal modo de operación o forma de supervivencia, que era la droga, ha caído en forma estrepitosa. También los mismos golpeteos que la justicia les ha propinado modifican su forma de actuación y nos señalan su desesperación por tratar de rescatar a sus columnas vertebrales, como lo vimos en ese caso" de evasión de Apatzingán.

No obstante acepta que esa organización preocupa a las autoridades y advierte que Carlos Rosales, el narcotraficante a cuyo grupo pertenecen los evadidos del penal de Apatzingán, se está reposicionando.

Eduardo Valle, *El Búho*, exfuncionario de la PGR, expresa que "no se debe dejar de lado el caso de la presunta desaparición forzada en Matamoros, durante 1999, de un oficial superior de infantería de marina, Rafael Olvera, *El Raffles*, quien era el 'músculo' de la relación entre oficiales de la Marina y el Cártel del Golfo, justo el año en que empiezan a ser cooptados los militares que forman Los Zetas.

"Mi tesis es que el secuestro fue una coartada, una pantalla, y que *El Raffles* realmente está operando desde el Valle de Texas, donde **Proceso** documentó que el Cártel del Golfo había saltado la frontera para ajustar cuentas por el negocio de la droga. La recuperación del cártel se basa en este grupo que se capacitó profesionalmente, que está altamente entrenado con técnicas de contrainsurgencia y que se encuentra preparado para operativos de gran alcance, planificados y espectaculares", concluye.

Operativos y enfrentamientos

El 14 de marzo de 2003 fuerzas de reacción rápida del Ejército capturaron a Osiel Cárdenas en la colonia Satélite de Matamoros, donde se produjeron varios enfrentamientos entre la milicia y los aliados del capo. Tras ser llevado a instalaciones militares, Los Zetas trataron infructuosamente de liberarlo.

Antes, la madrugada del 27 de diciembre de 2002, sin gastar un solo tiro Los Zetas habían actuado como comando, con vestimenta de militares o de agentes federales y estatales, para liberar a los reclusos Manuel Alquicides García, Daniel Pérez Rojas, Enrique González Rodríguez y Deyanira Fuentes Montellano, del penal de Santa Adelaida, en Matamoros.

Y luego vino la madrugada del 5 de enero de 2004 cuando miembros de la organización llegaron al penal de Apatzingán, no obstante la cercanía de la 43 Zona Militar, para liberar a un grupo de sicarios. De acuerdo con las autoridades, algunos de esos exmilitares vestían uniformes parecidos a los de la Policía Judicial de Michoacán, a los de la Agencia Federal de Investigación (AFI) y a los de la milicia.

Sin mediar un procedimiento judicial y contra el reglamento interno del penal, se abrieron las puertas del reclusorio. Mientras algunos zetas encerraron a los custodios en una oficina el resto se dirigió a la parte posterior de la cárcel para liberar a Marco Aurelio Bejarano Hernández, Alberto Guízar Reyes y Carlos García Martínez, sicarios del narcotraficante Carlos Rosales Mendoza, *El Carlitos*, aliado del Cártel del Golfo en Michoacán.

También se llevaron a Cipriano Mendoza Contreras, *El Remy* y a Eleuterio Guzmán Ramos, *La Botella*, integrantes del Cártel del Milenio, de los hermanos Valencia. El 5 de octubre anterior *El Remy* y *La Botella* habían acribillado a la familia Álvarez Soto en Los Cuches, municipio de Tepalcatepec, además de que deben nueve ejecuciones más. De acuerdo con la versión del recluso Nicolás Torres Naranjo, el grupo armado insultó y se llevó esposados a *El Remy* y a *La Botella*. Las autoridades dijeron que su liberación podría ser para ejecutarlos.

Como escudo para salir del penal el grupo permitió la fuga de 20 reclusos más, según la averiguación previa PGR/SIEDO/UEIDCS/001/2004 levantada por los delitos de evasión de presos y violaciones a la ley contra la delincuencia organizada. Un juez federal concedió a la PGR el arraigo contra el director del penal de Apatzingán, Alejandro Martínez Vieyra, y contra 21 custodios por su probable participación en la fuga.

Como bloque de contención a la intención de Los Valencia y de Joaquín *El Chapo* Guzmán de apoderarse de esta ruta del narcotráfico, Los Zetas han realizado levantones, ejecuciones y ajustes de cuentas.

La madrugada del 27 de septiembre de 2003 llegaron al centro de Sabinas, Nuevo León, en un convoy de vehículos, incluido uno de tipo militar, Hummer, e irrumpieron en dos residencias para secuestrar a Mauro Landel Monzón, *El Piolo*, sobrino de *El Chapo* Guzmán. Armado con un rifle de asalto el sinaloense logró evadir a los exmilitares pero éstos privaron de su libertad a siete personas –familiares de aquél y dos policías–, asesinaron a dos policías, hirieron a otro y desarmaron a tres agentes ministeriales.

Tras la captura de Osiel, Armando Valencia Cornelio se alió con Eloy Treviño García, Arturo Peña Muñoz y algunos miembros de Los Chachos para pelear contra Los Zetas por la plaza de Nuevo Laredo. Según la PGR, para ello contrataron a 200 sicarios que distribuyeron en 20 casas rentadas.

Los Zetas irrumpieron en uno de esos domicilios, ubicado en las calles Lerdo de Tejada y Washington de esa plaza fronteriza, de donde sacaron a ocho pistoleros cuyos cadáveres aparecieron en unas camionetas localizadas en la carretera a Anáhuac, Nuevo León.

Eloy Treviño –quien se haría cargo de la plaza– y sus sicarios se enfrentaron el 1 de agosto de 2003 con Los Zetas en un lugar conocido como Polvo Enamorado y horas después, en el centro de Nuevo Laredo, chocaron con efectivos de la AFI y del Ejército durante 45 minutos. En el crucero de dos avenidas murieron dos narcotraficantes al ser blanco de una granada lanzada contra su camioneta.

18 de diciembre de 2005

El "mito" del procurador

Alejandro Gutiérrez

El 13 de septiembre de 2005, en una reunión de alto nivel en Houston, Texas, el titular del Departamento de Justicia estadunidense, Alberto Gonzales, le solicitó al procurador mexicano Daniel Cabeza de Vaca la captura de Los Zetas.

Para ello Gonzales le entregó al guanajuatense un documento del Buró Federal de Investigación (FBI) con informes sobre el grupo armado que contenía una relación de nombres y zonas de influencia de 40 integrantes de este grupo de desertores del Ejército que se han convertido en brazo ejecutor del Cártel del Golfo.

En enero de 2004 **Proceso** (número 1420) publicó la lista de los 40 miembros de Los Zetas que la PGR tenía identificados, muchos de los cuales se encontraban en la página electrónica de la dependencia entre los delincuentes más buscados.

El informe no clasificado del FBI, fechado el 15 de julio de 2005, se titula *Los Zetas: Una amenaza emergente para Estados Unidos* y describe al brazo armado de Osiel Cárdenas a partir de información recabada por el Buró Federal de Investigaciones estadunidense y otras agencias, además de analizar la capacidad de este grupo armado para operar en ese país.

Pero eso no fue todo. Un alto funcionario de la PGR asegura a **Proceso** que durante la reunión del 13 de septiembre la autoridad estadunidense le entregó al procurador mexicano una copia del video que muestra a cuatro miembros de Los Zetas –dos de ellos exmilitares, un cabo y un soldado raso, según confirmó una fuente castrense– cuando son interrogados.

Un mes después, el 13 de octubre de 2005, Gonzales y Cabeza de Vaca se reunieron nuevamente en San Antonio, Texas; ahí acordaron acciones "agresivas" para combatir la violencia del narcotráfico en la frontera, de acuerdo con un comunicado de la PGR.

No obstante, en aquella reunión privada hubo mucha tensión, relata el mismo funcionario de la PGR, ya que se dieron "reclamos a Cabeza de Vaca y a (José Luis Santiago) Vasconcelos porque no pudieron informar ningún avance sobre la persecución a Los Zetas", dice.

El reclamo provino de Gary Bald, director ejecutivo asistente de Contraterrorismo y Contrainteligencia del FBI, quien además habría solicitado información sobre el destino del video de Los Zetas presuntamente grabado por agentes federales, quienes los entregaron a Édgar Valdez Villarreal, *La Barbie*, lugarteniente de Arturo Beltrán Leyva, *El Barbas*, y del *Chapo* Guzmán.

"Gonzales y el FBI esperaban tener alguna información nueva", dice la fuente de **Proceso**.

El 12 de diciembre de 2005 el periódico *Reforma* publicó el contenido de un reporte en el que se consigna que "la inacción de las corporaciones mexicanas provocó el enojo de los estadunidenses" y añade que "el jefe de Contrainteligencia del FBI le reclamó al subprocurador Vasconcelos su falta de acción en torno a la información proporcionada". En la reunión de septiembre las autoridades mexicanas se enteraron de una alianza de Los Zetas con exmiembros de las fuerzas especiales guatemaltecas, los denominados kaibiles.

También señala que ha crecido de manera inusitada el número de desertores del GAFE.

El 18 de agosto de 2005 el diario *San Antonio Express News* difundió los primeros indicios de esta alianza entre exkaibiles y zetas. El periódico texano informó que el Departamento de Seguridad Interna advirtió a los oficiales estadunidenses, particularmente a la Patrulla Fronteriza, que 30 exkaibiles adiestraban a miembros de Los Zetas en un rancho al sur de McAllen, del lado mexicano.

Y el 27 de septiembre el secretario de la Defensa Nacional, Clemente Vega García, confirmó que había indicios de la referida alianza.

A pesar de las peticiones de Estados Unidos de capturar a Los Zetas y de los múltiples indicios documentados por la PGR y la SSP sobre el crecimiento de la organización criminal, Cabeza de Vaca desestimó la gravedad de la situación.

En una gira por Zacatecas el procurador dijo que tienen localizados a "veintitantos exmilitares, no 40, que se pusieron a trabajar a las órdenes del Cártel del Golfo... En algunas situaciones hemos dicho que Los Zetas ya se han acabado". Y aventuró: "La gente que originalmente constituyó ese grupo delictivo, prácticamente la mayoría, están en la cárcel o muertos".

Anteriormente, en una entrevista con el presidente de la Organización Editorial Mexicana, Mario Vázquez Raña, Cabeza de Vaca dijo que Los Zetas "más que una banda, eran un mito", como lo publicó *El Sol de México* el 13 de agosto de 2005.

El informe

El documento entregado a Cabeza de Vaca fue elaborado para uso oficial por la División de Investigación Criminal y el Grupo de Inteligencia de San Antonio del FBI. En él se hace una descripción general de Los Zetas y se evalúa su capacidad operativa así como su estructura organizativa.

Una de las principales preocupaciones planteadas en el documento es la facilidad con que Los Zetas se internan en Estados Unidos y la amenaza que constituyen. El documento da cuenta de los secuestros de 35 estadunidenses entre mayo de 2004 y mayo de 2005; de éstos, 28 se cometieron en Nuevo Laredo y se sospecha que Los Zetas participaron al menos en 24.

El análisis sugiere que el grupo tiene la capacidad para separarse del Cártel del Golfo y convertirse en una fuerza criminal autónoma, capaz de coordinar un ataque "con precisión militar contra el propio cártel", aunque la carencia de un liderazgo eficiente por parte de Heriberto Lazcano, *El Lazca*, ha impedido un ataque definitivo. Además, el grupo de exmilitares carece de un proveedor directo en Colombia.

Según el FBI Los Zetas han llegado ya al norte de Texas, pero no se ha logrado confirmar su presencia en Atlanta o en el este de Oklahoma, Tennessee y Arkansas, donde existen reclamos por su actividad.

El *Dallas Morning News* documentó la posible presencia de zetas en hechos violentos registrados desde 2003, así como su posible alianza con pandillas como la Mexican Mafia y el Texas Syndicate, de Austin, Texas.

Un análisis de la PGR sobre el tráfico de drogas en Estados Unidos y sus alianzas con las organizaciones mexicanas (**Proceso** 1476) señala que la organización de Osiel Cárdenas no sólo tiene nexos con las dos pandillas estadunidenses, sino también con Mexikanemi, mediante la cual operan en las ciudades de McAllen, Laredo y Brownsville.

Otras pandillas aliadas al grupo de Cárdenas y Los Zetas son Cenizo Batos Locos, Pura Gente Recia y La Movida, en Laredo, así como Pharr y Po Boys, en McAllen y Brownsville, además de Latin Kings, en Chicago.

Los de **Proceso** y del FBI aluden a la alianza de Osiel y Los Zetas con Hermanos Pistoleros Latinos, pandilla que opera en la zona fronteriza, con base en Nuevo Laredo, Tamaulipas, y en Laredo, Texas, y que contrata efectivos para el trasiego de drogas.

El documento del FBI refiere varios casos en los que se presume la participación de Los Zetas en el sur de Texas, como el secuestro de George Ochoa cometido en Laredo en abril de 2004, en represalia por la pérdida de un embarque de mariguana.

También se esboza la distribución territorial del Cártel del Golfo: Nuevo Laredo es controlado por Omar Larméndez Pitalúa, *El Pita*; Iván Velázquez Caballero, *El Talibán* y Mateo Díaz López, *Comandante Mateo*. Muchos de los zetas que trabajan con este grupo viven en Laredo, Texas.

Estos zetas operan con dos miembros de la dirigencia del cártel: Héctor Sauceda Gamboa, *El Karis* y Miguel Ángel Treviño, *El Muerto*.

Ciudad Alemán y Ciudad Camargo son manejadas por Efraín Teodoro Torres, *El Z-14* o *El Efra* y por Jesús Enrique Rejón Aguilar, *El Mamito*. Reynosa es manejada por Rubén Hernández López, *El Z-5*, quien opera junto a uno de los líderes de la organización: Gregorio Sauceda, *Don Goyo*.

En Matamoros operan *El Lazca*, jefe de Los Zetas, y Jorge Eduardo Costilla Sánchez, *El Coss*, operador del cártel, en tanto que Piedras Negras, Coahuila, la controla Fernando Villarreal, *El Z-40*. "De acuerdo con el Centro de Inteligencia de McAllen, Los Zetas operan con la 'bendición' de Rafael Macedo de la Concha, exprocurador general de México", señala el informe.

Este dato provocó la reacción de la PGR y del FBI: ambos organismos aseguraron que no hay indicios de que Macedo tuviera vínculos con esa organización.

El informe del FBI no hace referencia a Antonio Ezequiel Cárdenas Guillén, *Tony Tormenta*, hermano de Osiel y miembro de la cúpula del Cártel del Golfo.

Un funcionario de la comunidad de inteligencia mexicana señala a **Proceso** que "la concentración que tuvieron los agentes del FBI hace una semana para revisar sus tareas de persecución de Los Zetas obedece a que existió recientemente una reunión del Cártel del Golfo en la que *Tony Tormenta*, instruyó a la organización, incluidos Los Zetas, sobre sus estrategias de defensa y contraofensiva ante un inminente embate gubernamental de Estados Unidos y México".

Y concluye: "Saben que la guerra se va a recrudecer y por ello están redefiniendo su estrategia, por eso no es de dudarse que la violencia se recrudezca en la zona de influencia del cártel o con amenazas a miembros del gobierno; hay información sensible que ha recogido la inteligencia de los dos países en el sentido de que van a la ofensiva".

12 de agosto de 2007

El "gran golpe" de Washington

J. Jesús Esquivel

WASHINGTON.- El poder adquirido por Los Zetas en operaciones relacionadas con el narcotráfico obligó al gobierno estadunidense a utilizar los servicios de espionaje de la Agencia Central de Inteligencia (CIA). El objetivo: diseñar estrategias para desarticular a este grupo criminal que ya opera dentro de Estados Unidos.

De acuerdo con un "informe confidencial de inteligencia" del gobierno de Estados Unidos, en la actualidad "se está coordinando una operación de inteligencia multijurisdiccional y multiagencial en la que participan –entre otros– la CIA y la Agencia Nacional de Seguridad (Casa Blanca), con la cual ya se interceptaron comunicaciones entre los mandos más altos del Cártel del Golfo de Osiel Cárdenas Guillén, y de su brazo de operaciones criminales compuesto por Los Zetas", revela el documento, del que **Proceso** tiene copia.

El informe describe la estructura operativa de Los Zetas en el norte de México y en algunos puntos de la frontera sur de Estados Unidos.

"Los Zetas no son una organización independiente del tráfico de drogas, sino el brazo del Cártel del Golfo que opera como 'guardián' de la frontera que separa a Texas de los estados mexicanos de Coahuila, Nuevo León y Tamaulipas", define.

Y precisa que la estructura de Los Zetas en la frontera norte mexicana está compuesta por cinco subgrupos:

* Los Halcones, cuyos operadores se dedican a recolectar información de inteligencia relacionada con las actividades de los grupos enemigos del Cártel del Golfo y en particular del Ejército Mexicano.

* La Maña, subgrupo especializado en operaciones de secuestro y extorsión que se ubica en Matamoros y Nuevo León y se encarga de adquirir armas de alto calibre como bazucas y lanzagranadas. Lo encabezan los hermanos Héctor y Gregorio Sauceda Gamboa.

* Las Ventanas, integrado por jóvenes de 14 a 16 años que proveen información sobre movimientos inusuales en las zonas controladas por el Cártel del Golfo.

* Aunque el cuarto subgrupo no es registrado con un nombre, el documento dice en torno a él: "La información de inteligencia identificó a un cuarto subgrupo formado por aproximadamente 20 personas" especialistas en actividades de contraespionaje dedicados a interceptar todo tipo de comunicaciones electrónicas que puedan servir a los intereses del Cártel del Golfo.

* Los Leopardos son el quinto subgrupo, formado por mujeres que, empleadas por Los Zetas, se hacen cargo de centros de entretenimiento para adultos (bares y table dance) que son utilizados como casas de seguridad para la recolección de información.

Luego el "informe confidencial de inteligencia" apunta: "Los últimos acontecimientos dentro de la estructura del liderazgo del Cártel del Golfo y de la jerarquía de Los Zetas han complicado la relación entre estos dos grupos criminales. Como resultado, Los Zetas se están alejando de su papel como gatilleros del Cártel del Golfo y han comenzado a ejercitar más autonomía".

De acuerdo con el documento, una de las causas del distanciamiento entre Los Zetas y el Cártel del Golfo es la falta de un líder único de los primeros desde la ejecución de Arturo Guzmán Decena, *El Z-1*, a manos del Ejército en 2002. Esto pese a que *El Lazca* juega un papel de supervisor de los comandos regionales del grupo.

En paralelo, el arresto de Osiel Cárdenas Guillén en 2003 es otro de los motivos de "extrañamiento" entre el Cártel del Golfo y Los Zetas.

"Antes del arresto de Cárdenas Guillén –explica el informe–, Los Zetas operaban gustosamente bajo las órdenes directas del jefe del Cártel del Golfo. Cárdenas Guillén sigue estando a cargo de las operaciones diarias del cártel aun cuando está encerrado en la prisión de La Palma, pero las complicaciones que tiene esto provocaron deserciones dentro de las filas de Los Zetas."

En el trabajo multiagencial para recolectar información y desmantelar a Los Zetas participan, además de la CIA y la Agencia Nacional de Seguridad, la Administración Antidrogas (DEA), el FBI y la Oficina de Inmigración y Cumplimiento Aduanal, entre otras agencias del gobierno estadunidense.

Plazas y mandos

"Los Zetas han desarrollado una estructura que incluye comandos que operan en la frontera sur del estado de Texas. Varios de los lugartenientes de Los Zetas pueden trabajar en un área y moverse rápidamente entre las plazas" que, puntualiza, son las siguientes:

* Piedras Negras, controlada por Fernando Villarreal.

* Nuevo Laredo, a cargo de la cual se encuentran Omar Larméndez Pitalúa, Iván Velázquez Caballero, Mateo Díaz López, Héctor Sauceda Gamboa y Miguel Ángel Treviño.

* Ciudad Miguel Alemán y Ciudad Camargo, controladas por Efraín Teodoro Torres, *El Z-14*, y Jesús Enrique Rejón Aguilar, *El Mamito*.

* Reynosa, manejada por Rubén Hernández López, *El Z-5*, y Gregorio Sauceda Gamboa, *El Caramuela*.

* Matamoros, controlada por *El Lazca* y *El Coss*.

Como miembros del liderazgo del Cártel del Golfo, que colaboran con Osiel Cárdenas Guillén en las operaciones diarias, el informe identifica a Jorge Eduardo Costilla Sánchez y a Ezequiel Cárdenas Guillén –hermano menor de Osiel–, quienes en particular se encargan del tráfico de drogas (mariguana y cocaína) de Matamoros, Tamaulipas, a Brownsville, Texas.

En cuanto al tráfico de narcóticos y secuestro con fines de tortura, extorsión y ejecución de ciudadanos mexicanos y estadunidenses en el área de Nuevo Laredo, el documento establece que esa es responsabilidad de Iván Velázquez Caballero y Manuel Treviño.

"Varios de los miembros de Los Zetas residen en el área de Laredo, Texas, y tienen estatus de residentes legales (en Estados Unidos). Miguel Ángel Treviño está a cargo de la venta de las drogas en el área de Nuevo Laredo y también es responsable del secuestro y ejecución de todos aquellos individuos que no pagan sus adeudos por la compra de narcóticos al cártel", destaca el documento.

Para el caso del área de Reynosa, a cargo de los hermanos Gregorio y Héctor Sauceda Gamboa, el gobierno de Estados Unidos –que en sus investigaciones contó con la colaboración de las autoridades mexicanas– anota que el grupo criminal, además de controlar el tráfico de drogas, se dedica al tráfico de inmigrantes indocumentados, a los secuestros y al tráfico de armas a lo largo del corredor Reynosa-McAllen.

Varios de los miembros de Los Zetas que actúan en esta zona viven como residentes legales en McAllen, donde las autoridades estadunidenses tienen identificados a Carlos Landín Martínez y a Juan Óscar Garza Alanís como socios de los hermanos Sauceda Gamboa y como los encargados de manejar todos los movimientos de narcóticos en la región de McAllen, así como del envío a México del dinero procedente de la venta de las drogas.

"Los Zetas están luchando para evitar la expansión en Tamaulipas de la organización del tráfico de drogas de Joaquín *El Chapo* Guzmán Loera, lo cual ha dado como resultado varios conflictos sangrientos que a su vez han desestabilizado a las poblaciones de la región norte de ese estado mexicano", sostiene la investigación.

E indica que "según información del FBI", en Nuevo Laredo Los Zetas cometieron por lo menos 24 de los 35 secuestros de ciudadanos mexicanos y estadunidenses registrados de junio de 2005 a agosto de 2007.

Golpe en puerta

Sobre el origen de Los Zetas la información de inteligencia recopilada por las agencias federales de Estados Unidos recuerda que fue en 2002 cuando Osiel Cárdenas Guillén reclutó como asesinos a un "pequeño grupo de desertores del Ejército Mexicano" para consolidar sus operaciones de tráfico de drogas en el estado de Tamaulipas.

"Rápidamente Los Zetas se convirtieron en los sicarios del cártel", relata, y refiere que los integrantes de la asociación delictiva emergieron de las filas del GAFE, fundado a mediados de los noventa en el Ejército para combatir a los narcotraficantes a lo largo de la frontera México-Estados Unidos.

Los gafes, prosigue, recibieron "entrenamiento especial sobre táctica y manejo de armas. El ejército de Estados Unidos proporcionó alguna de esta instrucción en el Fuerte Benning, Georgia. A estas tropas de élite se les enseñaron tácticas sofisticadas para combatir a los narcotraficantes", admite.

En los primeros pasos de Los Zetas, cuando estaban bajo el mando de Arturo Guzmán Decena, *El Z-1*, reunían "31 o 67 desertores del GAFE". En la actualidad ni el gobierno de Estados Unidos sabe cuál es el número preciso de zetas.

Pero afirma: "En mayo de 2002 Los Zetas le dieron el control de Nuevo Laredo a Cárdenas Guillén, cuando asesinaron a dos de sus principales rivales en la zona: Dionisio Román García Sánchez y Juvenal Torres Sánchez".

Las operaciones multijurisdiccionales y multiagenciales para desmantelar y detener el narcotráfico y el lavado de dinero en Estados Unidos por parte del Cártel del Golfo y de Los Zetas se vienen realizando en las ciudades de Atlanta, Brownsville, Chicago, Dallas, Eagle Pass, Houston, San Antonio, Nueva York, Miami, Jacksonville, Tampa y Detroit.

Fuera del territorio de Estados Unidos las agencias cooperan en el desarrollo de investigaciones contra Los Zetas y el Cártel del Golfo en la Ciudad de México y Monterrey así como en Bogotá, Colombia, y en Caracas, Venezuela.

Un funcionario del gobierno estadunidense, quien habló bajo la absoluta condición de que no se divulgara su identidad, asegura a **Proceso** que "muy pronto" se dará un golpe muy duro a las estructuras de operación de Los Zetas y del Cártel del Golfo.

2 de mayo de 2010

La megaestructura

Ricardo Ravelo

Fue en 2001, durante los primeros meses de la gestión de Manuel Ángel Núñez Soto, cuando Los Zetas llegaron a Hidalgo, donde establecieron su centro de operaciones. Desde ahí, al amparo de policías, militares y autoridades estatales y municipales, ampliaron sus actividades para el trasiego de droga en las entidades circundantes, alternadas con secuestros, extorsiones, asesinatos y levantones que se han agudizado incluso durante la gestión de Miguel Ángel Osorio Chong.

Con amplias conexiones hacia Puebla, Veracruz, el Estado de México y el Distrito Federal, los integrantes de esa organización crearon en Hidalgo una megaestructura criminal. Hoy incluso disponen de células en cada uno de los 84 municipios y tejieron una red de espionaje a través de sus halcones.

Los Zetas manejan una nómina de más de 150 personas distribuidas en territorio hidalguense y hasta cuentan con cementerios privados y lugares secretos en los que sepultan a sus víctimas; pero sobre todo se desenvuelven con soltura entre las autoridades para que éstas "no investiguen sus crímenes", según se desprende de un amplio expediente obtenido por **Proceso**.

De acuerdo con las averiguaciones previas PGR/SIEDO/UEIS/150/2009 y PGR/SIEDO/UEIS/099/2009, varios testigos protegidos y no protegidos (en su mayoría policías estatales y municipales acusados de servir al narcotráfico) detallan la forma en que Los Zetas llegaron a Hidalgo y cómo iniciaron su expansión de "la compañía" en la zona.

Rufino, uno de los testigos que fue miembro del Cártel del Golfo, asegura que el proyecto de Los Zetas para apropiarse de Hidalgo data de 2001, cuando el gobierno de la entidad era encabezado por Núñez Soto (1999-2005).

En esa época Osiel Cárdenas Guillén ordenó al jefe de Los Zetas, Heriberto Lazcano, establecerse en tierras hidalguenses como avanzada para posicionarse en otras entidades de la República, sobre todo Puebla y el Estado de México, sostiene *Rufino*.

En 2001 Osiel Cárdenas Guillén le ordenó a Lazcano que tomara la plaza de Pachuca, Hidalgo, "donde tuvimos dos casas de seguridad: una que habitaba Osiel Cárdenas y otra que habitaba el grupo Los Zetas, o sea la escolta personal de Osiel, ya que de ese estado (Hidalgo) es originario Heriberto Lazcano, pues él junto con su familia tienen su domicilio cerca del Campo Militar de la ciudad de Pachuca... Así fue como Lazcano fue tomando el control de dicha ciudad y del estado y (por ello) señalo al gobernador actual (Osorio Chong) por su negligencia y omisión, y lo señalo porque no hacer nada por el bienestar de su estado es colaborar con el cártel de Los Zetas, el cual es comandado por Heriberto Lazcano", afirmó el testigo en su declaración del 26 de junio de 2009.

La demanda

Desde el mes pasado la PGR investiga al gobernador Osorio Chong, a su hermano Eduardo y a varios políticos hidalguenses por sus presuntas ligas con el narcotráfico así como por la presunción de los delitos de lavado de dinero y otras modalidades del crimen organizado, según la denuncia de hechos presentada ante la SIEDO el pasado 11 de marzo. A partir de esa querella se integró la averiguación previa PGR/SIEDO/UEIDORPIFAM/185/2010.

En esa denuncia, interpuesta por el Grupo Ciudadano Hidalguense, se menciona también al procurador estatal, José Alberto Rodríguez Calderón; al secretario de Agricultura, Manuel Sánchez, y al expresidente municipal de Pachuca José Francisco Olvera Ruiz, candidato del Partido Revolucionario Institucional (PRI) al gobierno de Hidalgo. A él se le acusa de haber recibido 30 millones de pesos de Los Zetas para el financiamiento de su campaña por la alcaldía de la capital hidalguense (**Proceso** 1745).

El documento, cuya copia tiene este semanario, precisa que el grupo armado se posicionó en la ciudad de Pachuca a partir de la gestión de Omar Fayad Meneses (2006-2009), quien había sido administrador federal de aduanas durante el gobierno de Ernesto Zedillo.

Antes de que el Grupo Ciudadano Hidalguense presentara su denuncia, la SIEDO ya tenía conocimiento de la protección institucional que reciben Los Zetas en la entidad. Testigos protegidos, como José Manuel Escobedo Delgadillo, *El Oso*, así como *Pitufo* y *Caleb* refieren que desde hace varios años Los Zetas han gozado de protección oficial.

Según los testigos uno de sus nexos en la administración de Pachuca es el director de Seguridad Pública, Roberto Terán Contreras, uno de los colaboradores de Olvera durante los meses en que éste encabezó el ayuntamiento pachuqueño.

En su declaración del 14 de junio de 2009 *El Oso* relató que se desempeñó como policía municipal en Pachuca de 2004 a 2009 y que en ese periodo se "enganchó" con Los Zetas. Llegó a ser incluso, dijo, el responsable del pago de la nómina de esa organización, que creó una sólida infraestructura para operar el tráfico de drogas, los secuestros y asesinatos en todo el estado de Hidalgo y defender la plaza de sus rivales de La Familia Michoacana.

Una de sus primeras funciones, comentó en esa ocasión, fue reclutar a policías municipales para Los Zetas: "Todos los policías de Seguridad Pública Municipal de Pachuca, Hidalgo, realizaban las mismas funciones, también las de revisar vehículos sospechosos, con un pago de 10 mil pesos al mes. Yo les estuve pagando (la nómina) aproximadamente seis meses, ya que posteriormente les comenzó a pagar el comandante Terán, quien es el secretario de Seguridad Pública Municipal.

"Él les hacía llegar los sobres con dinero y a su vez los repartía, aclarando que dentro de la organización de Los Zetas se encuentran implicados la Policía Ministerial del estado de Hidalgo y su director Ahuizotl Hideroa. Él es el que da órdenes de dar carpetazo a los asuntos de secuestros, homicidios, cubriendo a miembros de la organización de Los Zetas.

También está relacionado con Los Zetas el comandante de la Policía Ministerial Antisecuestros de nombre Jesús Garcés Jiménez, alias *Soler* o *Jarocho*, a quien tengo un año y medio de conocerlo y su función era la de secuestrar, quitar las órdenes de aprehensión que perjudicaran a Los Zetas. Por esa protección le pagan 50 mil pesos al mes".

Además de Garcés Jiménez, la red de protección a Los Zetas la formaban, según *El Oso*, Guillermo Lugo Ávila, quien era el titular de la Unidad Mixta de Atención al Narcomenudeo. También menciona que personal de la SIEDO le proporciona información a Los Zetas y que uno de los enlaces era un individuo al que apodaban *El Cepillo*.

El Cepillo cobraba cuota a los vendedores de pirotecnia "y otra de las instrucciones que me daba, para que a su vez yo se las diera a los halcones, era la de checar que no hubiera mirones cerca de Tiro de Mina, que está en el primer cuadro de la ciudad de Pachuca, ya que en ese lugar mandaban a tirar a la gente que secuestraban y mataban, ya que es muy profunda y hay gases tóxicos".

El organigrama

Según la causa penal 464/2009, el organigrama de Los Zetas en Hidalgo se agigantó durante el actual gobierno, encabezado por Osorio Chong, algunos de cuyos colaboradores presuntamente dan protección a ese grupo criminal.

El 16 de junio de 2009, en una ampliación de su testimonio, *El Oso* relacionó a decenas de funcionarios con el narcotráfico y Los Zetas. Entre ellos a Damián Canales Mena, secretario de Seguridad Pública del estado, responsable, dijo, de todos los operativos en la entidad para brindar protección a las actividades delictivas de ese grupo criminal.

Aseguró: "(La estrategia de Canales Mena consiste) en poner los puntos fijos en las salidas y entradas de Pachuca, asignaba patrullas para vigilar y estar informados sobre el movimiento de las autoridades policiacas que entraban al estado".

La estructura creada para proteger a Los Zetas en Hidalgo incorporó a policías de todos los niveles, pues cada uno realiza una función específica, de acuerdo con el testigo. Y como parte de esa red policiaca menciona a Froylán Chote, Relámpago, quien funge como comandante de motociclistas; Rubén Sampayo, director de Tránsito y Vialidad municipal en Pachuca, y Alejandro Caballero, *El Canas*, un policía preventivo, entre otros.

La función de esas personas –expuso *El Oso*– es vigilar los movimientos del Ejército, de los agentes federales y de los operadores de otros cárteles. La información recabada se la pasaban a un personaje al que el declarante sólo identifica por su mote: *Mascafierro*.

En otra parte de su testimonio ampliado *El Oso* desmenuza la forma en que actúan Los Zetas en los municipios hidalguenses que forman parte de sus territorios para el trasiego de droga, los secuestros y las extorsiones:

En la organización criminal denominada Los Zetas una de sus estructuras son las estacas, siendo un vehículo con las funciones de patrullaje formado por tres elementos operativos. En Pachuca operan entre tres y cuatro vehículos, siendo uno de ellos el que trae *El Mascafierro* o G-1. Como apoyo para sus tareas se les asigna un grupo de halcones.

Los integrantes de este grupo son los espías que, según las investigaciones de la PGR, trabajan de día y de noche. Según *El Oso*, el comandante de Los Zetas en Hidalgo se llama Roberto Benítez, *El Rayo y Verde* dentro de "la compañía". Y lo describió: "Es de aproximadamente 1.60 metros de estatura, tez blanca, complexión delgada, pelo negro medio largo y se transporta en un Mercedes Benz color verde botella".

"Junto con *Rayo y Verde*", agregó, "hay dos personas que son operativos; es decir, levantan a las personas, las matan y las queman. Una de esas personas la conozco como *El Lobo*. El segundo comandante operativo que conozco le apodan *El Mexicano*, tiene su domicilio en Villas de Pachuca... está encargado de una estaca formada por otras dos personas: Eduardo Mendoza, *El Moroco*, y al otro le dicen *El Box* y es tío del comandante *Rayo y Verde*".

Esos sujetos, "todos ellos conocidos", relató *El Oso*, le comentaron en el último encuentro que habían conseguido –no detalló si fue un permiso oficial– tres panteones fuera de Pachuca que utilizaban para "las carnitas"; es decir para descuartizar los cuerpos de sus víctimas.

Además de la capital hidalguense Los Zetas tienen una estructura operativa en Actopan. En ese municipio la cabeza es un comandante a quien *El Oso* sólo identificó como *El Chiuas*. En Ciudad Sahagún el representante de la organización criminal es *El Comandante Sapo*, quien, como los demás, "se dedica a distribuir droga, cobrar derecho de piso a narcos de otros estados, así como a comerciantes, a vendedores de discos pirata y a los ambulantes".

En Omitlán de Juárez, Epazoyucan, Villas de Tezontepec, Tolcayuca, Tulancingo, Zapotlán de Juárez así como en 70 demarcaciones más la estructura de Los Zetas es similar, incluida la nómina en la que hay policías, y que manejan los contadores de "la compañía", uno de los cuales era *El Oso*.

"El pago de los policías, mandos altos y funcionarios estatales lo definen los contadores de Los Zetas, sin que yo los conozca, ya que el declarante solamente transcribía los listados y se los entregaba a Roberto Benítez, *El Rayo y Verde*, y éste le entregaba las listas a los contadores para que pagaran en sobres (de color) manila o de color amarillo la cantidad estipulada en la nómina."

Al declarante la pagaban 20 mil pesos, "asimismo le entregaba a Julio César Sánchez Amador, director de la Policía Municipal de Mineral de la Reforma, conocido como *El Pachuquillas*, la cantidad de 50 mil pesos; al subdirector de esa corporación le pagaban 30 mil, a cada comandante se le pagaban 10 mil pesos, a los oficiales 5 mil, deseando aclarar que además de hacer la nómina, la función del declarante era la de halconear, es decir, parar los vehículos que me indicaban para verificar si no se trataba de alguna autoridad federal o que fuera alguna autoridad de otra dependencia y, en caso de ser positivo, otros halcones daban seguimiento permanente, deseando añadir que la única vez que el declarante no pudo detener un vehículo se llevó como 10 mil tablazos como sanción o castigo por no hacer su trabajo para el que lo contrataron".

El testigo protegido con clave *Caleb* señaló que Los Zetas recibían protección de la SIEDO y que a través de personal militar le entregaban información a los jefes de las estacas sobre operativos federales y que éstos se encargaban de verificar si miembros de otros cárteles querían entrar a la plaza.

El destino de estos intrusos los determinaba el jefe de la plaza. En la causa penal 464/2009 *Caleb* refirió que "cuando se detenía a personas en la venta de droga se verificaba si eran miembros de la compañía; de no ser así el jefe de la plaza decidía si los entregaba a las autoridades estatales para que cumplieran con su trabajo o bien les daban piso (muerte)".

Que para detectar a estos intrusos tenían apoyo de policías federales; uno de ellos, dijo, era el federal de caminos Javier García Mariscal. Su función: dar la seguridad a Los Zetas en las carreteras para que no detuvieran los vehículos de los sicarios, los tráileres robados y tráileres y camionetas con anfetaminas que le llegaban a la compañía por la carretera México-Laredo.

Otra de sus funciones era la de liberar a los halcones y sicarios que estuvieran involucrados en algún accidente e informar cuando veían un convoy de federales hacia Hidalgo. Ahuizotl Hideroa, Esteban Reyes y Jesús Garcés Jiménez, director, subdirector y comandante de la Policía Ministerial de Hidalgo, protegían a Los Zetas. Su apoyo consistía en dar protección a los sicarios que llegasen a ser detenidos y consignados a separos de la Policía Ministerial, así como proteger los lugares donde se vendía droga.

Si los detenidos eran de "la compañía", estos mandos oficiales informaban al jefe de la plaza que ya tenían la investigación de dichas personas y del lugar, aconsejando cambiar el sitio de venta y a los tenderos y sugiriendo su cambio para protegerlos.

22 de agosto de 2010

Calderón y Amalia "perdieron" Zacatecas

Jorge Carrasco Araizaga y Verónica Espinosa

ZACATECAS, ZAC.- A pesar de las advertencias hechas a Felipe Calderón y Amalia García, que siempre actuaron como si no pasara nada, la delincuencia organizada acabó por someter más de la mitad del territorio zacatecano. Actor predominante es el cártel de Los Zetas, el grupo delictivo creado por desertores del Ejército que aún hoy recluta a sus integrantes entre los militares.

Hace apenas dos meses, según una investigación que realiza la Sedena, dos excapitanes incorporaron como halcones a elementos de tropa de la 11 Zona Militar, con sede en Guadalupe, municipio conurbado de esta capital.

Señala también que no se trata de cualquier caso: los capitanes desertores, Inocencio Bastiano García y Eduardo Tezozómoc Laureano Manríquez, son ahora los responsables de esa organización en el estado.

Ambos suplieron a una persona identificada como Iván o *El 50*, a quien el Ejército atribuye el establecimiento de Los Zetas en Zacatecas y le adjudica el control de las plazas de San Luis Potosí, Guanajuato, Aguascalientes, Saltillo y parte de Durango en la frontera zacatecana.

Ahora ubicado en Saltillo, *El 50* llegó a Zacatecas en 2007 con sus dos hombres de confianza: Israel Nava Cortez, *El Ostión*, encargado de su primer círculo de seguridad y pieza clave en la fuga de varios zetas del penal de Cieneguillas en mayo de 2009, y otro al que apodaban *El Quique*, quien le seguía en la cadena de mando.

Los informes militares sobre cómo se estableció el cártel durante el gobierno de la perredista Amalia García son prolíficos. La población, víctima de secuestros, extorsiones, desapariciones y de amenazas de bomba en escuelas, comercios y dependencias públicas lo corrobora; las policías también, con el asesinato, desaparición o cooptación de sus elementos.

Los primeros indicios datan de hace cuatro años, cuando hombres armados y con uniformes similares a los de las policías de los tres niveles de gobierno llamaron la atención de los zacatecanos. Las advertencias sobre la llegada de Los Zetas salieron de la 11 Zona Militar.

En diciembre de 2007 el Ejército elaboró un reporte sobre la seguridad en el estado en el que fechó la llegada del grupo: las primeras células se detectaron entre finales de 2006 y principios de 2007, cuando Los Zetas aún eran el brazo armado del Cártel del Golfo, del que se separaron en 2008.

En Zacatecas el grupo "encontró un área geográfica semidesértica con vasto sistema de caminos y veredas que les permiten evadir los servicios de intercepción del Ejército con relativa facilidad", lo que les posibilitó ocultarse e instalar sus centros de operación, controlar el tráfico de drogas e incrementar sus ingresos a partir de la extorsión y los secuestros, puntualiza el documento.

Los Zetas desplazaron primero lo que quedaba de la organización de los hermanos Arellano Félix y del Cártel de Juárez, liderado por los Carrillo Fuentes, que concentraban sus operaciones principalmente en la frontera con Jalisco y Nayarit, donde tenían plantíos de enervantes que traficaban hacia el Pacífico y el norte del país.

Hasta antes del gobierno de García esas organizaciones "adoptaron mecanismos necesarios para que esta entidad se mantuviera tranquila", lo que hacía de Zacatecas uno de los estados más seguros del país, dice otro reporte del Ejército sobre la inseguridad en Zacatecas durante el periodo 2007-2009.

En 2008 el rompimiento con el Cártel del Golfo convirtió a Los Zetas en la principal fuerza irregular en el estado, por encima del Cártel de Sinaloa.

Al tiempo que la organización de los exmilitares se consolidaba surgió otro poder en el estado: el de Sonia Villarreal Silguero, la coordinadora de giras de Amalia García. Originaria de Tamaulipas, Villarreal fue cercana a Miguel Ángel Almaraz, el exdirigente del Partido de la Revolución Democrática (PRD) en Tamaulipas detenido en abril de 2009 acusado de participar en la estructura de Los Zetas en el robo de combustible a Pemex en ese estado.

El exgobernador y actual senador por el PT, Ricardo Monreal, declaró a la radiodifusora XEIH de Fresnillo, en una entrevista realizada durante el proceso electoral local de 2009, que la colaboradora de Amalia García permitió el establecimiento del crimen organizado en Zacatecas.

En entrevista con **Proceso** Monreal repara: "No recuerdo haber dicho su nombre... Me preocupaba su oriundez, además del poder que detrás de ella se acumuló. Es obvio que tenía mucha fuerza política, pero no tendría elementos para hacer una acusación directa. (En Zacatecas) hay una presencia muy fuerte no sólo del grupo de Tamaulipas; me temo que ya está la presencia de varios".

Control zeta y voto de castigo

El deterioro de la seguridad en el estado también lo vivió directamente Carlos Pinto Núñez, procurador de Justicia de la administración de Amalia García en un principio y luego secretario general de Gobierno, cargo que ocupaba cuando *El Ostión* y un comando rescataron a 53 zetas del penal de Cieneguillas en mayo de 2009. En las pasadas elecciones Pinto intentó llegar al Congreso local, pero perdió.

En sólo un año, durante 2007, Los Zetas lograron el control de 20 de los 58 municipios; desde la capital y su zona conurbada, pasando por Fresnillo y Jerez, hasta los ubicados en las fronteras con Durango, Aguascalientes y Jalisco. Desde entonces la Zona Militar ya aseguraba que Los Zetas tenían "control absoluto" de varias regiones "que deben ser catalogadas como focos rojos de ingobernabilidad", pues las autoridades ya habían sido "totalmente desplazadas".

Uno de los primeros lugares que controlaron fue Jerez, donde en las elecciones del 4 de julio de 2010 unos 26 mil ciudadanos salieron a votar en una participación histórica. Fue un voto de castigo por la inseguridad que transformó esta pacífica y boyante comunidad –donde no se veían indigentes y las propiedades se vendían en dólares– en uno de los territorios zacatecanos más violentos a causa del crimen organizado.

Tres años después de las primeras incursiones de zetas en el municipio, el saldo negativo incluye comercios cerrados, familias que se mudaron a otras ciudades y por lo menos 45 secuestrados o levantados mientras que la extorsión telefónica se diversifica: Ahora se enlazan los teléfonos de las familias para pedir los pagos sin que los plagios sean consumados.

Antaño controlada por *El Chapo* Guzmán, quien habría pasado por esta ciudad después de fugarse del penal de Puente Grande, Jalisco, en enero de 2001, el panorama cambió y la violencia se desencadenó cuando las familias criminales locales rompieron sus acuerdos con el sinaloense y comenzaron a servir al Cártel del Golfo y luego a Los Zetas, quienes incluso instalaron campamentos de entrenamiento en la escarpada sierra de Palmas Altas.

Los testimonios locales refieren la forma en que habitantes de comunidades como Ermita de Guadalupe se abstienen de consumir los nopales que ahí se cortan. El motivo: Los sicarios "tiran ahí los aceites" donde deshacen a sus víctimas.

Un agente de inteligencia destacado en Zacatecas consultado por **Proceso** sostiene que aun cuando Zacatecas es un lugar de paso de la droga y de lavado de dinero, es un territorio atractivo para el trasiego de enervantes desde y hacia los estados vecinos, sobre todo en las regiones del cañón de Juchipila, Tabasco y Huanusco. "Ahí se mueve la parte fuerte de metanfetaminas y pastillas hacia Michoacán y Jalisco", dice el entrevistado.

En municipios como Nochistlán, en la frontera con Aguascalientes, aún domina *El Chapo*. "Tiene cobertura porque hay acuerdos añejos. Ahí están establecidos muchos nayaritas que en las madrugadas vigilan quién entra y sale del pueblo", agrega.

Las propias cifras oficiales revelan la descomposición en el estado entre 2007 y 2009. Los homicidios por delincuencia, que prácticamente no existían, llegaron a 62, los secuestros se dispararon a 102 y los enfrentamientos con las policías y el Ejército fueron una veintena.

Para diciembre de 2009, la 11 Zona Militar –parte de la V Región Militar, con sede en Guadalajara– confirmaba que Zacatecas ya había dejado de ser el estado donde no pasaba nada, a pesar del discurso del gobierno estatal, cuyas acciones no impidieron "el incremento gradual de la delincuencia organizada en la entidad, especialmente... la cooptación... en los cuerpos policiales", según otro informe militar que describe el crecimiento de la delincuencia organizada en Zacatecas entre 2007 y 2009.

Ahora 17 municipios están considerados por el Ejército como de alta presencia de la delincuencia organizada; otros 14, como de mediana; es decir, la población de 31 de los 58 municipios está a merced de los grupos delictivos.

Según el Ejército los municipios con alta presencia son: Calera, General Enrique Estrada, Fresnillo, Guadalupe, Jerez, Jiménez del Teul, Juchipila, Monte Escobedo, Nochistlán, Ojocaliente, Río Grande, Santa María, Sombrerete, Tabasco, Valparaíso, Villa de Cos y esta capital.

En varios de sus dominios instalaron campos de entrenamiento, como en la sierra de Jerez, pero sobre todo en los linderos con Durango, Coahuila y San Luis Potosí, en los municipios de Valparaíso, Mazapil y Villa de Cos.

Los plagios

En Villanueva, uno de los municipios catalogado como de presencia media de Los Zetas, el miedo se impuso entre la población a partir de enero de 2009 cuando fue secuestrado el comerciante Roberto García Cárdenas. Han pasado 18 meses y García ya no es el hombre más rico de la cabecera municipal, sino una sombra de sí mismo.

Maestro jubilado y comerciante, García fue secuestrado un viernes. Ese día se encontraba con varios amigos en un billar. Estuvo encerrado durante casi una semana en un sitio de seguridad en la sierra de Morones. Fue torturado y sus captores lo despojaron de más de 6 millones de pesos en efectivo así como de documentos, pagarés y joyas que tenía empeñadas, pues era prestamista del pueblo. Aún tiene las cicatrices en la espalda.

Sus hijos se encargaron de la negociación. Cuando dos de ellos fueron a pagar el rescate, el miércoles siguiente, los secuestradores los retuvieron. A cambio de su liberación García fue obligado a pagar una nueva entrega de dinero, aun después de que volvieron a su casa a los ocho días. "Es que no alcancé a juntar lo que me pedían", recuerda.

Roberto y su esposa se escondieron mientras reunían la cantidad e hicieron el pago a los plagiarios un mes después. "Me seguían buscando; no me dejaban en paz. Nos tuvimos que ir de aquí", dice desde el portón de su casa en Villanueva, a donde regresó porque las deudas adquiridas con amigos y familiares se tienen que pagar con lo que puede recuperar de los préstamos que aún anda cobrando.

Es miércoles, pero el hombre confiesa que desde el lunes no tuvo ganas de ir a trabajar, vencido por el abatimiento. "Ya me cansé; sigo pelando pollos, ando cobrando, rebajo intereses, doy facilidades... Me dejaron sin nada".

Eso sí, el secuestro del prestamista y sus hijos detonó un movimiento ciudadano que bloqueó la carretera federal 54 (Guadalajara-Saltillo) en un par de ocasiones a principios de 2009, hasta que en el municipio se instaló una base de operación mixta.

Pero al paso del tiempo la familia se dispersó. Sus dos hijos se fueron del pueblo meses después del secuestro. "No aguantaron quedarse", dice. Muchos más se han ido. "Ustedes no se imaginan lo que es esto. Andar uno como apestado. Como si tuviera esa enfermedad, esa cosa que le dicen la lepra, el sida o algo así. Nadie se quiere acercar", se queja.

Las advertencias sobre la expansión de Los Zetas las hizo también Ricardo Monreal, quien entre 2008 y 2009 informó por escrito al titular de la Sedena, Guillermo Galván, sobre los efectos de la delincuencia organizada en varias regiones del estado, incluida la censura en los medios locales. Nunca tuvo respuesta.

La fuerza de la delincuencia organizada se ha sentido principalmente en Fresnillo, donde el año pasado los delincuentes se enfrentaron al Ejército en dos ocasiones, una vez a la Policía Federal (PF) y otra a los agentes de la SIEDO.

La creciente violencia obligó a la intervención de Fuerzas Especiales de la Armada de México, la primera en su tipo en Zacatecas.

El 1 de julio de 2010, tres días antes de la elección para gobernador, dos helicópteros de la Armada, uno con doble rotor y otro tipo libélula, artillados, así como vehículos también artillados, peinaron por aire y tierra algunos de los puntos más conflictivos de la cabecera municipal.

Muy cerca de Fresnillo el nuevo rector del Santuario de Plateros, el presbítero Aurelio Esparza, no necesita referencias ajenas para tener noción de lo que la presencia de Los Zetas y Los Chapos en la zona representa para este centro de peregrinaje católico, el tercero más visitado en América Latina.

Esparza ha vivido en Fresnillo, donde tuvo como vecinos al grupo de hombres que participaron en una balacera el 7 de diciembre de 2009. "Los veíamos todos los días, sabíamos quiénes eran; gente de Guerrero, de Sinaloa. Muy jóvenes, 17 o 19 años", dice el cura.

Además unas semanas antes de que fuera designado responsable de este centro católico un grupo armado asaltó a los encargados de depositar en el banco lo recolectado mediante la limosna; se llevaron el dinero en la camioneta en que viajaban y dijeron que habría represalias si los denunciaban.

A Plateros ya no sólo llegan aquellas familias católicas que quieren "dar gracias" al Niño de Atocha "por los favores recibidos" en la escuela, la salud o el trabajo; ahora se le atribuyen otros supuestos milagros.

"Vienen a dar gracias porque se salvaron de ser secuestrados, pudieron regresar con sus familias o se libraron de una extorsión", refiere el rector del santuario.

Esto ocurre particularmente en los casos de los peregrinos originarios de ciudades de Chihuahua, Coahuila o Tamaulipas. "Ese miedo también lo siente la gente del centro (del país). Los del sur nos comentan que están más tranquilos".

Localidad adyacente a Fresnillo, "siempre tan problemático", Plateros no está exento de las expresiones de violencia del crimen organizado, lo que sumado a la crisis por la influenza AH1N1 de 2009 mermó la afluencia de peregrinos.

Paulatinamente los fieles han modificado los horarios de sus visitas al santuario. Ahora llegan más temprano pues se resisten a que los alcance la oscuridad.

Zacatecas es el estado donde el Ejército recibe más denuncias telefónicas, por encima de Chihuahua, Michoacán, Tamaulipas o

Veracruz, estados con alta incidencia del narcotráfico. Un informe de las llamadas anónimas a la Sedena indica que al 14 de mayo de 2010 el Ejército había recibido 55 mil 255 en todo el país: 10% de ellas (5 mil 50) fueron de esta entidad.

Entre ellas destacan las denuncias por desapariciones, que también se hacen públicas. Las casetas de cobro de la autopista Calera-Fresnillo, por ejemplo, están tapizadas con reportes de personas desaparecidas: por lo menos hay 34 rostros de mujeres, ancianos, niños, adolescentes.

Algunos son los partes oficiales de la PGR; otras son hojas con copias de una credencial de elector o de un simple letrero de esos que las familias pegan en postes u oficinas municipales; también los hay en cada caseta de peaje para que cualquier automovilista pueda verlas.

Hasta hace dos o tres años sólo había cuatro o cinco reportes de este tipo; hoy son muchos más. Sólo se pueden quitar si los encargados del puente de cobro reciben una orden oficial, que por lo general llega cuando la persona fue encontrada, a veces muerta.

6 de febrero de 2011

Zacatecas: muestran el músculo

Verónica Espinosa

ZACATECAS, ZAC.- El despliegue táctico que exhibió el crimen organizado la noche del 1 de febrero de 2011 en la zona conurbada de la capital y el municipio de Guadalupe fue inédito en el estado: rebasó a las corporaciones policiacas y al Ejército y dejó a los zacatecanos inmersos en la psicosis.

Durante casi cinco horas, entre las 20:00 del 1 de febrero y la 1:00 del 2 de febrero, grupos armados recorrieron la ciudad a bordo de vehículos y a su paso fueron bloqueando la circulación para salir después por el camino a Cieneguillas, que pasa a un costado del centro penitenciario de igual nombre, del que se fugaron 53 reos con ayuda de Los Zetas en mayo de 2009.

El primer grupo se enfrentó con policías estatales en una plaza comercial que está a unos metros de la residencia del gobernador,

Miguel Alonso Reyes, en el fraccionamiento Bonaterra, de acceso restringido por un enorme enrejado y por vigilantes.

A las puertas de la casa de Alonso Reyes –que estaba en una gira oficial en Japón– hay una guardia permanente de dos patrullas con cuatro policías. Éstos fueron los primeros que vieron el vehículo estacionado con hombres armados a un costado del acceso a la privada. Se desató la balacera.

De acuerdo con una versión extraoficial obtenida por **Proceso** se trató de una demostración de fuerza de Los Zetas ante los retos que desde finales de diciembre de 2010 lanzó, mediante narcomensajes colocados en varios municipios, la nueva organización que se hace llamar Cárteles Unidos, que pretende desplazarlos del estado. En todo caso los autores de los ataques siguieron tácticas similares a los narcobloqueos y atentados prácticamente simultáneos en Guadalajara y Monterrey.

Este efecto de la guerra federal contra el narcotráfico –la lucha de los grupos entre ellos– desató desde hace unas semanas, en los municipios del sur del estado, una ola de balaceras, secuestros, ejecuciones y levantones de policías municipales, que provocaron miedo y ahuyentaron a los trabajadores migrantes. El 1 de febrero el impacto llegó hasta la capital zacatecana y su zona conurbada.

Los mensajes atribuidos a Cárteles Unidos no dejan dudas: se dirigen a Heriberto Lazcano, *El Lazca*. Así se leyó en una narcomanta colocada el 3 de febrero en Juchipila, municipio de la ahora peligrosa región de Los Cañones, en los límites con Aguascalientes y Jalisco:

"Ustedes ya fueron testigos de la muerte y masacre de gente inocente que hicieron Los Zetas. La guerra es con nosotros, Lazcano, no con las familias ni gente inocente. Pelea como los hombres. Atentamente cárteles unidos."

Inermes ante el narco

El 23 de diciembre de 2010 se realizó una posada en un galerón del municipio de Calera, con capacidad para 2 mil personas. Participaron habitantes de ese municipio al norte de la capital, así como de Jerez, Morelos, Pánuco y Fresnillo. El anfitrión: Heriberto Lazcano en persona.

La invitación corrió de boca en boca y el lugar se llenó. Los accesos a la ciudad fueron controlados por la organización del *Lazca* y él repartió aguinaldos y regalos antes de retirarse con su gente.

El último día del año fueron colocadas varias mantas en localidades de Zacatecas y Nuevo León. En las de aquí se anunció la incursión de los Cárteles Unidos o Nueva Federación, cuyos integrantes, supuestamente decepcionados por "el comportamiento e ideologías" de la alianza anterior, formada por los cárteles de Sinaloa y del Golfo con La Familia Michoacana, decidió encargarse de erradicar a Los Zetas de la entidad.

El 14 de enero, justo el día que se abatió una intensa balacera cerca de una clínica en la cabecera de Jalpa, en la fachada del Palacio Municipal fue colgada otra manta con una especie de manifiesto:

"Comunicado a toda la ciudadanía:

"No nos confundan con Zetas, nosotros no matamos niños, familias ni gente inocente, tampoco cobramos cuotas ni secuestramos, mucho menos venimos a pelear con el Gobierno, venimos a regresarle al Estado la paz y tranquilidad. Dénos la oportunidad de demostrarles que queremos cuidar la ciudadanía, venimos por Los Zetas, no por gente inocente. Ya estamos en todo el Estado... Ya basta de injusticias."

En entrevista con **Proceso** el procurador Arturo Nahle García explica que la nueva organización delictiva ha dado muestras claras de su presencia en la región conocida como Los Cañones, que abarca ocho municipios del sur y sus colindancias con Jalisco y Aguascalientes, por lo que los gobiernos de las tres entidades decidieron convocar a sus equipos de seguridad a dos reuniones de coordinación, que se efectuaron el 1 y el 3 de febrero de 2010 en Guadalajara, Jalisco, y en la capital aguascalentense.

En las últimas dos semanas fue levantado un número aún indeterminado de policías municipales de esta zona; algunos siguen desaparecidos, otros optaron por renunciar dado que se sienten inermes ante la imparable expansión del crimen organizado.

El alcalde de la capital, el empresario priista Arnulfo Rodríguez Reyes, enfatiza la vocación preventiva de las policías municipales –"porque así nos lo marca la ley"– y confirma su situación: "No hay con qué enfrentar a esos criminales".

En el operativo del 1 de febrero la policía de la capital zacatecana se limitó a patrullar algunos puntos y mantenerse comunicada con la Policía Estatal, la Federal y el Ejército. En el vecino municipio de Guadalupe ni siquiera eso: los preventivos del turno y el director se encerraron, según contó un funcionario del estado a la reportera.

El presidente municipal exhibe las carencias que halló en septiembre de 2010, cuando asumió el cargo: se encontró con que sólo había ocho patrullas, de las cuales cuatro eran rentadas por la administración anterior (del PAN) y debieron entregarse. Además, dice, "no había balas, (sólo) unas pocas armas largas, sin patrullas. Y encontramos al municipio en quiebra, endeudado".

Apenas se está adquiriendo equipo y capacitación. Pero ante el planteamiento que el gobierno del estado ya hizo para conformar el mando único de la policía, el alcalde expresa sus dudas: "No tenemos toda la información, no se han acercado a explicar los detalles; y si nos van a quitar el mando y tendremos que seguir pagando, pues eso sería violatorio de nuestra soberanía. Tenemos muchas dudas".

Por otra parte, él también insiste –igual que el secretario de Gobierno, Esaú Hernández Herrera, y el procurador Nahle, entrevistados aparte– en que sin la ayuda federal no se puede: "Coordinación es la palabra clave".

Rodríguez Reyes vivió en carne propia una persecución a su familia en 2009, cuando era diputado local y se enfrentó desde la tribuna con el gobierno de Amalia García al cuestionar su intención de darle un fin distinto al impuesto sobre la nómina que recaudaría el estado.

"En esos momentos, mi familia viajaba a Aguascalientes a un evento y comenzaron a perseguirla; llamaban a mi esposa y le decían que habían secuestrado a mi hijo. Afortunadamente, al entrar a Aguascalientes el gobernador nos apoyó y les dieron protección", cuenta el alcalde.

Incluso tuvo que enviar a su esposa e hijos a Estados Unidos un tiempo. En el Congreso local señaló a la gobernadora como responsable en caso de que algo le sucediera a él o a su familia. Aquella presión, dice, "fue porque yo apretaba en tribuna al gobierno de Amalia García, y ellos actuaban de esa forma conmigo".

Ahora, como presidente municipal, expresa su preocupación por la capacidad de reacción necesaria ante los grupos del narco y también por los problemas que implican para la imagen de la ciudad los bloqueos y las balaceras de aquel día. "Espero que las cosas cambien. Zacatecas ha sido siempre un estado tranquilo, (aunque) tenemos estos eventos que debemos empezar a cambiar... Yo digo que no todo está perdido, algo se puede rescatar".

No obstante, de acuerdo con la Encuesta Nacional sobre Inseguridad, la percepción de la violencia por los zacatecanos se incrementó en ocho puntos entre marzo de 2009 y agosto de 2010. Los hechos difícilmente la desmentirán:

El 3 de febrero en Jalpa y Juchipila aparecieron nuevas mantas de Cárteles Unidos retando a Heriberto Lazcano. También se supo que el día de los narcobloqueos fue secuestrado uno de los más importantes empresarios chileros de Fresnillo, Juan Carlos Guardado, quien fue alcalde interino en sustitución de David Monreal Ávila e integrante de su clan.

Desolación

En la supuesta "exhibición" del crimen organizado, el 1 de febrero en Zacatecas falleció un teniente coronel retirado que laboraba en la Policía Estatal y fueron heridos cinco agentes y dos civiles, entre éstos un menor de edad.

El único sospechoso detenido por estos ataques fue entregado a la delegación de la PGR en el estado, cuya titular guardó el acostumbrado silencio. Al día siguiente un sicario fue herido en el enfrentamiento junto a la casa del gobernador y murió al día siguiente.

En esta zona se ubican un edificio de consultorios médicos, una ludoteca y guardería infantil, oficinas de mensajería y otros establecimientos. En el pavimento quedaron manchas de sangre, parabrisas en añicos, casquillos y algunas armas largas; en las paredes, puertas y ventanas de los negocios, perforaciones de bala.

A lo largo de la avenida García Salinas, la vialidad principal que comunica a la capital zacatecana con el municipio de Guadalupe, esa primera noche de febrero los automovilistas se fueron encontrando camionetas y autos compactos que fueron arrebatados a sus dueños para obstruir el paso a los vehículos de la Policía Estatal y del Ejército.

Para cualquiera que circulara por la avenida en esa hora pico –en la que muchas personas que trabajan o estudian en la capital regresan a sus hogares en Guadalupe– era imposible evitar los bloqueos. En esa vialidad los comercios, las tiendas departamentales y los cines de un centro comercial alojaban aún a cientos de clientes que estaban tirados en el piso, aterrorizados.

Al siguiente día los habitantes de las dos ciudades se encerraron a piedra y lodo, no fueron a trabajar ni llevaron a sus hijos a la escuela. Si acaso algunos acudieron a las oficinas unas pocas horas, hasta media tarde, cuando el pánico generalizado –que encontró su desahogo en redes virtuales como Facebook y Twitter– obligó a sus jefes y patrones a darles la salida.

El 2 de febrero no pasaban de las 15:00 horas cuando hasta el tradicional café Acrópolis, núcleo de la clase política en Zacatecas, había cerrado sus puertas, lo mismo que las tiendas Oxxo y Extra. Fue una tarde absolutamente desolada. "Es el grado mayor del miedo", explicaba un psicólogo en la mañana del 3 de febrero, entrevistado en la radio local.

El gobierno estatal, con el gobernador Alonso Reyes ausente, no pudo atajar este efecto y quedó rebasado. No sólo le faltaron elementos e infraestructura para enfrentar al crimen organizado, sino que, sumido en la crisis que dice haber heredado de la administración anterior, también se vio abrumado por la superioridad informativa de las redes sociales en internet.

Apenas una semana atrás se había anunciado el arribo de efectivos de la Policía Federal, a petición del gobernador Alonso Reyes, para vigilar las carreteras federales que atraviesan el territorio zacatecano, donde se dispararon los robos al autotransporte y los levantones.

Un avión de la PF llegó, en efecto, al aeropuerto local, pero en vez de los 250 agentes de los que informaron los medios locales, el secretario de Seguridad Pública federal, Genaro García Luna, sólo envió a 70.

"Claro que no son suficientes. Es un primer acuerdo y vendrán más", aseguró el secretario de gobierno, Esaú Hernández, entrevistado el 1 de febrero, una hora antes de que se desencadenara la violencia en la capital y su zona conurbada.

En esos momentos se percibía tensión porque al mediodía se supo de la aparición de dos cartulinas con la advertencia de que la población se quedara en casa por la tarde. La existencia de esos mensajes siempre se negó oficialmente, pero en la conversación el secretario de Gobierno admitió la gravedad del problema:

"La presencia evidente de la delincuencia organizada en el estado, como se sabe, se constata a partir de 2006. Entonces debieron instrumentarse una serie de medidas que no se pudieron realizar o no se quisieron realizar. Y cuando se toma el gobierno en septiembre, era evidente que existía un problema que era necesario reconocer y atacar, con base en la prevención, los sistemas de inteligencia y la contención", dijo el funcionario.

"Lo estamos reconociendo y estamos haciendo nuestra chamba", agregó, aunque "partiendo de cero", pues no se encontró un programa de seguridad estatal elaborado por el gobierno de Amalia García, y sí una Policía Estatal "con mecanismos de selección dudosos, insuficientes elementos, ineficaz para tener una red efectiva en el estado".

A cambio el secretario aceptó lo que horas más tarde quedaría plenamente corroborado: el gobierno va rezagado incluso respecto de la sociedad, que se avisa de las balaceras a través del Twitter y difunde sus versiones, ciertas o no.

"En la capital, todos los días recibimos llamadas con amenazas de bomba. Sólo una vez encontramos un tubo con algo de material explosivo... y en la zona de Los Cañones sé de algunas localidades donde la gente procura recogerse a sus casas temprano, pero no es una recomendación gubernamental, sino la percepción de la ciudadanía."

En una conferencia de prensa, el 2 de febrero, el vocero gubernamental, Mario Caballero, acusó a un exfuncionario de la administración de Amalia García de hacer circular rumores en las redes sociales.

"Esto sí nos parte el queso", le comentó a **Proceso** el procurador Arturo Nahle García el mismo día. Después de esa conferencia de prensa trató de frenar el brote de pánico que suscitó entre los zacatecanos la información compartida en las redes. Nahle se quejó de que había una "campaña perversa" para generar psicosis y aunque aseguró que no quería minimizar lo ocurrido, pidió: "Tampoco hay que magnificarlo".

En el noticiero vespertino de la cadena radiofónica local *Stéreo Plata* le llovieron reclamos de radioescuchas. "¿Usted me garantiza que puedo llevar a mi hijo a la escuela y no pasará nada? ¿Me lo garantiza?", le preguntaron al funcionario.

El resto de la semana varias escuelas siguieron registrando un elevado ausentismo y algunas instituciones educativas privadas de plano acordaron con los padres de familia la suspensión de actividades, pese a que la Secretaría de Educación del estado amenazó sancionar a los planteles que incurrieran en ello.

Qué decir de la otrora dinámica vida nocturna en la capital estatal: de 2008 a la fecha, cuando se consolidó el dominio de Los Zetas, se fue reduciendo paulatinamente hasta quedar en su mínima expresión: cero.

11 de noviembre de 2007

"Soy un treinta y cinco"

Ricardo Ravelo

En forma sorpresiva a finales de junio de 2007 las distintas células de Los Zetas en el país recibieron una orden del alto mando, entonces encabezado por *El Lazca*, que los obligó a soltar las armas unas cuantas horas.

"Que todos los 'treinta y cinco' (como se llama internamente a la tropa de Los Zetas) y sus jefes se concentren en Matamoros, Tamaulipas. Es urgente", decía el mensaje.

Transmitida en clave a través de radios de comunicación, la orden llegó a todos los integrantes de dicho grupo armado, quienes de inmediato viajaron a Matamoros. Por esos días, tanto el Cártel del Golfo como el de Sinaloa –históricamente antagónicos– sentaban las bases para sellar un pacto que consistía en poner fin a la guerra entre ellos, repartirse el territorio y las principales rutas de trasiego de droga del país (**Proceso** 1600).

Un sujeto que afirma haber sido miembro de Los Zetas y dice haber escapado de una casa de seguridad donde estaba recluido para evitar ser víctima de las pugnas internas de ese grupo armado, confirma a este semanario que los cárteles de Sinaloa y del

Golfo pactaron en efecto varios acuerdos mediante un contrato firmado por ambas organizaciones.

Fugitivo y en espera de que la PGR lo acoja como testigo protegido, este individuo se puso en contacto con **Proceso**, ofreció una entrevista, exigió el anonimato pero dio los elementos suficientes para establecer su identidad y finalmente viajó a la Ciudad de México y habló con este reportero.

Afirma que los cárteles de Sinaloa y del Golfo "ya se arreglaron". Y explica: "El pacto está operando y tanto las autoridades de la PGR como del Ejército lo saben y están cooperando para que ambas organizaciones no fracasen, pues si esto ocurre, el país puede estallar en violencia".

El entrevistado, cuya función era llevar droga de uno a otro punto del estado de Tamaulipas, asegura que fue miembro del Ejército y tiempo después, del 1 de enero de 1996 al 15 de octubre de 2002, se desempeñó como policía fiscal en las aduanas de esa entidad del noreste del país, donde fue "enganchado" por Los Zetas. Por entonces este grupo armado comenzó a ejercer su dominio en los cruces fronterizos del país.

Según su testimonio, basado en cinco años de actividad como zeta, aquel día fue espectacular. Poco más de 500 miembros de Los Zetas –entre ellos unas 30 mujeres– se congregaron en el campo deportivo de Matamoros. Llegaron vestidos de civil y sin armas, como simples ciudadanos.

Usando siempre un lenguaje cuidado, bien estructurado y hasta pulcro, relata: "Nadie faltó a la cita. Algunos compañeros acudieron heridos, pero llegaron. El campo deportivo es bastante amplio. Tiene tres canchas de futbol y ahí comenzamos a concentrarnos".

–¿Cuál era el motivo de la reunión?

–Hablar con todos nosotros. Semanas antes del encuentro, *El Chapo* Guzmán había llevado a cabo negociaciones con el jefe del Cártel del Golfo, Eduardo Costilla, *El Coss*, para detener la guerra. Eso no fue bien visto por nuestro jefe, Heriberto Lazcano. Cuando Costilla le preguntó cómo veía la posibilidad de un pacto, Lazcano lo pensó mucho.

"Debo decir que desde la detención de Osiel Cárdenas (en marzo de 2003) los directivos del cártel son parte de un grupo distinto a Los Zetas, aunque existe comunicación entre ambas partes. Lazcano dijo que él no podía aceptar un acuerdo de esa manera, que tenía que someterlo a votación. Por eso nos mandaron llamar."

Custodiados a distancia por La Guardia (cinturones de seguridad de Los Zetas que vigilan a las policías, al Ejército y otras autoridades), los zetas se concentraron en el campo deportivo alrededor del mediodía.

Poco después Lazcano "llegó vestido con pantalón de mezclilla y camisa blanca. Se le veía muy tranquilo. Al entrar al campo se desplazó hacia un palco e hizo que los líderes de las células lo saludáramos de mano. Después pidió un micrófono y nos dirigió un mensaje".

En su discurso, que fue leído, el jefe de Los Zetas, también desertor del Ejército, habló de la conveniencia de un pacto, de la necesidad de no matar, de no levantar ni desaparecer a más personas y de la urgencia de paz en el país, sostiene el entrevistado.

También se refirió, dice, a la propuesta de establecer un pacto con el Cártel de Sinaloa y sometió a votación el acuerdo. Explicó también que él no podía tomar decisiones a espaldas de su gente. Luego expuso que si el pacto se sellaba, el grupo sólo tendría que cuidarse del gobierno.

Y alzó la voz: "¡Que levanten la mano los que estén de acuerdo con la paz!", dijo mientras miraba la masa humana que, atenta, lo escuchaba.

Salvo tres personas, todos los zetas estuvieron de acuerdo con lo que llamaron "el fin de la guerra". A los que estaban en desacuerdo, *El Lazca* les preguntó por qué no querían la paz. Según el exzeta, uno de los treinta y cinco dijo que su desacuerdo se debía a que recientemente habían matado a su hermano y que no podía quedarse tranquilo; otro mencionó que, independientemente de quién hubiese planeado el acuerdo, temía un debilitamiento del grupo y el tercero señaló que "no confiaba en la contra".

La reunión duró varias horas. Después de que todos los líderes de divisiones (células) volvieron a saludar de mano al *Lazca*, comenzó el convivio. Hubo carne asada, refrescos y aguas frescas. Al término del encuentro todos los miembros de lo que se conoce como "el otro ejército" se retiraron a sus zonas de influencia.

Desgajamientos internos

A pesar de que la cúpula del Cártel del Golfo, como estructura supuestamente independiente de Los Zetas, firmó un pacto de no agresión con el Cártel de Sinaloa, ese acuerdo no parece tan sólido hasta ahora en el caso del grupo armado. En el seno de éste hay desgajamientos, pugnas, secuestros y castigos para varios de quienes se negaron a acatar la decisión de sus jefes.

Después del encuentro en el campo deportivo, *El Lazca* –quien presuntamente murió en el enfrentamiento del 5 de octubre de 2007 en Tampico, cuando miembros del Cártel del Golfo se enfrentaron a tiros con el Ejército tras el decomiso de 11 toneladas de cocaína– desapareció del escenario.

El exmilitante de Los Zetas asegura que a pesar de que a Lazcano no se le ha visto desde entonces, no está muerto. Simplemente, dice, decidió dejar la jefatura del grupo armado y su lugar lo ocupa ahora un sujeto conocido como *El Z-40*. Lo mismo hizo Jaime González Durán, *El Hummer*, hace poco más de un mes. Después de haber sostenido un encuentro con su estaca –o sus treinta y cinco– en un rancho ubicado en los límites de Nuevo León y Tamaulipas, desapareció sin despedirse del grupo.

El Hummer era el encargado de la plaza de Reynosa. Meses antes había sustituido a Gregorio Sauceda, *El Caramuela* o *Don Goyo*; su área de influencia abarcaba toda la frontera chica, formada por las demarcaciones de Miguel Alemán, Nueva Ciudad Guerrero Mier, Díaz Ordaz, Camargo y Comales. En su lugar ahora está *El H-2* o *Roly*.

Otra plaza importante, la de Nuevo Laredo, está bajo el dominio de Enrique Rejón Aguilar, *El Mamito*, y del *Comandante 42*, este último, hermano del *Comandante 40*, quien asumió la jefatura de Los Zetas tras la extraña desaparición de *El Lazca*. Y en Parás, Nuevo León, al sur de Ciudad Guerrero Mier, el representante es *Roly*, mientras que en Agualeguas el jefe es el *Comandante Toño* o *El Gordo*.

En Ciudad Guerrero Mier estaba como cabeza *El R-1*, subordinado de *El Hummer*, pero fue ascendido y ahora se desempeña como contralor de Los Zetas en la península de Yucatán. *El R-1* salió de esa plaza por sus diferencias con el *Comandante 40*, según las versiones que circulan en el grupo armado.

La plaza de Torreón, Coahuila, territorio que durante años dominaron totalmente el Cártel de Juárez y sus socios de Sinaloa, está ahora en poder de Los Zetas. La conquista de esta plaza, según el entrevistado, costó muchas vidas, entre ellas la de cuatro capitanes del Ejército que fueron secuestrados. Esa región está a cargo del *Comandante Mayco*, también llamado *El Gringo*.

–¿Qué pasó con los militares?

–Los mataron. Luego los descuartizaron. Les cortaron la cabeza, las manos y las piernas. Los hicieron cachitos y los metieron en bolsas plastificadas. Durante una refriega con el Ejército los cuerpos fueron aventados cuando iban pasando unos convoyes del Ejército. Eso fue espantoso...

–¿Así matan Los Zetas?

–No siempre, pero a veces se tiene que hacer así. Hay otra forma de no dejar huella y consiste en cocinar a las víctimas...

–¿Cómo las cocinan?

–Una vez que la persona está muerta se le descuartiza, como se dice comúnmente. Luego se compran unos tambos metálicos y se perforan a tiros. Dentro de estos recipientes se coloca el cuerpo despedazado y se baña con diesel. Después se les prende fuego y se tapan. Todo el cuerpo se quema. Con un palo se van removiendo las partes corporales hasta que sólo quedan los huesos, los cuales se deben quemar hasta quedar puras cenizas.

Según el entrevistado, como empresa el Cártel del Golfo se mantiene casi intacta, con todas sus piezas activas. Opera con el respaldo de las policías federales –la AFI y la Federal Preventiva (PFP)–, cuyos mandos altos y medios ya tienen conocimiento de los términos del acuerdo entre los cárteles del Golfo y de Sinaloa. Su nuevo jefe es Eduardo Costilla, *El Coss*.

Para el exzeta, quien recientemente escapó de una casa de seguridad, en algunas regiones del país los policías cooperan para que no haya fracturas entre los dos cárteles.

Cuenta: "Si un miembro de Los Zetas se mete a un territorio sin avisar, es detenido por la policía o por la gente del cártel contrario. Con base en el acuerdo es remitido a su organización, previa identificación. La policía se encarga de entregarlo a su cártel o ponerlo a disposición de sus jefes inmediatos para que sea castigado o simplemente le hagan un llamado de atención".

–¿Cómo se identifican los miembros de Los Zetas para no ser confundidos?

–Sólo decimos que somos un treinta y cinco y mencionamos a qué plaza o división pertenecemos, así como el nombre de nuestro jefe.

El despliegue

De la información proporcionada por el entrevistado se desprende que, en el norte Los Zetas tienen influencia desde Tamaulipas hasta Piedras Negras, Coahuila. Todas las "divisiones" o plazas tienen un jefe y su propia protección local. Las más importantes son las de Reynosa, Chiapas, Campeche, Camargo, Miguel Alemán, Nueva Ciudad Guerrero, Matamoros, Acapulco, Piedras Negras y Torreón, entre otras.

Además de los casi 600 miembros que forman el grupo Los Zetas tienen su propio cerco de protección, La Guardia, que está compuesto por alrededor de 500 elementos. Este grupo paralelo tiene una función: Vigilar las entradas y salidas de los pueblos, desde Matamoros hasta Piedras Negras.

–¿Cómo opera La Guardia? ¿Cuál es su logística para brindarle protección a Los Zetas?

–Cuando un elemento de La Guardia detecta que salen vehículos de las guarniciones de inmediato debe informar a los jefes lo que está pasando. Por medio del tres-dos o romeo (radio), informan de todos los movimientos. Por ejemplo si de un pueblo sale una camioneta Dodge militar, dos Hummers cerradas y una de redilas, La Guardia informa así: "Saliendo de su 40 de 80 una rápida, dos tortugas y un abierto con rumbo a papa Fox", que quiere decir puente Pharr, Texas, cuya ruta está cerca del aeropuerto, rumbo a Valle Hermoso, Tamaulipas.

Sostiene que no es fácil ingresar al grupo. Primero que nada, dice, hay que ser recomendado por un elemento confiable que haya estado en la diestra (el entrenamiento riguroso para capacitarse). Y una vez que es aceptado, debe darse de alta en La Compañía o Grupo Zeta, donde después de la diestra se le asignan sus funciones, como cruzar droga de un punto a otro.

Además de La Guardia, Los Zetas disponen de una estructura administrativa que se encarga de las finanzas. En cada una de las plazas hay entre cinco y seis personas, con sus respectivos auxiliares, que llevan la contabilidad. El equipo responsable de las finanzas es intocable: los altos mandos del grupo armado acordaron con los jefes policiacos del país que no se les moleste en lo más mínimo.

Esta área administrativa, afirma, tiene funciones específicas como recaudar el dinero de las narcotienditas que funcionan en su corredor de influencia, así como los ingresos que generan las plazas para el pago de nóminas y cuyas fuentes son los pagos por extorsiones y por compra de cocaína (también conocido en el grupo como jale), entre otros.

También asegura que Los Zetas no sólo están involucrados en el tráfico de cocaína sino que han incursionado en otras actividades ilícitas altamente redituables, como el tráfico de personas. Para ello, dice, establecieron acuerdos con las organizaciones de polleros, a las que les exigieron derecho de piso por cruzar a los indocumentados por los territorios que dominan.

A los cabecillas de esas organizaciones se les llegan a cobrar entre 50 y 60 dólares por persona. Otra fuente de ingresos es el cobro a narcotraficantes por cruzar droga en los territorios que este grupo controla.

El entrevistado sostiene que algunos zetas fueron separados del grupo, lo que causó fracturas y divisiones internas. Como consecuencia, varios de ellos fueron secuestrados por facciones antagónicas. Uno de esos elementos fue precisamente él. Dice que las fracturas comenzaron la primera semana de julio de 2007 cuando *El Hummer* organizó una reunión con unos 200 zetas en un rancho junto al río San Juan, en los límites de Tamaulipas y Nuevo León.

En ese encuentro fueron varios los zetas que se quejaron ante él de malos tratos y bajos sueldos, lo que llevó a *El Hummer* a emprender algunos ajustes: Destituyó a los representantes de Sabinas Hidalgo y Cerralvo, Nuevo León, plazas a cargo de los personajes conocidos como *El Chabelo* y *El Lobo*.

El Hummer también habló fuerte ante sus subalternos. Les dijo que la puerta estaba abierta para quien quisiera irse de la organización. Y advirtió que no toleraría más fallas ni problemas. Fue entonces cuando 15 compañeros le tomaron la palabra y abandonaron el grupo.

–¿Y el pacto en qué terminó?

–El pacto sigue. Como dije antes, hay un contrato firmado y se tiene que respetar...

CAPÍTULO 2

LA EXPANSIÓN

13 de agosto de 2006)

En Tabasco, la gran ofensiva

Armando Guzmán

VILLAHERMOSA, TAB.- La noche del 19 de octubre de 1994 un desconocido irrumpió en las oficinas de la arrendadora y compraventa de autos Servicio Bos, en el centro de esta capital, y le disparó siete veces al propietario, Miguel Bosada Graniel.

Éste fue llevado a una clínica particular, donde falleció 10 días después. Una esquela de la Coparmex-Tabasco reveló que Bosada era consejero del organismo patronal.

La ejecución nunca se aclaró pero se le atribuyó a Alcides Ramón Magaña, *El Metro*, uno de los narcotraficantes más buscados por la justicia de Estados Unidos y originario de Tabasco, donde fue capturado en 2001. Actualmente está preso en el penal federal de La Palma.

Las pesquisas sobre el asesinato de Bosada revelaron que desde 1994 operaban ya en la entidad capos como el propio Ramón Magaña y Mateo Díaz López, *Comandante Mateo*, jefe de Los Zetas en Tabasco. Éste fue detenido el 15 de julio de 2006 junto con el sicario Darwin Alejandro Bermúdez Zamora en el bar La Palotada del municipio de Cunduacán.

En su edición de julio de 1994, la desaparecida revista *Época*, con base en fuentes de la agencia antidrogas de Estados Unidos, la DEA, publicó un reportaje sobre los cabecillas del narcotráfico en el sureste mexicano. Mencionaba a Bosada como un destacado miembro del Cártel del Golfo.

Ramón Magaña habría eliminado a Bosada para arrebatarle el predominio en la entidad al Cártel del Golfo, que comandaba Juan García Ábrego, y afianzar al Cártel de Juárez, encabezado por Amado Carrillo, *El Señor de los Cielos*, y del que formaba parte *El Metro*.

Éste nació en la comunidad Punta Brava, municipio de Paraíso, a unos 75 kilómetros de Villahermosa. Su padre, Alcides Ramón Castillo, un extrabajador de Pemex de 80 años, relató a un diario local que su hijo abandonó su casa en el rancho San Isidro a los 13 o 14 años. Su madre, Juana Magaña, se suicidó cuando *El Metro* tenía tres meses de nacido.

Pugna territorial

La guerra de narcotraficantes en Tabasco, el sur de Veracruz y el norte de Chiapas arreció en enero de 2004. El día 25 un comando llegó al rancho San Francisco (municipio chiapaneco de Ostoacán, en los límites con Tabasco) y ejecutó a seis personas, incluido Antonio Guízar Valencia, miembro de la banda de Los Michoacanos. Valencia había sido detenido por el Ejército en agosto de 2003 cuando trasportaba media tonelada de cocaína en dos camionetas. Semanas después salió libre.

En octubre de 2005, en el municipio tabasqueño de Emiliano Zapata, desde un auto en marcha fue ejecutado el transportista José Martín Flores Torruco, *El Gordo*, originario de Palenque, Chiapas.

La policía capturó a cuatro de los asesinos, entre ellos a Jorge Santiago Rodríguez, de 23 años, un desertor de los kaibiles del ejército guatemalteco. Los sicarios confesaron que fueron contratados por unos "sinaloenses" que les proporcionaron armas, autos, fotografías y domicilio de la víctima.

Y en enero de 2006 Moisés Alejandro Pérez Gómez y Roberto Guzmán Priego irrumpieron con disparos en la delegación de la PGR en Tabasco para rescatar a Wilbert Hernández García y Loida

Gómez Vázquez, detenidos horas antes por la AFI debido a que llevaban cocaína.

Pérez Gómez cayó bajo el fuego de los agentes. Su compañero logró escapar herido en una camioneta, pero durante la persecución se estrelló contra un poste de luz y fue capturado.

Tres meses después, en marzo y en el mismo lugar donde cayó *El Gordo* Flores Torruco, al ganadero Luis Manuel Álvarez Rodríguez le asestaron más de 20 disparos de rifle AK-47 en su propia casa.

La ejecución de *El Pony*

El 10 de junio de 2006, a un mes de que el *Comandante Mateo* retornara a Tabasco, apareció muerto el ganadero Ponciano Vázquez Lagunes, *El Pony*, con cuatro de sus trabajadores. Los cuerpos estaban en una Dodge Durango en un camino rural de Huimanguillo, Tabasco, en los límites con Veracruz.

Al reclamar el cuerpo de su hermano en la Procuraduría de Justicia de Tabasco, el ganadero veracruzano conocido como *El Cacique del Sur*, Cirilo Vázquez Lagunes, responsabilizó de los asesinatos al gobierno federal y a un "funcionario estatal": el subdirector de Protección Civil, Prevención y Readaptación Social, Hernán Bermúdez Requena.

Cirilo Vázquez reveló que en unas grabaciones telefónicas se oía a Bermúdez asegurar que había visto a Ponciano "arraigado" en las instalaciones de la SIEDO en la Ciudad de México ocho días antes del crimen.

Antes del sepelio de Ponciano en Veracruz, Vázquez Lagunes discutió por teléfono con Hernán Bermúdez por su presunta participación en el homicidio de su hermano, de acuerdo con grabaciones difundidas por la prensa local, presuntamente filtradas por el propio Cirilo.

Bermúdez Requena fue arrestado por agentes de la AFI el 12 de junio de 2006 en el hotel Camino Real de Villahermosa mientras cenaba con Cirilo Vázquez, el notario público Narciso Oropeza y Jaime Echeverría, quien fue director de Tránsito en el gobierno de Roberto Madrazo.

El funcionario estatal quería deslindarse de la ejecución de Ponciano Vázquez ante su hermano Cirilo. De ello daría fe Oropeza y sería testigo su amigo Jaime Echeverría.

Bermúdez Requena fue director de Seguridad Pública en el gobierno de Manuel Gurría Ordóñez y director del Centro de Readaptación Social del Estado en el gobierno de Roberto Madrazo. Junto con el español Ramón Requeijo Abad –ejecutado y encontrado encajuelado en el Estado de México en 2002– contrató un complejo equipo de vigilancia para la Quinta Grijalva –residencia oficial de los gobernadores– durante el periodo de Madrazo, de quien Requeijo fue guardia personal.

Hernán Bermúdez es hermano del contratista Humberto Bermúdez Requena, uno de los empresarios más favorecidos con obras públicas estatales y federales desde el gobierno madracista.

Luego de permanecer arraigado 11 días en la SIEDO, Hernán Bermúdez Requena fue liberado porque no le pudieron imputar cargos.

Por otro lado, el 12 de junio un grupo de sicarios remató de 40 tiros a Mario Cruz Magaña, *El Kity*, cuando convalecía en una clínica particular del municipio de Cárdenas, luego de haber sido herido de bala dos días antes. Cruz Magaña era sobrino de *El Metro*.

Y el 19 de julio apareció en un pantano de Nacajuca el cuerpo del ganadero Juan Carlos González Lucatero, originario de Jalisco y quien fue secuestrado el 22 de mayo en Palenque, a donde viajaba para "comprar ganado", según sus familiares. Tenía huellas de tortura.

Plaza tomada

De niño Mateo Díaz López sembraba cacao en la parcela que su padre Benito Díaz, de 70 años, tiene aún en el ejido San Rafael del municipio de Cunduacán. A los 18 años terminó su especialidad en electromecánica en el Conalep y emigró a Matamoros, Tamaulipas, donde se enlistó en el Ejército.

La familia del *Comandante Mateo*, que incluye a ocho hermanos, le perdió la pista. Esporádicamente se comunicaba con su madre, Natalia López, para preguntar por la salud de su padre, que padece diabetes. En esas ocasiones, le contaba que le iba bien porque rápidamente escalaba grados en el Ejército.

"Vino de vacaciones para el Día de las Madres con su familia, su esposa y dos hijos. Lo vi alegre, pues me dijo que estaba trabajando y a gusto", relató a la prensa la señora López, quien dijo no haber sospechado a qué se dedicaba su hijo. La última vez que lo vio fue el domingo anterior a su detención, pues estuvo todo el día en la casa paterna, donde comió con sus hermanos.

Benito Díaz, por su parte, contó que el 15 de julio Mateo lo fue a ver a su parcela y hasta se tomaron "unas cervecitas". Posteriormente el *Comandante Mateo* se dirigió al bar La Palotada, en la periferia de Cunduacán, donde armó un escándalo con su compañero de parranda, el sicario y exguerrillero nicaragüense Darwin Alejandro Bermúdez Zamora. A las 22:30 horas ambos fueron arrestados por policías municipales.

Al revisar la camioneta Ford Lobo blanca que conducían, se encontraron dos fusiles automáticos AR-15, una pistola calibre 9 milímetros con silenciador y más de 100 cartuchos, por lo que fueron trasladados a la Casa de la Justicia de Cunduacán. El jefe de Los Zetas pidió hacer una llamada telefónica para avisar a su familia del arresto, pero se piensa que aprovechó la oportunidad para ordenar a sus sicarios que lo rescataran.

Alrededor de las 12:30 de la noche, a bordo de tres camionetas, un comando intentó liberar a Mateo a punta de disparos. Los sicarios asesinaron al jefe de grupo de la Policía Judicial, Marcelino de los Santos Ramos, e hirieron de gravedad a su compañero Isidro León Jiménez, pero no lograron su objetivo.

El agente del Ministerio Público José Eduardo Ruiz Piñera relató que, luego de huir, los matones llamaron tres veces a la policía para exigir que liberara a los detenidos o regresarían para matar a todos.

En efecto, Los Zetas volvieron a las 03:00 de la mañana con refuerzos y acribillaron con AK-47 la Casa de la Justicia. Policías municipales y judiciales del estado se defendían con rifles y pistolas. Entonces los sicarios lanzaron granadas y bazucazos que alcanzaron tres patrullas y dos casas, las cuales se incendiaron. El agente de la Policía Estatal de Caminos Armando de la Cruz Jiménez falleció calcinado junto a una patrulla.

Sin embargo Los Zetas fracasaron de nuevo. Elementos de la AFI llegaron después del segundo ataque, pese a que Cunduacán se encuentra a 45 kilómetros de Villahermosa, y a las 06:00 de la mañana el Ejército tomó el control de la Casa de la Justicia.

Al filo de las ocho, a orillas de la carretera Villahermosa-Cárdenas fueron hallados los cuerpos del empresario Humberto Montalvo Torres, dueño de la refaccionaria La Biela, y del mecánico Herminio Quintana. Ambos habían sido levantados en el municipio de Cárdenas el 5 de julio. A unos 200 metros de ahí fue encontrada una de las camionetas utilizada por los sicarios en su ataque en Cunduacán así como otros dos vehículos con una bazuca, granadas, teléfonos celulares y fusiles AR-15.

El Comandante Mateo figuraba en la lista de los delincuentes más buscados de la PGR por ser pieza clave del Cártel del Golfo y uno de los fundadores de Los Zetas. Según la SIEDO era responsable de la célula del Cártel del Golfo en Tabasco, Chiapas y Veracruz, mientras que Darwin Alejandro Bermúdez se encargaba de ejecutar a los adversarios.

Sin embargo este último fue dejado en libertad porque el Juzgado Séptimo de Distrito en Materia Penal, con sede en Guadalajara, no encontró elementos para procesarlo por delitos contra la salud y delincuencia organizada. El 26 de julio abandonó el penal de máxima seguridad de Puente Grande y quedó a disposición del Instituto Nacional de Migración (INM).

Pero en Tabasco siguieron los descubrimientos. La tarde del 21 de julio, efectivos del Ejército con tres tanquetas, tres vehículos Hummer y dos camiones cercaron una casa de seguridad en la ranchería González (kilómetro 56 de la carretera federal Villahermosa-Cárdenas) que Los Zetas presuntamente utilizaban para torturar y ejecutar a sus víctimas.

Un juez de distrito libró la orden de cateo después de cuatro días de cerco y el 24 de julio a las 19:30 horas entraron a la residencia efectivos de Inteligencia Militar, la SIEDO y la AFI, así como un agente del Ministerio Público Federal.

Dentro encontraron ametralladoras, 20 granadas, una bazuca, escopetas, fusiles, pistolas, 10 mil cartuchos útiles de diferentes calibres y chalecos antibalas, así como videos, documentos y uniformes tanto militares como de la AFI, pasamontañas, guantes, celulares y 15 radios.

En el interior estaban estacionadas dos camionetas Hummer de lujo con placas de Tabasco; una Dodge Ram blanca sin placas; un Tsuru verde sin placas; un Stratus blanco y una Estaquitas Nissan blanca.

En las camionetas se encontraron cartuchos percutidos, supuestamente utilizados durante el intento de liberar al *Comandante Mateo* en Cunduacán.

9 de septiembre de 2007

El azote de los empresarios

Ricardo Ravelo

Urgido de capital y de control territorial, el grupo armado Los Zetas desplegó ya todo su poder en el país. Tan avasallante es su fuerza que no puede ser detenido ni con los operativos militares que a principios de año puso en marcha el presidente Felipe Calderón.

Nueve meses después de que el mandatario asumiera el compromiso de combatir el narcotráfico y de regresar "la seguridad y la convivencia social tanto en pueblos como en ciudades", Los Zetas se han convertido en el reto más difícil que enfrenta el actual gobierno.

Con el apoyo de las policías estatales y municipales –a las que mantiene "enganchadas" mediante cuotas mensuales–, este grupo puso en jaque a la clase empresarial del país. Según investigaciones de la PGR, desde Tijuana hasta Quintana Roo a este numeroso ejército del narcotráfico se le atribuyen asesinatos, extorsiones, desapariciones y decenas de secuestros de empresarios presuntamente ligados al lavado de dinero y otras actividades ilícitas.

De enero a septiembre de 2007 la zona más golpeada por la ola de secuestros y desapariciones es la Comarca Lagunera, que comprende los estados de Coahuila y Durango. Le siguen Baja California (particularmente la ciudad de Tijuana), Nuevo León, Campeche y Veracruz, hasta donde Los Zetas han extendido sus dominios.

Asimismo, en enero pasado Los Zetas se afincaron en Torreón, Coahuila, un territorio largo tiempo codiciado. Desafiantes y con el claro objetivo de arrebatarles la plaza a sus acérrimos rivales de los cárteles de Juárez y de Sinaloa, los integrantes del grupo armado del Cártel del Golfo anunciaron su presencia en esa región mediante la amenaza directa a los empresarios que, dijeron, iban a secuestrar.

El 22 de mayo de 2007, por ejemplo, su asentamiento en La Laguna pasó del rumor a la realidad. Ese día Los Zetas hicieron circular una carta dirigida al abogado Alberto Romero –a quien posteriormente desaparecieron–, presunto enlace de algunos empresarios con una red de lavado de dinero.

Le advirtieron en tono amenazante: "Abogado Alberto Romero, nos dirigimos a ti porque tenemos información previa de que tienes relación estrecha con altos funcionarios y empresarios de la región y queremos que seas el conducto para hacer de su conocimiento, llámese en este caso socios de Canacintra, GEL (Grupo Empresarial Lagunero) y CLIP (Consejo Lagunero de la Iniciativa Privada), información contenida en CD, ya que dicha información va a interesar tanto a empresarios como a la sociedad en general".

Escrita en computadora y con letras mayúsculas, la carta va acompañada de un logotipo en forma de escudo en el que resaltan las iniciales "F.E.C.G.", la letra "Z", los mapas de Tamaulipas y la República Mexicana y en la parte de abajo la leyenda "Cártel del Golfo".

La misiva añade: "Con esto aclararemos que nosotros no venimos a robar a nadie, simplemente venimos a hacer negocio. Aclarando que será molestada la persona que tenga negocios ilícitos fuera de nuestra organización. Esta es una petición de carácter urgente e irrevocable...

"Exigiéndole realice las gestiones necesarias para exhibir dicho CD a las personas antes mencionadas, teniendo como límite de plazo para la conclusión y ejecución de dicha petición el día miércoles 23 de mayo de 2007 a las 12:00 horas."

Los Zetas mencionan también que tienen programadas varias reuniones con empresarios laguneros, sin mencionar sus nombres, para que éstos decidan con qué organización criminal van a trabajar. Y se despiden con una amenaza directa tanto para Romero como para la clase empresarial de La Laguna:

"Sin más por el momento, se les informa que cualquier desacato ante dicha petición tendrá consecuencias irreversibles para su persona y socios del sistema empresarial."

Asedio a magnates

La carta de Los Zetas llegó a los correos electrónicos de varios empresarios, pero algunos tomaron el mensaje a broma y el plazo establecido por el grupo venció sin que obtuviera respuesta. Lo que sobrevino fue una ola de secuestros y desapariciones. De acuerdo con las investigaciones, uno de los primeros en desaparecer fue precisamente el abogado Alberto Romero, presunto enlace entre narcoempresarios laguneros.

Sin embargo, nueve días antes de la carta Los Zetas arremetieron contra Carlos Herrera Araluce, el poderoso empresario de Gómez Palacio, Durango, quien estuvo a punto de ser ejecutado.

Dueño del corporativo Chilchota, cacique priista y con una fama que lo liga con actividades de narcotráfico desde hace varios años (**Proceso** 1362), el 13 de mayo de 2007 Herrera salió como de costumbre a realizar algunas compras a la tienda Sam's, en el bulevar Diagonal Reforma, en Torreón.

Alrededor de las 13:00 horas, cuando regresaba a Gómez Palacio, su feudo, el empresario fue interceptado en el bulevar Constitución esquina con Rodríguez por dos gatilleros, presuntamente zetas, quienes le dispararon. Los peritos que investigan el caso aseguraron que hubo 80 disparos, de los cuales al menos 40 se impactaron en la camioneta Cadillac Escalade en la que viajaba Herrera junto con su esposa, Vilma Ale Núñez.

La pareja recibió varios disparos. Vilma fue herida en el costado derecho del abdomen, mientras que Carlos recibió tiros en el hombro y en la mano izquierda, de la cual perdió tres dedos. Desde entonces, en La Laguna se le conoce como *El 17*.

Aunque las autoridades locales no lo admiten, para la PGR el atentado tiene una lectura clara: Es la pelea por el control de la plaza entre quienes controlan la venta de droga del otro lado del río Nazas, que divide las ciudades de Torreón, Coahuila, y Gómez Palacio, Durango.

El atentado contra Herrera fue el detonante de una serie de levantones, amenazas y secuestros contra empresarios laguneros presuntamente ligados al lavado de dinero. De enero a la fecha, en La Laguna han sido secuestradas o desaparecidas por lo menos 19 personas, todas relacionadas con la actividad empresarial de la región y vinculadas con Herrera, considerado "el jefe de la plaza" en La Laguna.

El 14 de mayo, un día después del atentado contra Herrera, en las inmediaciones del café Denis, en el bulevar Independencia y casi enfrente del restaurante Tony Romas, propiedad de Carlos Herrera, fue levantado Enrique Ruiz Arévalo, responsable de la Unidad Antisecuestros con sede en Torreón.

Ese día, Ruiz Arévalo –quien en poco menos de 10 años había puesto fin a los secuestros que azotaron la región– tomaba café con Braulio Fernández Aguirre, exalcalde de Torreón, exdiputado federal, socio del grupo Lala y dueño del Grupo Radio Estéreo Mayrán, que maneja tres de las radiodifusoras más consolidadas de la zona.

Eran poco más de las 9:00 de la mañana y el diálogo entre Fernández y Ruiz Arévalo era ameno, según dijeron a **Proceso** varios testigos. De pronto Ruiz Arévalo observó que sus acompañantes, todos policías de la Unidad Antisecuestros, estaban discutiendo con otro grupo que portaba uniformes de la AFI. Ruiz Arévalo interrumpió la conversación:

–Discúlpame, Braulio, ahora vuelvo, voy a ver qué está pasando –le dijo a su interlocutor, mientras desenfundaba su pistola y la colocaba en el asiento.

–Está bien –respondió Fernández Aguirre.

Al acercarse al grupo que discutía, Ruiz Arévalo fue confrontado por el supuesto grupo de afis, posteriormente fue subido a una camioneta junto con uno de sus colaboradores y el vehículo arrancó a toda velocidad. Por la noche su colaborador fue liberado, no así Ruiz Arévalo, quien hasta la fecha está desaparecido. Incluso ya se le da por muerto, aunque oficialmente no se ha confirmado tal versión. En Coahuila este caso parece ya olvidado por las autoridades.

Según informes obtenidos por **Proceso**, Ruiz Arévalo no investigaba ningún caso relevante, aunque los días previos a su desaparición había recibido a Héctor León López, padre de Pancho León García, quien desapareció en marzo de 2007 tras anunciar que se lanzaría como candidato a la presidencia municipal de Gómez Palacio.

"Necesito que me ayudes a encontrar a mi hijo", le pidió Héctor León a Ruiz Arévalo y éste comenzó a indagar el caso.

Pancho León amasó su fortuna con la explotación de un yacimiento de mármol en Dinamita, Durango, municipio de Gómez Palacio. Después se metió a la política y fue candidato del PRD al Senado en los comicios de 2006. En la Laguna se le conocía como *El Rey del Acarreo*, por la cantidad de gente que movía en la zona.

Respecto de las causas del secuestro y desaparición de León, las autoridades de Coahuila no han dado ningún informe. Sin embargo, entre personas cercanas al desaparecido, quienes solicitaron omitir sus nombres, se sabe que León desapareció después de sostener una discusión con Carlos Herrera, quien aparentemente se oponía a su candidatura. Otra versión es que Los Zetas lo desaparecieron.

Ola de levantones

La ola de violencia y de secuestros aumentó en La Laguna durante los últimos meses. El día del atentado contra Carlos Herrera apareció descuartizado Sabino Burciaga, del llamado Clan Burciaga de Matamoros, Coahuila, a cuyos integrantes se identifica como gatilleros a sueldo y secuestradores. Claro Burciaga, quien fungió como jefe de seguridad de Carlos Herrera en distintas etapas, era tío de Sabino, quien desapareció de Matamoros el 11 de mayo de 2007. La familia no echó de menos su ausencia, pues solía ausentarse frecuentemente.

Dos días después, el 13 de mayo, el cadáver de Sabino fue localizado en el Parque Industrial Lagunero, cerca de la empresa Chilchota. No tenía brazos ni piernas y fue decapitado. Los pedazos del cuerpo de Sabino fueron metidos en una bolsa, salvo su cabeza, la cual fue cubierta con una cobija vieja, según asienta el parte forense.

El cuerpo de Sabino Burciaga tenía un mensaje amenazante dirigido a Sergio Villarreal, *El Grande*, a quien se identifica con el Cártel de Sinaloa y está en disputa con Los Zetas por La Laguna.

En los días posteriores al atentado contra Herrera Araluce sobrevino una oleada de levantones. Muchos de éstos no se conocen, pues los familiares de las víctimas no denunciaron los hechos ante el Ministerio Público.

Es el caso del empresario Sergio Estrella –hijo de Sergio Estrella Ochoa, exalcalde de Gómez Palacio y notario público–, quien fue levantado el 14 de mayo, horas después del tiroteo contra Herrera Araluce, con quien está relacionado. Desde esa fecha Estrella está desaparecido.

Asimismo Los Zetas habrían secuestrado a Ignacio Berlanga, en otro tiempo ligado al policía Guillermo González Calderoni. Al parecer Berlanga fue sometido a tortura por sus captores, pero negoció con ellos y fue liberado la noche del 17 de mayo.

Y una de las últimas desapariciones es la de Juan Rueda Sabag, un empresario que a mediados de 2007 anunció una cuantiosa inversión para la construcción de un parque industrial en una superficie de 500 hectáreas en la ciudad de Matamoros, Coahuila, conurbada con Torreón.

La Comarca Lagunera no es la única zona del país azotada por el terror de Los Zetas. En Tijuana, por ejemplo, la Coparmex denunció el secuestro de 25 empresarios entre 2006 y lo que va de 2007, perpetrados presuntamente por el grupo armado del Cártel del Golfo, cuyo poderío no se debilita a pesar de que la PGR y la SSP anuncian reiteradamente la captura de sus integrantes.

En Veracruz, zona bajo dominio del Cártel del Golfo y disputada por el de Sinaloa, también ha sido golpeada la clase empresarial. El 27 de julio de 2007, por ejemplo, fue secuestrado Sergio Torres Marín, dueño de la cadena de farmacias Las Torres, en pleno centro del puerto. Según una versión extraoficial, fue liberado días después de pagar 5 millones de pesos.

Otro secuestro, perpetrado a principios de marzo de 2007, fue el de Mauro Loyo Morales, hijo del neurólogo Mauro Loyo Varela, secretario de Salud en el gobierno de Miguel Alemán. Después del pago de su rescate Loyo Morales apareció atado a una palmera, cerca de Tierra Blanca, Veracruz, donde los lugareños lo liberaron.

6 de septiembre de 2009

Migración centroamericana, sanguinario negocio

Óscar Martínez

"Luego de más de una semana en esta zona no me queda otra que decirle que su vida tiene que ser muy complicada ¡Diablos! Lo pienso y no entiendo cómo sigue vivo."

El agente secreto sonríe con orgullo mirándome fijamente y sosteniendo un silencio misterioso. Voltea a ver hacia la puerta, a pesar de que sabe que estamos solos en este pequeño café.

–Con inteligencia –responde finalmente–. No me muevo en una camioneta del año, de esas grandes. Nunca porto mi arma a la vista y no aparezco en eventos más de lo necesario.

No hace falta traducir. Un evento aquí no puede ser otra cosa que una actividad de ese tipo: el asesinato de alguno de los policías de uno de los pueblos de esta franja del sureste mexicano, la escena del crimen que queda detrás de una balacera entre militares y narcotraficantes, la intervención armada en un rancho perdido entre el monte donde esos criminales, los que mandan aquí,

Los Zetas, tienen a una cincuentena de migrantes centroamericanos encerrados. El celebérrimo secuestro exprés.

–Pero a veces parece imposible conseguirlo ¡Hay que vivir en puntillas! Nunca se sabe quién es quién –insisto cuando todavía estamos en el preludio de la conversación.

El agente lo sabe. Él vive bajo estas reglas del sigilo. Él lo sabe y por eso sólo aceptó que nos juntáramos cuando le di la referencia de un conocido. Y aun así comenzó a hablar luego de revisar de arriba a abajo mis documentos. El sigilo y el anonimato, esas son las normas que han sido impuestas. Simular ser uno más del rebaño que vive atemorizado, con la vista baja y mirando el pavimento ardiente de estos pueblos que rodean a Villahermosa, capital de Tabasco, en la frontera con Guatemala.

–Por eso es necesario moverse despacio, entrar lentamente, no de golpe y tener mucho cuidado a la hora de preguntar. Mucho cuidado –responde.

Termina su café de un trago y pasa a lo concreto: "Y al final, ¿fueron ayer al rancho que les dije? ¿Pudo tomar fotos el fotógrafo?", pregunta.

–Sí, sí fuimos. Tomó las que pudo. El escenario era escalofriante –respondo.

El rancho cementerio

La lluvia fue la que hizo que el rancho La Victoria terminara de parecer un montaje. La propiedad era toda la escenografía del secuestro que podemos esperar que salga de nuestro imaginario.

Cuando llegamos el lugar estaba casi vacío. Sólo tres policías judiciales custodiaban a los dos agentes del Ministerio Público que colgaban el letrero de clausurado. Más allá de la puerta de entrada, a unos tres metros de las vías del tren, estaba la casa central, toda de delgados tablones, con dos cuartos centrales rodeados por un pasillo. Esa era la armazón; tétrico el decorado. En el dintel principal colgaba un cráneo de vaca. Al lado de la nave central, unas 100 latas de cerveza se amontonaban estrujadas. En el cuarto más amplio el piso estaba manchado y regado de aserrín. La habitación expelía un fuerte y fétido olor a humedad y por doquier había desperdicios difícilmente identificables. Jirones de ropa, pedazos de lata, algo que parecía trozos de madera.

Ahí, en esa locación de película de terror, el 3 de julio de 2009 fueron liberados 52 indocumentados centroamericanos que llevaban una semana apiñados en la habitación por un comando de Los Zetas, grupo que regentea este pequeño pueblito llamado Gregorio Méndez.

Dos de los cautivos habían escapado del tren en el que iban, justo frente al rancho, cuando el maquinista Marcos Estrada Tejero detuvo la locomotora y 15 hombres con armas largas arrearon a los demás migrantes hacia La Victoria. Los dos prófugos se toparon días después con un comando de 12 militares. Relataron su situación y los soldados dieron parte a sus superiores. Pronto se formó un comando con 12 policías estatales de Tabasco y 30 de Chiapas. El maquinista está preso. Fue detenido cerca de Veracruz cuando tripulaba un tren en el que más de 50 indocumentados iban encerrados en los vagones. A Estrada Tejero lo acusan de trabajar para Los Zetas que fueron atrapados en el rancho, encabezados por el hondureño Frank Handal Polanco, que salía en un taxi a la hora de la intervención. Ocho zetas fueron detenidos y otros siete escaparon hacia el monte, cargando sus AR-15.

–Lo peor es cómo los tenían –cuenta en voz baja uno de los agentes del Ministerio Público–. Estaban en *shock*. Y todos presentaban golpes en la espalda baja. Una franja morada. Luego nos enteramos qué pasó.

En el rancho los criminales organizaron su *show* de presentación. Por grupos de cinco colocaron a los indocumentados de rodillas, contra la pared, en el porche, y les empezaron a partir la espalda baja a tablazos, un método de tortura militar que se aplica en México. Y no es de extrañar. Esta es una de las marcas de una organización criminal que surgió, según la inteligencia estadunidense, a finales del siglo pasado cuando el Cártel del Golfo, uno de los dos más poderosos de México, logró hacer desertar a cerca de 40 militares mexicanos de comandos de élite.

Entre ellos las reglas son inviolables; las consecuencias, fatales. Una de esas noches, la segunda de cautiverio, dos migrantes escaparon aprovechando el descuido del guardia. Se internaron en el monte. Un comando zeta fue a buscarlos. A los pocos minutos volvieron con uno de ellos. Lo hincaron frente a la puerta del cuarto repleto de indocumentados y Frank les dijo en voz alta:

–¡Miren lo que les va a pasar si andan con pendejadas!

Un disparo en la nuca terminó con la vida del migrante hondureño Melesit Jiménez. El otro aún corría cuando, por detrás, sus dos perseguidores lo asesinaron de dos disparos.

Los siguientes días, ya con un grupo manso, los zetas se dedicaron a violar a las dos mujeres hondureñas del grupo y a divertirse tableando de vez en cuando a alguno de los hombres, mientras esperaban que los depósitos de entre mil 500 y 5 mil dólares llegaran a una sucursal de transferencias rápidas como rescates enviados por los familiares de los cautivos.

Un secuestro masivo más. Apenas a unos días de la presentación del informe sobre plagios de migrantes que hizo la Comisión Nacional de los Derechos Humanos (CNDH). Un barullo de periodistas que se codeaban por un espacio se apiñó en la sala donde, con voz ronca, el ómbudsman dijo que con su escaso personal en siete meses había documentado casi 10 mil casos de secuestro de viva voz de indocumentados que señalaban a "Los Zetas en contubernio muchas de las veces con policías".

Los raptos en este mundo de peregrinos sin papeles son ya tan comunes como los asaltos en el sureste mexicano. Ahora, después de meses de ver cómo Los Zetas se desperdigan por todo el país, de quedar claro que se constituyen como un cártel independiente, de escuchar su nombre y sentir su miedo en pueblos de todo el país por donde circulan los migrantes, venimos a entender quiénes son, cómo funcionan y cómo consiguen su principal activo para poder operar a sus anchas: el temor.

Eso se respira aquí en Tabasco, una de sus principales plazas y donde se inicia el control que detentan sobre coyotes e indocumentados. Se percibe, como nos ocurrió al entrar al pueblo de Gregorio Méndez, en la cara de terror que puso el taxista cuando le pedimos que hiciera un servicio hasta La Victoria. Respondió: "No, no puedo ir ahí, no nos dejan". Tomó su auto y se largó.

En el rancho, mientras los del Ministerio Público colgaban el cartel de "propiedad incautada", uno de los judiciales dijo entre suspiros y sosteniendo su AR-15 con firmeza:

–No podemos enseñarles las tumbas porque ellos andan por allá, en el monte, vigilándonos.

Y es que ahí cerca, entre la maleza, es donde dos hondureños, encadenados para que no escaparan de Migración, exhumaron los dos cuerpos. En el caso de Melesit lo hicieron esa misma noche, pues uno de ellos dijo que sabía dónde estaba el cadáver, junto con una ametralladora Uzi y dos cargadores; el otro se localizó cinco días después, cuando los que desenterraron a Melesit fueron desenmascarados en la estación migratoria de Tapachula, a donde habían trasladado a los migrantes para deportarlos a Centroamérica.

Se escuchó un barullo en la celda. Cuando los agentes se acercaron observaron que los 50 indocumentados intentaban linchar a los dos hondureños, zetas los dos.

–¡Ellos son zetas, ellos traían armas y nos tableaban en el rancho, ellos son del grupo! –gritaba la turba.

Entonces los sacaron, ellos aceptaron ser zetas y fueron devueltos a Tabasco, a declarar, a ubicar al segundo muerto, al que ellos mismos habían ejecutado y enterrado.

Los Zetas son como un cáncer que hace metástasis con rapidez y en todo lo que los rodea. Migrantes reclutados como zetas, militares reclutados por la banda, policías, taxistas, alcaldes, comerciantes.

Preguntando al enemigo

–¿Todo fue casualidad? No fue un operativo exitoso, sino dos migrantes que por cuestiones del azar encontraron a un pelotón –pregunto al agente secreto, que vuelve a sonreír. Una sonrisa de obviedad.

–¿Por qué crees que me muevo como me muevo, despacio? –inquiere–. Lo hago porque Los Zetas se enteran de muchos de los operativos antes que las mismas jefaturas militares. Tienen orejas en todas partes.

Si aquellos migrantes que huyeron hubieran temido ser detenidos por los soldados y hubieran corrido, nadie sabría siquiera de la existencia de un rancho llamado La Victoria en las afueras de un pueblito.

–Ya te dije, tienen muchas orejas repartidas –continúa el agente, que como buen infiltrado siempre sabe sorprender–. Dime, ¿había en el rancho policías judiciales?

–Sí, tres.

–Pues bueno, a uno de ellos lo están investigando porque trabaja para Los Zetas.

Esto es lo que les permite actuar como les da la gana. De esa manera consiguen enterarse de los operativos en su contra. Por eso el agente se mueve con cautela, porque Los Zetas todo lo ven.

Ya es bastante incómodo andar por estos lugares. Ya es bastante atemorizante pasearse por una de las calles de Tenosique, el pueblo donde se inicia esta ruta. Ahí, una de estas tardes, un funcionario nos trasladó en su vehículo. Mientras transitábamos por la avenida principal que parte ese municipio de 55 mil habitantes, nuestro piloto iba señalando hacia ambos lados de la arteria y decía:

"Al hijo del dueño de ese local lo secuestraron el mes pasado. Al dueño de ese negocio lo secuestraron y lo mataron hace cuatro meses. En esa calle secuestraron al expresidente municipal, Carlos Paz."

Aquello es una vitrina de secuestros. Los Zetas, cuando dominan, dominan todo. Hacen monopolio del crimen: secuestros, extorsiones, sicariato, narcotráfico, venta al menudeo, piratería.

–Lo controlan todo. En Tenosique muchos de los secuestros de migrantes ocurren en las vías, justo enfrente de la estación migratoria. Los agentes de Migración saben que si mueven un dedo, mañana amanece muerto uno de ellos. Prefieren callar y cobrar su cuota –explica el agente secreto.

–Habrán tardado mucho en crear esa red –suelto un pensamiento en voz alta.

–No creas –responde–. Cooptaron a las pequeñas organizaciones criminales que ya existían. Si aquí apenas se empezó a escuchar de la banda en julio de 2006, cuando detuvieron a Mateo Díaz.

Antes de eso en Tabasco sonaba con fuerza el Cártel del Golfo, pero pocos conocían a su entonces brazo armado. Finalmente, y tras una noche de imprudencia, Mateo fue arrestado en su pequeño municipio natal, Cunduacán, aquí en Tabasco, por hacer escándalo en el bar La Palotada. Estaba borracho. La Policía Municipal no sabía a quién tenía en sus manos. Minutos después de detenerlo, un comando de 15 hombres atacó la comandancia con bazucas. En la refriega murieron dos policías, siete más resultaron heridos, varias patrullas quedaron destruidas.

Fue entonces cuando se enteraron de que tenían nada menos que al Z-10, uno de los fundadores del grupo, quien en 1998 desertó del GAFE del Ejército, los temidos gafes. Tenían en custodia al *Comandante Mateo*, uno de los delincuentes más buscados del país, encargado de dominar las plazas de Tabasco, Chiapas y Veracruz, tres de los estados por los que entra la cocaína proveniente de Colombia, así como balas y granadas compradas en Guatemala que suelen utilizar el Cártel del Golfo y Los Zetas.

Mateo fue quien puso orden en esta región de los ríos. Él y sus secuaces recitaron las reglas a las pequeñas bandas locales: o se alían o se apartan, les decían. Ellos cooptaron a una pandilla compuesta por 30 muchachos de entre 12 y 35 años que cobraban 100 pesos a cada migrante centroamericano por abordar el tren en Tenosique. Los Zetas les ofrecieron un trato: Vamos a dominar la ruta, cobrar a los coyotes, castigar a los que no paguen y secuestrar a los centroamericanos ilegales que no viajen con uno de nuestros protegidos.

–Esas bandas que ya existían son las que se encargan de muchos negocios que dan dinero a Los Zetas. Cuando llegaron, levantaron a traficantes de madera y vendedores de droga al menudeo y les dieron una calentada. Ellos demuestran primero su forma de actuar, luego negocian –explica el agente secreto.

–A ver, ¿esas bandas son zetas o no? Hemos escuchado que les llaman zetitas.

El agente ríe antes de contestar:

–Me gusta ese nombre: zetitas. Es más o menos lo que son. Ellos no son zetas en el sentido de que no participan de la estructura de la banda, no manejan cargamentos de droga. Pero en la práctica sí lo son. Tienen permiso de identificarse como zetas y tienen la protección de los pesados.

Los zetitas

Uno de aquellos días decidimos movernos a Macuspana, un pequeño municipio ubicado a unos 250 kilómetros de Tenosique, desde donde salen los migrantes. Y ahí, como en El Águila, El Barí, El 20, Villa, El Faisán, Gregorio Méndez y Emiliano Zapata, hay bandas de zetitas.

En Macuspana hay una iglesia con un traspatio donde ellos, los centroamericanos que se desplazan hacia el norte, tienen techo y comida. Nos tumbamos con los ocho hondureños y el guatemalteco que dormitaban ahí. El proceso siempre es igual. El truco para hacer que confíen en nosotros consiste en hablarles del camino, demostrarles que uno también lo conoce, así como sus códigos, sus peligros, su tren.

Pasado el protocolo, me entero de que tres de los ahí presentes se libraron de un secuestro en El Barí. Me concentro en el hondureño gordo del rosario negro, quien hace los comentarios más osados.

Era un tipo de talante duro. Asegura que en su viaje anterior, y gracias a que vieron en él a un temerario, le dieron posada en la casa de *El Cocho*, el líder de la banda de zetitas de El Barí. Dice que intentaban hacerlo ingresar al grupo pero él no quiso. "Y como sabían que yo no tenía a nadie que pagara por mí, no me secuestraron sino que ahí me daban posada", explica. Sostiene que *El Cocho*, un compatriota suyo como de 30 años, trabaja con otros nueve hondureños que nunca se alejan de sus .9 milímetros. Que la banda de *El Cocho* se ha refugiado en el monte "debido a un operativo". Todo coincide. Hace dos meses hubo un operativo en el que 24 migrantes fueron liberados por los militares. Cuando llegaron ya estaban los policías municipales. Todos los zetitas habían huido.

–Es que están compinchados, si cuando yo estaba ahí llegaban los policías a comer con *El Cocho* y él les daba un sobre con dinero –recuerda el hondureño gordo, tumbado en el piso del traspatio.

Luego describe a la banda del hotel California. Esta es una de las más descaradas expresiones de la impunidad que he visto en estos años cubriendo migración. El hotel California es reconocido en Tenosique –por todas las autoridades que me proporcionaron información– como propiedad de Los Zetas. Ahí el grupo guarda armas, droga y mantiene ocultos a los migrantes que plagian sus sicarios. Ese hotel está junto a la garita de Migración; ambos locales están frente a las vías en las cuales han ocurrido decenas de plagios masivos.

–Si a mí me pagara la policía por enseñarles dónde viven *El Cocho*, *El Señor de los Trenes* y unos tres líderes más, en un día se los entrego –dice el hondureño al despedirse en Macuspana.

Unos comprados, otros asustados

–Eso del hotel California es conocido. Tienen a medio mundo comprado y no sólo autoridades. Fíjate en las muchachas que en las entradas del pueblo venden refrescos. ¿Crees que a eso se dedican?

El agente hace una pausa, vuelve a sonreír, misterioso, y se contesta:

–Nooo. Ellas se encargan de vigilar si entran convoyes militares, si entra algún vehículo sospechoso.

Un pueblo se domina teniendo de tu parte a medio pueblo y poniendo a temblar a la otra mitad. A quienes se oponen –como fray Jesús, un párroco joven y aguerrido de la iglesia de Tenosique, quien denuncia en sus prédicas y en los medios locales el dominio de ese grupo–, Los Zetas los amenazan. Este fraile ha recibido tres avisos: dos amenazas por escrito y una enviada por terceros: "Dígale a ese padrecito que si se sigue metiendo en lo que no le importa, le va a ir mal".

–Es que hablamos de gente con dinero. Los Zetas le están cobrando entre 50 mil y 200 mil pesos mensuales a cada banda de zetitas que opera en esta zona, y aun así a éstas les quedan fondos para ellos y para sobornar autoridades. Los Zetas sacan más dinero del tráfico de drogas y armas. Los migrantes son su tercer negocio, pero ellos no tienen actividades pequeñas. Somos reservados al calcular que 40% de todas las corporaciones policiacas del estado están con Los Zetas –continúa el agente.

El policía y el periodista

Las dos reuniones empezaron con los protocolos del miedo a los que obliga la región.

Al periodista llegamos a través de colegas. Lo llamamos una tarde y convenimos que ya que sabía de lo que queríamos hablar, lo mejor era hacerlo en persona. Nos movimos hacia otro de los pueblitos de la zona de los ríos y nos sentamos en el pequeño restaurante que nos había indicado.

A la media hora entró un acalorado hombre. Era él, el periodista de la zona, quien lleva más de 10 años cubriendo los avatares de esta región de balazos, narcos, autoridades corruptas y militares.

El periodista sacude la cabeza de lado a lado, viendo a un viejo zarrapastroso que está en la mesa de al lado. Cualquiera puede ser un oreja, un vigía, un zeta. Decidimos movernos a otro sitio donde no tuviéramos que susurrar. Nos trasladamos a un pequeño local. Ahí, el nervioso hombre no paró de hablar. Tras encender su computadora, muestra fotos suyas. Ranchos de secuestros, zetas presentados por la autoridad, policías corruptos atrapados y cadáveres, varios cadáveres.

Queríamos que nos hablara de por qué nadie cuenta lo que todos saben. ¿Por qué nadie habla de las autoridades corruptas de los pueblos si todos saben quiénes son?

Su respuesta llega en dos argumentos, contundentes:

–Porque yo vivo aquí y aquí vive mi familia. Y si, como yo, publicas algo, te pasa lo que me pasó a mí. Llega una camioneta a tu casa con dos hombres armados y te dicen: "Venimos a ver cómo la vas a querer: ¿Por las buenas? Deja de escribir pendejadas. ¿Por las malas? Te matamos a ti y a tu familia".

Un mutis a los que intentan contar las grandes historias de sus pequeños pueblos, que viajan sin guardaespaldas, con sueldos de miseria y que escriben desde sus casas, donde viven sus hijos.

Cuando días después buscamos a un policía municipal para preguntarle qué se siente que te pasen encima, el procedimiento fue complejo. No hablamos con él antes del encuentro. Recibimos instrucciones de un pariente suyo: a las dos, en el pequeño comedor de la esquina, cerca del río, nos dijo.

Cuando llegamos se acercó y nos invitó a caminar por el callejón hasta llegar a la sombra de un árbol en la rivera del río. La conversación se inició ahí, ya sin temores:

–Dicen que a veces los llaman a la comandancia y les ponen narcocorridos –le pregunto.

–Sí, a veces hacen eso. A los comandantes les llaman a su casa para amenazarlos –responde.

–¿Y eso pasa seguido?

–Hace cinco días apareció el último ejecutado en Tenosique, en la colonia Municipal. Era un vendedor de ganado. Hace tres meses mataron a un comandante de la policía. Él pensó que era juego y empezó a molestar mucho a Los Zetas, a hacer operativos por el hotel California.

Se refiere al comandante de la policía de Tenosique Tirson Castellanos, que en su día franco fue interceptado cuando se dirigía a su casa. Logró correr y refugiarse en el baño de un taller. Los pistoleros llegaron hasta ahí y le descargaron sus .9 milímetros. El cuerpo de Tirson recibió 14 impactos.

–Y usted, ¿qué hace para seguir vivo?

–Me desentiendo, me dedico a otras cosas, a rateros y borrachos. Ya me ha tocado que andando en los ejidos se nos atraviesen dos camionetas. Se bajan y se identifican: "Somos Los Zetas" y te presumen sus armas y te dicen que trabajes para ellos. O cuando hacíamos un retén de tránsito, y pasan tres camionetas con hombres vestidos con uniformes de la AFI, y les preguntábamos si iba a haber operativo. Ellos nos contestaron: "No somos ley, nosotros somos Los Zetas". El comandante que estaba en el retén les contestó: "Pasen, adelante. Trabajen, que yo no los veo".

–Supongo que muchos en tu corporación trabajan para ellos.

–Mira, sé que algunos lo hacen, pero intento no enterarme ni confiar en nadie.

Ni el Ejército se salva. El 1 de julio de 2009 detuvieron a 16 militares de las bases de Villahermosa y Tenosique. Los acusaron de trabajar con Los Zetas y de maquinar un complot para asesinar al comandante Gilberto Toledano, coordinador de varios operativos para liberar a migrantes, como el de La Victoria.

Sin luz al final del túnel

El calor aún es sofocante cuando termina la conversación con el agente municipal.

–Es complicado todo esto –resume el entrevistado–. Es complicado porque primero hay que eliminarles sus infiltraciones. Constituir un frente común. Sólo así empezaría una verdadera batalla.

–Y entonces, lo que hacen ahora, ¿qué es? –pregunto.

–Una especie de juego muy delicado, pero que no da los resultados que podría dar.

A manera de despedida iniciamos un intercambio de pensamientos inútiles pronunciados en voz alta. "Es difícil. Sí, complicado. Un trabajo duro. Poco a poco y con cuidado". Una sensación de impotencia me invade. Seguramente la misma sensación que ha recorrido más de una vez el cuerpo del periodista, el policía, el fraile y el agente. Estamos sentados conversando sobre un miedo que al salir, volverá a recorrernos cuando caminemos por los pueblos y nos crucemos con su gente cabizbaja y sus vigías rondando, donde pronto habrá otro ejecutado y muchos migrantes más serán secuestrados.

27 de noviembre de 2011

Sacuden la fortaleza del "Chapo"

Alejandro Sicairos/Ríodoce

CULIACÁN, SINALOA.- Tuvo que ocurrir la siniestra incineración de 16 cuerpos, el miércoles 23 de noviembre de 2011, y hubo de llegarle información al gobierno de Sinaloa de que un grupo criminal ajeno penetró la capital del estado –antes fortaleza del Cártel de Sinaloa–, para que el gobernador Mario López Valdez, *Malova*, decidiera retirarle el veto policiaco a Culiacán y ordenara la incursión de 120 elementos del Grupo Élite.

Este municipio, gobernado por un alcalde (Héctor Melesio Cuen Ojeda) que no es del mismo grupo político que llevó al poder a López Valdez, había padecido durante ocho meses la ausencia de la policía estatal especial creada para combatir al crimen organizado.

Hasta que en la primera semana de este mes, vía Inteligencia Militar, llegaron informes al despacho de *Malova* de que células delictivas que no habían cobrado fuerza en el centro del estado lograron introducir numerosos comandos de sicarios al territorio controlado por la organización liderada por Joaquín *El Chapo* Guzmán e Ismael *El Mayo* Zambada.

De acuerdo con la información que tiene el gobierno estatal, se trata del grupo Los Zetas que desde mediados del año lucha por violentar la plaza en alianza con los Beltrán Leyva, que han establecido sus centros operativos en Ahome y Guasave, y los Carrillo Fuentes, que operan parcialmente en Navolato, Angostura y Salvador Alvarado.

Algunas células de Los Zetas, por su parte, habían tomado como foco de operaciones el sur de Sinaloa y su aparente presencia se especuló en Culiacán el 2 de julio de 2011, cuando dos cuerpos decapitados fueron arrojados en la escalinata poniente de Palacio de Gobierno.

La sospecha del Ejército respecto "a la presencia en Culiacán de un numeroso grupo de zetas" fue sustentada a raíz de que el pasado 4 de noviembre un comando del narco asesinó a ocho personas en una cancha de volibol en la colonia Pemex.

Aunque no especifica cuántos son ni en qué zonas de Culiacán operan, la Novena Zona Militar, en coordinación con el Grupo Élite y las Bases de Operaciones Mixtas Urbanas, instrumentó desde inicios de noviembre un cerco en las zonas limítrofes de la capital del estado para contener la entrada de más zetas. Sin embargo, el casco urbano de la capital no fue cubierto.

El 24 de noviembre, en reacción por los 24 homicidios dolosos ocurridos un día antes, entre éstos los 16 cadáveres calcinados, el gobernador confirmó que "todos sabemos que aquí opera el Cártel del Pacífico y que hay otros cárteles o células locales que están aliadas con algo de zetas, los Beltrán Leyva, los Carrillo, que están en la disputa... Se trata de grupos, mensajes que se mandan, que nadie es lo suficiente fuerte o blindado como para no sufrir penetraciones", expresó.

Sinaloa en alerta

Bastó también la psicosis que impuso la quema de 16 cadáveres –12 en la colonia Antonio Rosales y cuatro en el Desarrollo Urbano Tres Ríos– para que el mandatario diera la orden de que el Grupo

Élite, concentrado en Mazatlán y Los Mochis, entrara a Culiacán.

En la misma mañana de ese miércoles negro, horas después de sacudirse ante la peor embestida delictiva sufrida en el primer año del sexenio, *Malova* ordenó al secretario de Seguridad Pública, Francisco Manuel Córdova Celaya, el despliegue de más policías en la zona urbana y rural de Culiacán.

El gabinete de seguridad se declaró en alerta y dispuso que los 18 alcaldes estuvieran atentos en sus municipios para detectar cualquier situación que signifique riesgos para la población. Deberán avisar de inmediato a la SSP para proceder a la coordinación de operativos.

En Culiacán, ciudad desdeñada anteriormente en acciones de seguridad pública implementadas por policías estatales y federales, se procedió a movilizar a alrededor de 300 soldados que desde la tarde del 23 patrullan las zonas más conflictivas e instalan puntos de control en lugares estratégicos.

En algunos casos, como en las sindicaturas de los municipios de Angostura, Salvador Alvarado y Guasave se "aconsejó" a los presidentes municipales que recomendaran a la población extremar precauciones. Una de las sugerencias es que eviten andar en las calles, carreteras y caminos más allá de las ocho de la noche.

Trascendió que en la comunidad de Palmitas, municipio de Angostura, el comando que el 21 de noviembre por la madrugada levantó ahí a tres policías preventivos, mismos que aparecieron incinerados en Culiacán al amanecer del día 23, dejó un mensaje amenazando a los pobladores de correr la misma suerte si los encontraban por las noches fuera de sus casas.

La sacudida violenta de ese día puso a temblar a los sinaloenses. Incluso al gobierno porque el 22 de noviembre, a raíz de que el periódico *El Debate* publicó que una hija de Gerardo Vargas Landeros, secretario general de Gobierno, había sido trasladada de Culiacán a Los Mochis en el helicóptero gubernamental, el gobernador dio a conocer que la delincuencia acecha a los funcionarios de su gabinete y los pone en situación vulnerable.

Mario López Valdez reveló que sus hijos se han ido de Sinaloa. "No están aquí, tienen rato fuera", agregó. Luego afirmó que "hay señales, informaciones, conversaciones de que cuando se detiene a alguien importante, tratan de atentar contra representantes del Poder Ejecutivo del estado".

Enseguida el secretario Vargas Landeros declaró que también envió a sus hijos fuera de Sinaloa debido a que él y su familia han sido amenazados y que se han registrado intentos de extorsión en su contra: "Cuando hemos detenido a gente importante para ellos (los delincuentes) han tratado de intercambiar a nuestros hijos por las gentes que estamos encarcelando".

En esa atmósfera de zozobra, los dirigentes de sectores productivos y de organismos ciudadanos pidieron medidas más enérgicas del gobierno de López Valdez. Mercedes Murillo de Esquer, presidenta del Frente Cívico Sinaloense, deploró que los criminales se paseen por la ciudad sin que nadie los vea, haciendo lo que quieren y sometan a la gente a estados de terror.

En el mismo ambiente de miedo, el 24 de noviembre se ordenó en diferentes escuelas públicas que reforzaran labores de seguridad interna con tal de prevenir la presencia de delincuentes que buscarían atacar a grupos numerosos de personas para "calentar la plaza" en Culiacán.

Capital vulnerada

Pese a ser la ciudad que tiene mayor índice delictivo en Sinaloa –aquí se ha cometido 40% de los mil 755 homicidios dolosos registrados en todo el estado del 1 de enero al 24 de noviembre de 2011–, la presencia de agentes estatales y federales reporta un repliegue, a diferencia de urbes como Mazatlán, Los Mochis y Guasave que desde marzo de 2011 han tenido el despliegue de elementos del Grupo Élite, la Policía Federal y el Ejército.

De acuerdo con la información que la Secretaría de Seguridad Pública del gobierno del estado entregó al Congreso local, en Mazatlán, donde el Grupo Élite fue destacado desde su creación, el robo de vehículo bajó 40% de 2010 a 2011, el homicidio doloso se abatió 21%, el robo a casa habitación se redujo 31% y el robo bancario descendió 83%.

En Ahome, que también ha recibido atención especial del gobierno de *Malova*, el informe de la SSP resalta que el índice delictivo ha bajado 26%.

En cambio en Culiacán, adonde el Grupo Élite no había entrado sino a partir del "miércoles negro", la dependencia estatal reporta que los delitos de alto impacto han aumentado 44%, el robo en comercios creció 138% y el de vehículos subió 38%.

Aun cuando la capital sinaloense vive en las semanas recientes una situación de violencia extrema, tampoco López Valdez ha solicitado la intervención del gobierno federal para que efectúe operativos como los que realiza en Chihuahua, Veracruz, Tamaulipas y Nuevo León. Ha dicho que puede solo con el problema.

–Cuando ustedes dicen que pueden solos con el problema de la delincuencia, sobre todo los delitos de alto impacto, ¿a qué se refieren? –se le preguntó a Gerardo Vargas Landeros.

–Lo que pasa es que se ha dicho que por qué no se declara a Sinaloa como un Sinaloa Seguro con el programa federal, es decir, que vengan e invadan las fuerzas federales al estado, y nosotros decimos que no, no consideramos todavía que estamos rebasados por la delincuencia –respondió.

En la LX Legislatura local también el gobierno del estado había sido cuestionado por la postura de *Malova*, insistente en que puede solo contra los grupos del crimen organizado. El 7 de noviembre el diputado Miguel Calderón Quevedo, presidente de la Comisión de Seguridad Pública, preguntó a Francisco Manuel Córdova Celaya, secretario de Seguridad Pública: "¿En realidad podemos solos? ¿En realidad, si es así la premisa de que los sinaloenses podemos solos, eso quiere decir entonces que Ahome puede solo, que Mazatlán puede solo?"

Córdova Celaya le respondió que "el comentario del señor gobernador ha ido en el sentido de que no vamos a esperar a que la federación actúe... en las administraciones pasadas vimos que le echábamos la culpa a la federación, decíamos: 'Es una guerra entre capos grandes, guerra entre grupos grandes, y el estado no puede con el paquete y el estado no puede sacar adelante esto, que venga el Ejército, que venga la Marina, que venga la PFP, que venga la PGR y que limpien casas'... ya vimos que no han llegado... entonces no nos podemos dar el lujo de decir, sabes qué, vamos esperando a que llegue la federación, tenemos que actuar como estado, como municipios y sacar adelante esta tarea; la gente no quiere saber que es un problema federal, la gente sabe que le está afectando la calidad de vida y ya están hartos, como lo estamos todos. Yo pienso que podemos solos si nos agarramos de la mano sociedad y gobierno.

"Aquí hay de dos sopas: seguir lamentándonos, diciendo estamos superados y es problema de la federación, o agarrar el toro por los cuernos y buscar los mejores hombres y mujeres que defiendan a Sinaloa. Los sinaloenses van a tener que defender Sinaloa, la federación no lo va hacer, la federación se va a ir a donde ellos estén viendo que es la necesidad apremiante del momento, encuentran muertos acá, se arrancan para allá...", remató Córdova.

Sin embargo, las circunstancias dieron un vuelco inesperado. El Grupo Élite, el Ejército y la Policía Federal recibieron la orden de concentrarse en Culiacán al contarse con información castrense que alertaba sobre el "calentamiento" de una plaza que durante 10 meses no ameritó la atención del gobierno.

El gobierno de Mario López Valdez ya no pudo solo.

1 de enero de 2012

Coahuila, un pantano de violencia

Arturo Rodríguez García

Desde el arranque del gobierno de Rubén Moreira Valdés en Coahuila el 1 de diciembre de 2011, la violencia en Saltillo, que ya era grave, se disparó. Ahí la guerra entre el Cártel del Golfo y Los Zetas, así como las acciones de policías, militares y marinos contra ellos, devinieron en enfrentamientos, asesinatos y desapariciones todos los días del pasado diciembre.

Como ocurre en todo el noreste del país, desde 2006 Coahuila se ha visto marcada por hechos de sangre, pero éstos se localizaban principalmente en La Laguna, región que se disputan el Cártel de Sinaloa y Los Zetas. Ahora otra confrontación, entre la mafia del Golfo y su exbrazo armado y que se había centrado en Monterrey, se extendió a Saltillo, donde éste último grupo tenía el control hegemónico.

Para hacerle frente a la emergencia el gobierno estatal pidió apoyo de militares, marinos y policías federales, lo que empezó a concretarse la última semana de 2011. El 28 de diciembre alrededor de 600 soldados llegaron a Saltillo y más de 300 marinos a Piedras Negras. Aunque la violencia ha estado ahí todo el año, no fue sino hasta después del supuesto ataque a un vehículo de la escolta del gobernador, el 25 de diciembre, cuando el refuerzo federal llegó a Coahuila.

Según información de la Fiscalía General del Estado (FGE) y de la Secretaría de Gobernación, la tarde de ese día Rubén Moreira regresaba a su casa después de recorrer museos de Saltillo en compañía de su familia.

Hacia las 5:40 de la tarde el vehículo de avanzada y reconocimiento del convoy del mandatario se encontró con una camioneta Lincoln Mark gris tripulada por hombres armados. Hubo un enfrentamiento con la escolta de Moreira y un civil fue herido.

Un día antes el diario *Reforma* había publicado que el mandatario coahuilense conducía una camioneta Mercedes Benz con blindaje nivel cinco –el más alto, costoso y poco común–, valuada en más de cinco millones de pesos. Según el jefe de gabinete estatal, David Aguillón Rosales, el vehículo es propiedad del Grupo Acerero del Norte (de Alonso Ancira Elizondo), que se lo prestó al gobernador pues su propia camioneta estaba descompuesta.

Moreira dijo que no se trataba de "una cuestión directa" contra él, Gobernación condenó los hechos un día después y el 28 de diciembre llegaron a la entidad los soldados... sólo para abonar a la violencia: En su primer día de patrullajes en Saltillo una familia fue ametrallada en su vehículo. El padre, quien recibió cuatro tiros, iba al volante, se asustó y no hizo caso al alto marcado por los militares por lo que éstos abrieron fuego. Al cierre de esta edición el hombre estaba grave.

Cobertura restringida

La violencia criminal ya campeaba en Coahuila desde el inicio de 2011. Los enfrentamientos armados a la luz del día y en las vialidades más transitadas se llegaban a prolongar horas.

Aunque no se ha dado a conocer una estadística oficial de muertes violentas ocurridas durante 2011, el alcalde de Torreón, Eduardo Olmos Castro, admitió que sumaban más de 500 homicidios sólo en esa ciudad. Un recuento de los casos ocurridos en diciembre da una cifra superior a 60 asesinatos en todo el estado.

El propio Rubén Moreira reconoció además que en Coahuila hay al menos mil personas desaparecidas.

En Saltillo la violencia empezó a notarse en 2010 cuando hubo varios tiroteos y ejecuciones, pero no fue sino hasta el 4 de marzo de ese año cuando policías estatales y delincuentes desquiciaron la ciudad toda una mañana en un enfrentamiento que dejó un agente y un civil muertos.

Los hechos de violencia continuaron con cierta frecuencia, pero su cobertura local se volvió compleja. Tras la muerte del periodista Valentín Valdés Espinoza, el 9 de enero de 2009, y aún más luego del atentado con una granada en el acceso a las instalaciones del diario *Vanguardia* el pasado 30 de mayo, no todo lo que ocurre se publica en los medios saltillenses, la mayoría de los cuales están amenazados por las mafias.

Las redes sociales se han convertido en la principal fuente de información para los ciudadanos de la zona.

Y la situación ha ido empeorando. El pasado 20 de julio, balaceras y persecuciones entre policías y pistoleros se reprodujeron por todo Saltillo, dejando regados cadáveres y heridos en distintos puntos de la ciudad. El saldo fue de seis muertos.

La violencia aterrorizó también a los saltillenses la noche del 15 de septiembre, cuando miles de personas se habían dado cita en la Plaza de Armas para celebrar el Grito de Independencia.

Con el antecedente de lo ocurrido en Morelia en 2008, el festejo fue un desastre pues se dieron falsas alarmas de bomba que provocaron crisis de histeria entre los asistentes. A unas cuadras de ahí dos hombres fueron baleados en la calle Ramón Corona y el comando agresor con toda impunidad pasó frente al Palacio de Gobierno disparando al aire.

En noviembre fue asesinado Jorge Torres McGregor, sobrino del entonces gobernador Jorge Torres López (quien sustituyó a Humberto Moreira cuando dejó el gobierno estatal para hacerse cargo de la presidencia nacional del PRI, la que tuvo que abandonar). La ejecución de este joven estudiante –quien murió al salir del campus de la Universidad del Valle de México, donde muchos policías estatales y municipales cursan la licenciatura en seguridad pública– se debió a "una confusión", explicó la FGE.

Las vialidades que cruzan el norte de la capital coahuilense –donde están los fraccionamientos de lujo– se han convertido en rutas mortales donde comandos de marinos, soldados, policías federales y estatales o delincuentes patrullan siempre. Es imposible circular por esas avenidas sin ver al menos un vehículo con gente armada. Fue en una de esas calles donde ocurrió el supuesto ataque a la escolta de Rubén Moreira.

Policías bajo fuego

Una de las colonias que más han resentido los tiroteos es Magisterio, antes un tranquilo sector cuyos vecinos eran principalmente maestros, entre ellos Rubén Moreira antes de mudarse a San Alberto, el complejo residencial más exclusivo de la ciudad.

En Magisterio la mañana del 5 de diciembre de 2011 un comando acribilló al comandante Emmanuel Almaguer Pérez, quien iba a dejar a su hijo a la escuela. El niño también fue asesinado. Almaguer estaba a cargo de la zona nororiente de Saltillo, precisamente la que ha sido escenario de numerosos enfrentamientos en los últimos días.

Además dos policías fueron ejecutados en octubre en la colonia República y el 15 de diciembre el director del penal de Saltillo, Serafín Peña Santos, fue ultimado en la avenida Universidad, a unas cuadras de la zona universitaria.

El caso más sonado ocurrió el 7 de diciembre, día en el que un grupo de policías estatales acabó su preparación: Era la primera generación de la Policía Acreditable. Los recién graduados se fueron a festejar a un bar de donde siete de ellos fueron levantados. Según una fuente de la FGE, una célula de Los Zetas los confundió con integrantes del Grupo de Armas y Tácticas Especiales (GATE).

Un día después el GATE intentó liberarlos. De manera aún no explicada por las autoridades, integrantes de ese grupo llegaron a las inmediaciones de un centro comercial en la colonia Mirasierra y se toparon con un convoy de zetas que llevaba a los secuestrados. En el lugar se desató un tiroteo en el que murieron un pistolero y uno de los jóvenes recién graduados, y se logró la liberación de otros dos... pero aún faltaban cuatro. El entonces fiscal de Coahuila, Jesús Torres Charles, diría después que no tenía esperanzas de encontrarlos con vida.

El GATE es un grupo de élite creado durante el gobierno de Humberto Moreira. Sus integrantes, siempre encapuchados y con armas largas, han actuado con impunidad y son famosos sus excesos contra civiles, reporteros y policías municipales. Por ejemplo, en una acción que hasta ahora no ha sido aclarada, la medianoche del 4 de octubre de 2011 desataron una balacera en la que murió Óscar Cadena Coss, empresario dedicado a los giros negros.

La familia Cadena aseguró que Óscar había sido secuestrado, pero la FGE sostuvo que él y otras personas habían disparado contra una patrulla del GATE. No hubo más información.

Otro caso que implica a los llamados gates fue el asesinato de María Angélica Galindo –hija de un exalcalde– y sus hijos en octubre de 2010, cuando transitaban por una zona acordonada. Aparentemente los gates los confundieron con delincuentes y les dispararon.

Pero todos los casos de los gates han quedado impunes.

Viejo refugio

Aunque las operaciones en Coahuila de diversos grupos criminales eran evidentes, no se había producido entre ellos la lucha sin cuartel por el control del estado.

Desde los noventa Saltillo fue lugar de pernocta de capos del cártel del Golfo, como Juan Chapa Garza, operador financiero de Juan García Ábrego. Un caso más reciente fue el de Sigifredo Nájera Talamantes, *El Canicón*, un joven de 24 años que ascendió vertiginosamente en la estructura de Los Zetas hasta convertirse en jefe regional con base en Monterrey. El Ejército lo detuvo en una lujosa casa de Saltillo en marzo de 2009.

Pero 2010 fue el año en el que la violencia empezó a desbordarse. El 27 de diciembre de 2009 el Ejército detuvo a Floriberto Andaya Espinoza, *El Ricochet* –quien supuestamente fungía como auditor de Los Zetas en San Luis Potosí, Zacatecas y Aguascalientes– en el motel Marbella, al oriente de la ciudad. Días después, el 6 de enero de 2010, un comando fue a ese motel en un intento por recuperar los videos de seguridad, aunque un operativo militar y policiaco lo enfrentó y capturó a cinco de sus integrantes. La cobertura de esa nota le costó la vida al reportero Valentín Valdés Espinoza, quien fue levantado. Dos días después su cadáver fue abandonado frente al Marbella con un mensaje de amenaza a la prensa.

El 12 de octubre de 2011 otro enfrentamiento entre militares y pistoleros desquició Saltillo.

Ese día los militares capturaron a Carlos Oliva Castillo, *La Rana*, mando regional de Los Zetas con influencia en Nuevo León y Coahuila, así como a su jefe de seguridad, Juan Carlos Garza Rodríguez, quien se suponía preso en Apodaca y cuya fuga no se había hecho pública.

La Rana no era cualquier sicario. Según el informe militar emitido el 13 de octubre, había trabajado a las órdenes de Eulalio Flores Cifuentes, *El Flaco*, un poderoso aunque poco conocido mando de Los Zetas, a quien sustituyó como jefe de plaza en Monterrey.

Fuentes militares sostienen que uno y otro eran integrantes de la formación que a principios de los noventa organizó Jesús Enrique Rejón Aguilar, *El Mamito*, detenido en 2005. En esa misma célula se encontraban Ricardo Almanza Morales, *El Gori 1*, y sus hermanos Eduardo, Raymundo y Octavio, El Clan de los Gori (**Proceso** 1728).

Dentro de ese grupo estaba también *El Canicón*, presunto responsable de aplicar la táctica de los bloqueos viales en Monterrey, que siguen usando Los Zetas para proteger sus actividades.

El incremento de los operativos federales y de marinos coincide también con el ingreso a la región sureste de Coahuila de comandos del Cártel del Golfo.

Como ocurrió en Monterrey y en La Laguna, existe la sospecha de que en la embestida oficial contra un grupo se intente favorecer a otro.

El obispo de Saltillo, Raúl Vera López, considera que no es factible la operación de un grupo criminal si éste no cuenta con el apoyo de agentes gubernamentales.

"Es evidente que existe un reacomodo en la base criminal. Es claro que hay una lucha entre grupos criminales por el control territorial y que ésta se acrecentó con el inicio del nuevo régimen", explica.

Añade: "Cuando vemos un cambio de régimen, aumento de la violencia y llegada de más efectivos federales, la cuestión es saber si el combate va a ser parejo y si no, entramos a una situación peligrosísima, pues el grupo que no es favorecido arremete contra el que sí y contra el Estado y entramos a una espiral de violencia interminable".

Por ello insiste en la necesidad de indagar las redes de complicidad política y financiera. Escéptico ante los anuncios de Rubén Moreira de que impulsará un plan especial para investigar las desapariciones, alerta también sobre el creciente número de violaciones a los derechos humanos.

La preocupación es grande en este sentido, porque –alerta– en el amplio abanico de actividades delictivas y la ausencia de estado de derecho los ciudadanos siempre terminan siendo las víctimas.

Por lo pronto las autoridades lo han admitido. En Saltillo hay una lucha entre cárteles y la situación empeorará. Eso dijo el 15 de diciembre Jesús Torres Charles, a quien –antes de ser relevado en el cargo– sólo se le ocurrió recomendar que la gente tome medidas para protegerse.

23 de septiembre de 2012

Epistolarios de la muerte

Verónica Espinosa

SAN LUIS POTOSÍ, SAN LUIS POTOSÍ.- Entre el 17 y el 20 de septiembre de 2012 las principales ciudades potosinas y zacatecanas fueron escenario de un intercambio de narcomantas con acusaciones de traición, amenazas y nuevas alianzas. El fenómeno exhibió la guerra intestina de Los Zetas en su afán por controlar el corredor San Luis-Zacatecas-Coahuila.

En su pleito contra Miguel Ángel Treviño, *El Z-40*, el capo Iván Velázquez Caballero, *El Talibán* o *El Z-50* se presenta ahora como parte de una tríada delictiva –presuntamente integrada por Los Caballeros Templarios, el Cártel del Golfo (CDG) y los llamados Cárteles Unidos– que ofrece frenar la ola de ejecuciones, secuestros y robos que le adjudica a Treviño, a quien también acusa de traidor.

El Z-40, por su parte, sostiene que sus detractores son "una banda de ladrones" que tarde o temprano se traicionarán entre sí, como ya lo han demostrado en otras ocasiones. Uno de los largos mensajes atribuido a él y que apareció en esta capital y en la de Zacatecas el 20 de septiembre señala: "Yo soy fiel a la letra y al comandante Lazcano" y parece ser una respuesta a los colocados días antes a nombre del *Talibán*.

En esta ocasión el CDG entró de lleno a una plaza medular para Los Zetas, la de Fresnillo, donde aquella organización colocó mensajes en los que aseguran que esa localidad, considerada una de las bases de operación estratégicas para *El Z-50*, es suya.

La penúltima semana de septiembre en este municipio zacatecano, así como en los de Jerez, Zacatecas, Guadalupe, Pinos, Villa Hidalgo, Villanueva, y los de San Luis Potosí y Soledad de Graciano Sánchez –los dos últimos en esta entidad– arribaron innumerables vehículos durante varios días, por la mañana. De ellos descendían personas que, sin reparar en los pobladores, colgaron mantas en las cuales denostaban a la organización rival.

Ni los cientos de federales asignados en los últimos meses a las dos entidades ni los soldados ni los policías estatales ni los miembros de la Armada, que han intensificado su presencia en la región, han impedido el intercambio de mensajes y mantas, que han sido colocadas en puentes peatonales, vialidades y edificios.

La multiplicación de esos "epistolarios de muerte", literalmente clavados sobre los cuerpos de sicarios, narcomenudistas o civiles inocentes ejecutados, dispararon la psicosis entre potosinos y zacatecanos. Muchos de ellos viven hoy una situación similar a la que sus vecinos de Tamaulipas y Nuevo León experimentaron hace tiempo. Sólo que ahora todo apunta a que son los propios mandos zetas los que están divididos (**Proceso** 1863).

Esta situación obligó al gobierno federal a establecer el 1 de septiembre una Base de la Operación Noreste, esquema mixto de seguridad e inteligencia que hasta antes de esa fecha combatió a Los Zetas y al CDG en Tamaulipas y Nuevo León (**Proceso** 1639).

Consultado por la reportera, un agente de la PGR que ha participado en las movilizaciones oficiales del Operativo Noreste admite que la instalación de la base en San Luis obedece a las exacerbadas pugnas entre los liderazgos zetas y los sangrientos efectos que provocan en varias localidades del estado, sobre todo en la capital.

Los mensajes del *Talibán*

El 18 de septiembre por la noche apareció un mensaje que implica a las autoridades potosinas. Fue colocado sobre tres cuerpos abandonados en las inmediaciones de la comunidad Enrique Estrada, en la carretera 57 a Matehuala; todos mostraban huellas de tortura y tenían el tiro de gracia.

"Esto es para los que apoyan al grupo zeta, faltan tigre y guacho", decía la manta que cubría los tres cadáveres, uno de los cuales era el del comandante Fernando Longoria Fuerte, un exdirector de la Policía Ministerial del estado y cercano al secretario de Gobierno, Cándido Ochoa Rojas.

Agentes de Seguridad Pública comentan que el mensaje alude al jefe operativo de la Policía Ministerial, Juan Antonio Varela, involucrado en recomendaciones de derechos humanos por tortura, y a un exministerial llamado Francisco Gustavo Rivera Olivares, quien fue despedido por no aprobar los exámenes *antidoping* aplicados en la corporación.

El 17 de septiembre, un día antes de que fueran encontrados los cuerpos de Longoria Fuerte y los otros dos hombres, en Zacatecas y San Luis Potosí comenzó el "despliegue informativo" firmado por *El Talibán*, que se prolongó hasta el día 19. Las mantas plastificadas aparecieron en puentes peatonales, avenidas y jardines de Zacatecas, Calera, Jerez, Guadalupe y Fresnillo.

"Las mantas contienen el mismo mensaje de las que aparecieron ayer lunes (17) en los municipios de Pinos y Villa Hidalgo, en las que se indica la presencia en esa zona del CDG... La colocación de las mantas pudo ser observada por algunas personas que transitaban temprano por los lugares", registró el portal electrónico *Zacatecas on line*.

Algunos mensajes tenían la leyenda "Territorio del Cártel del Golfo", acompañada con tres franjas: una verde, una blanca y una roja. En San Luis los medios locales contabilizaron entre 14 y 16.

El 20 de septiembre por la mañana se inició el bombardeo de mantas atribuidas al Z-40. Aparecieron lo mismo en el Jardín Independencia, en el Centro Histórico de esta capital que en la avenida Héroes de Chapultepec, donde se ubican los dos hoteles en los cuales se hospedan los agentes federales que participan en los operativos en la entidad desde hace meses.

En Jerez la manta atribuida al Z-40 fue colocada en las inmediaciones de una secundaria técnica; en Fresnillo, muy cerca de la Central de Abasto y de una tienda Soriana.

Según los reportes de las autoridades de ambas entidades nadie fue detenido por la colocación de las mantas.

CAPÍTULO 3

UN EJÉRCITO TRASNACIONAL

24 de febrero de 2008

Aliados fronterizos

J. Jesús Esquivel

EL PASO, TEXAS.- A la DEA le preocupa el hecho de que "muy frecuentemente" Los Zetas se muevan con facilidad en la frontera norte de México para después entrar clandestinamente en Estados Unidos a cometer ejecuciones y secuestros en ciudades como El Paso, Houston y Dallas, Texas, dice en entrevista con **Proceso** el jefe de la División de la agencia en El Paso, John Jack Riley.

"La presencia de Los Zetas no es un fenómeno recurrente en esta parte de la frontera, pero con base en el resultado de nuestras investigaciones hemos detectado que están involucrados aquí en Estados Unidos en secuestros de personas que después son llevadas a México", comenta.

Entre estas víctimas se cuentan colaboradores de cárteles rivales, como los de Juárez y Sinaloa. El secuestro es la "actividad delictiva que está dando más fortaleza a Los Zetas sobre el resto de las organizaciones criminales. Los Zetas son básicamente mercenarios", destaca el agente especial.

Sin dar detalles de las operaciones que realiza la DEA para detectar a Los Zetas, Riley explica que la frontera de México se está plagado de agrupaciones criminales similares a la que formó el Cártel del Golfo para asesinar personas y facilitar el trasiego de drogas. Pero se niega a decir si su corporación ha detenido a Zetas o a personas que trabajen para ellos.

El jefe de la DEA en El Paso señala a los Gatekeepers (Guardianes) como ejemplo de los grupos criminales que operan en la frontera. Se trata de una organización delictiva tan importante como los propios cárteles; de hecho se dedica a pasar droga a Estados Unidos de manera independiente y a distribuirla entre estos grupos (**Proceso** 1606).

–¿Quiénes son los líderes de los Gatekeepers? –se le pregunta.

–El problema con ellos es que cambian con mucha frecuencia sus métodos de operación y su estructura está compartimentada. Lo que están haciendo es contratar a gente que haga las labores de pasaje de droga o dinero, personas que ni siquiera se conocen entre ellas, para evitar que dejen más evidencias.

Según la DEA y algunos documentos obtenidos por el FBI a los que tuvo acceso este semanario, los Gatekeepers podrían estar colaborando ya con Los Zetas, complicando el trabajo de las autoridades de ambos lados de la frontera por contener el paso de narcóticos a Estados Unidos, así como el secuestro y las ejecuciones.

Lo grave, dice Riley, es que han avanzado: "En los ochenta los colombianos fueron verdaderos maestros en el manejo de operaciones como las que ahora realizan los Gatekeepers. Los colombianos tenían grupos como éstos en Chicago; sus distribuidores de droga y sus lavadores de dinero no se conocían entre ellos y sus métodos de comunicación eran independientes.

"Este tipo de organización en células es la que están desarrollando aquí en la frontera los narcos mexicanos, aunque debo reconocer que hasta están un poco mejor organizados que los colombianos."

Contacto militar

Cauteloso al hablar del tema de la corrupción en las corporaciones federales de México y sobre todo en las Fuerzas Armadas, Riley afirma que la DEA ha detectado una asociación delictiva entre

Los Gatekeepers y elementos del Ejército Mexicano, como ha ocurrido con Los Zetas:

"Los Gatekeepers transitan las frontera con mucha regularidad, no tienen un comando central asentado en México y esto es importante para controlar su estructura. Muchos de sus miembros son exmilitares y expolicías o tienen contactos con ambas fuerzas, esto les facilita un cruce rápido de la frontera sin que nadie los detecte."

Según el jefe de la DEA en El Paso, Los Zetas y Los Guardianes cuentan con una amplia zona de control en la región de Ciudad Juárez-El Paso ya que están aprovechando como una mina de oro la guerra que se desató entre el Cártel de Juárez y el de Sinaloa por el control de la plaza.

Riley argumenta que estas conclusiones son el resultado de la infiltración de agentes de la DEA que operan en México en las organizaciones del crimen organizado, así como del intercambio de información de inteligencia que la agencia estadunidense realiza con autoridades federales mexicanas.

"Estamos siendo más quirúrgicos en la información que les damos, por eso algunas de las unidades especiales del Ejército Mexicano ahora trabajan de manera más directa con nosotros y hemos visto los resultados. La información de inteligencia es únicamente favorable si se le pasa a gente que toma decisiones con base en la información que recibe. Estamos recolectando mejor información y la estamos analizando más rápido", señala.

La DEA no confía en todas las autoridades de México, admite Riley, y descarta de la lista de aliados confiables a las policías estatales y municipales así como a funcionarios de algunos estados, aunque se niega a identificarlos.

"En Juárez, por ejemplo, nuestros agentes tienen a un grupo de contactos muy bien investigados, pero la confianza se logra con base en el trabajo diario entre las agencias y obviamente con la habilidad de poder identificar a gente con la cual podemos trabajar", sostiene.

En este sentido, dice el agente, "contamos no sólo con la gente del gobierno mexicano que trabaja con nuestros agentes, sino también con los informantes. Por eso les estamos dando más dinero a nuestros agentes, para que puedan contar con los contactos necesarios y más efectivos, así como con los funcionarios mexicanos, para garantizar que los tenemos en una posición que pueda ser útil para nosotros. Esto cambia de ciudad a ciudad".

Gracias a ese intercambio de información las autoridades estadunidenses lograron detectar la presunta nueva alianza entre Los Zetas y Los Guardianes, pero Riley insiste en que sólo es el principio ya que se necesitan más acciones para detener al crimen organizado y la narcoviolencia que priva en los estados mexicanos, que según el agente de la DEA constituyen una amenaza de contagio para el lado estadunidense.

–¿Qué requiere la DEA para detener ese riesgo?

–Necesitamos más gente operando en México. Los mismos mexicanos han visto lo valioso e importante que es el trabajo de los agentes de la DEA en su territorio. Juárez, de entre todas las ciudades, es sin duda el punto ideal donde la DEA debe contar con más personal y soy optimista en que esto pueda ocurrir.

28 de diciembre de 2008

La alianza con la mafia de Calabria

Cynthia Rodríguez

ROMA.- La justicia italiana confirmó, gracias a la información proporcionada por la DEA y por investigaciones realizadas por el Cuerpo de Carabineros, que el grupo de Los Zetas ha fortalecido sus vínculos con organizaciones mafiosas en Italia, en particular con la 'Ndrangheta, cuya base de operaciones está en Reggio Calabria, en el sur de Italia.

Sin embargo las autoridades evitan tocar este asunto abiertamente para no entorpecer las investigaciones. Desde enero de 2008 los carabineros han interceptado llamadas de personajes que participan en esta red trasatlántica para enviar droga de México a Europa desde territorio estadunidense.

El 7 de agosto de 2008, tras la captura en Toronto, Canadá, de Giuseppe Coluccio, un calabrés de 42 años perteneciente a la 'Ndrangheta, las autoridades italianas supieron que éste era uno de los encargados de introducir a Italia cocaína procedente de Sudamérica (**Proceso** 1664).

Coluccio pertenecía a una de las familias de la 'Ndrangheta afincadas en Canadá, desde donde tenía contactos con integrantes de los cárteles colombianos y solía comprar cocaína directamente a países sudamericanos, pero comenzó a tener problemas con sus distribuidores.

Cuando Coluccio fue arrestado sus clientes italianos comenzaron a inquietarse y decidieron cambiar de aliados. Los dirigentes de la 'Ndrangheta se pusieron en contacto con el Cártel del Golfo para obtener la droga y surtir los pedidos pendientes, declaró el procurador nacional antidrogas, Piero Grasso, en conferencia de prensa el 17 de septiembre de 2008.

La detención de Coluccio confirmó las sospechas que ya tenían las autoridades de los dos países sobre los nexos de la 'Ndrangheta y el Cártel del Golfo; incluso detectaron que los contactos se hicieron en el barrio neoyorquino de Corona.

Ese 17 de septiembre el secretario de Justicia de Estados Unidos, Michael B. Mukasey, dio a conocer en Washington el *Proyecto Reckoning* –llamado también *Operativo Cálculo*, *Operativo Solare* para los italianos–, una acción conjunta para combatir el narcotráfico iniciada 15 meses antes por Washington y Roma y en la cual participaron también alrededor de 200 agencias internacionales de inteligencia.

Asimismo Mukasey anunció que gracias a ese operativo fueron capturadas 175 personas en Estados Unidos, Guatemala e Italia. Las autoridades de este último país hicieron hincapié en la importancia de México como centro de distribución de estupefacientes, incluso superior a Colombia.

Ese arresto incluyó a 14 miembros de la mafia calabresa, seis de ellos en Nueva York y ocho en el sur de Italia. Según Mukasey ese golpe permitió a los gobiernos de Estados Unidos e Italia conocer con detalle la forma en que actúan el CDG y sus aliados europeos. El funcionario estadunidense dijo también que se decomisaron 16 toneladas de cocaína y 57 millones de dólares en efectivo, lo que constituye "un fuerte golpe contra el Cártel del Golfo".

Mientras Mukasey hablaba en Washington, en Roma el procurador Grasso declaró: "La novedad en este operativo internacional es el papel que ha asumido México como punto de partida del narco, sustituyendo a Colombia y convirtiéndose en el mayor distribuidor de drogas en el mundo".

Los Schirripa

Los carabineros no sólo cuentan con la información proporcionada por la DEA sobre los nexos de los mafiosos italianos y mexicanos. De acuerdo con sus propias investigaciones la familia calabresa de los Schirripa fue la que abrió la puerta de Italia y Europa al CDG para que introdujera cocaína.

A principios de 2008 los agentes italianos comenzaron a tejer la historia. El 8 de febrero, autoridades de Estados Unidos e Italia anunciaron la detención de 90 miembros de la Cosa Nostra en un operativo llamado *Old Bridge*.

Si bien ese hecho no estaba relacionado directamente con sus indagatorias, los carabineros notaron que el matrimonio Schirripa, residente en Calabria, comenzó a preocuparse por sus hijos que vivían en Nueva York. Durante varios días no supieron nada de ellos; incluso llegaron a pensar que habían sido arrestados, a pesar de que los Schirripa pertenecen a la 'Ndrangheta y no a la Cosa Nostra, objetivo central de *Old Bridge*.

Fue así como detectaron que los Schirripa de Nueva York estaban endeudados con los sicilianos, pues en diversas ocasiones éstos les habían prestado dinero para financiar los pedidos de droga. En los últimos meses, por ejemplo, Giulio Schirripa carecía de fondos para comprar cocaína que después introducía en Italia, donde otros clanes ya habían pagado por ella.

Las autoridades italianas interceptaron miles de llamadas de Giulio Schirripa a partir de enero, en la que el calabrés se mostraba desesperado por conseguir dinero para pagar sus deudas a los sicilianos y comprar más cocaína a sus distribuidores, el ecuatoriano Luis Calderón, *El Tío*, quien fue arrestado en abril de 2008, y a los miembros del CDG.

De acuerdo con el Reparto de Operación Especial de los carabineros, los Schirripa estaban agobiados por las deudas y los intereses moratorios. En las llamadas intervenidas durante febrero, Giulio dijo a sus padres que temía salir de su casa en el barrio de Corona, en Nueva York, porque ahí, afirmaba, se sentía "acechado por sus acreedores".

Los últimos días de febrero Giulio Schirripa, el segundo de los cuatro hijos del matrimonio calabrés, comenzó a tener enfrentamientos con sus acreedores en Nueva York, por lo que tuvo que viajar a Calabria para conseguir financiamiento.

Al mes siguiente, tras su regreso a Nueva York, tenía ya otro distribuidor. En una llamada del 5 de marzo, según los carabineros, Giulio le comentó a su madre que Cris Castellano lo pondría en contacto con Javier Guerrero, quien además de venderle cocaína le ayudaría a enviarla a Italia. Poco después se supo que Castellano y Guerrero pertenecían al CDG.

Para el 26 de marzo de 2008 Giulio consiguió dinero y les compró a sus nuevos contactos 10 kilos de cocaína que él mismo transportó a su tierra. El 1 de abril el calabrés fue captado al llegar al aeropuerto de Lamezia Terme, provincia de Catanzaro, Calabria.

Pero las cosas se complicaron. La droga que Giulio introdujo a suelo italiano para distribuirla entre los clanes locales no fue de la calidad esperada. El 9 de abril Los Zetas, a través de Cris Castellano, comenzaron a presionar a la compañera de Giulio, Stacy Minlionica, quien se había quedado en Nueva York, para que éste les pagara.

"Estoy esperando una respuesta –dijo Giulio por teléfono a su pareja ese 9 de abril–, pero estoy teniendo problemas. Esperaba un Ferrari y me dieron una maldita Fiat (en referencia a la calidad de la droga).

"Nadie quiere esto, saben que es mierda. En cinco años no he tenido ningún problema y ahora nadie lo quiere..."

Los problemas para colocar la droga en Italia provocaron que los Schirripa se quedaran sin financiamiento. Las siguientes semanas fueron de angustia para ellos. Sus deudas comenzaron a elevarse. Para junio, Castellano, quien hasta el momento había jugado el papel de intermediario y de cobrador, fue sustituido por Ignacio Díaz, que comenzó a presionar a los Schirripa para que pagaran. Cris se convirtió en confidente del matrimonio calabrés.

Los carabineros interceptaron una llamada entre un contacto de Giulio Schirripa e Ignacio Díaz. El integrante del CDG le dijo a su interlocutor: "Aquella gente ya vino desde México y estarán (aquí en Nueva York) los próximos días y yo les debo pagar". Según el reporte oficial, los calabreses debían casi ocho kilos de cocaína.

Giulio viajó al menos cuatro veces a Calabria, siempre en busca de financiamiento. En julio logró juntar el dinero y pagó sus deudas. Dos meses después, en septiembre, Mukasey anunció los resultados del *Operativo Reckoning* y la detención de 175 personas, entre éstas Giulio Schirripa.

Las autoridades italianas continúan sus investigaciones. Saben que miembros del CDG tienen nexos con organizaciones mafiosas locales; incluso saben que ya los descubrieron, por lo que cambian constantemente de rutas en el trasiego de la droga.

El silencio de México

A mediados de 2007, en su primer viaje por Europa como presidente, Felipe Calderón fue a Italia donde tuvo todo tipo de encuentros. Se entrevistó con el presidente Giorgio Napolitano, con el entonces primer ministro Romano Prodi, y con el líder del Senado, Franco Marini.

Antes de reunirse con empresarios del norte de Italia, el 4 de junio de 2007 Calderón y su familia tuvieron un encuentro privado con el Papa Benedicto XVI y un encuentro con el entonces ministro de Justicia, Clemente Mastela, y con el titular de la Procuraduría Nacional Antimafia, Piero Grasso. Por parte de la delegación mexicana, además de Calderón estuvieron presentes el procurador general de la República, Eduardo Medina Mora, y el titular de Seguridad Pública, Genaro García Luna.

En la reunión el orador fue Grasso, quien explicó a los funcionarios mexicanos cómo ha enfrentado la justicia italiana a las mafias; también habló de los resultados obtenidos.

Grasso repasó lo que ha significado la mafia para su país, especialmente desde los setenta hasta 1993, cuando fueron asesinados los jueces Giovanni Falcone y Paolo Borsellino. Aludió además a los resultados obtenidos desde 1982, cuando se publicó la primera Ley Antimafia, gracias a la cual se legisló sobre el delito de asociación mafiosa y se determinó confiscar sus bienes a los integrantes de esa organización.

También explicó a sus invitados mexicanos la forma en que funciona el sistema de protección, asistencia y beneficios penales y penitenciarios que se da a los testigos y colaboradores de la justicia; de la existencia de una coordinación central en las investigaciones y de la adaptación de la magistratura para las características específicas de la mafia.

Entrevistado en aquella ocasión, el procurador nacional antimafia comentó que México no tenía todavía un papel preponderante en lo relativo al tráfico de drogas hacia Europa. Sin embargo 15 meses después la justicia italiana ya no tenía dudas: los cárteles mexicanos no sólo se fortalecieron, sino que ahora comienzan a pasar droga asociados con la 'Ndrangheta, el peor grupo criminal de su país.

Y a pesar de que hasta ahora el gobierno mexicano no ha tenido contacto con su par italiano para abordar el asunto, éste mantiene su ofrecimiento de colaboración. El 29 de noviembre de 2007 Franco Frattini, ministro del Exterior italiano, declaró durante su gira por México que había reiterado el ofrecimiento.

"Hemos ofrecido una colaboración constituida de intercambio de información, adiestramiento de policías, mayor capacitación en tareas de prevención antidroga y mayor colaboración operativa con la estructura antidroga de la UE (Unión Europea)", indicó Frattini.

Consideró que "México debe aprovechar esta oportunidad, se trata de una ayuda operativa importante, que podría dotar de herramientas a las autoridades para mejorar investigaciones".

El 9 de diciembre de 2008 el procurador antimafia de Reggio Calabria, Nicola Gratteri, insistió: "Buscamos una colaboración directa con los mexicanos. La hemos pedido y estamos en espera de una respuesta", dijo a un grupo de corresponsales, reportó la agencia Notimex.

18 de septiembre de 2011

Cuando llegaron Los Zetas*

Steven Dudley

Los Zetas, la más temida y violenta organización criminal mexicana, se han aposentado en Guatemala y cambiaron el balance de poder en la región, metiendo en aprietos al gobierno local y poniendo a sus vecinos Honduras y El Salvador en máxima alerta. Han infiltrado a la policía y al ejército y se aliaron con traficantes locales, lo que les permite lavar sus ganancias a través de la agroindustria y las obras públicas.

Además han introducido una nueva manera de operar. Más que controlar las cadenas de distribución o manejar el día a día de las operaciones, Los Zetas están enfocados a controlar territorios (...) creando un conjunto de matones dispuestos a llevar la pelea a otros niveles.

La incursión

El 12 de mayo de 2011 unas 10 camionetas con vidrios polarizados se detuvieron en una gasolinería en Cobán, capital del estado de Alta Verapaz (...) (Los tripulantes) llenaron sus camionetas con cerca de 150 galones de gasolina, luego manejaron unos 100 kilómetros al norte para comenzar una semana de crímenes que sacudieron a este país de 14 millones de habitantes.

El ataque empezó como debió haber terminado: con una mutilación. Las tres primeras víctimas eran familiares de Raúl Otto Salguero, terrateniente de la zona. Los cuerpos de dos de ellos fueron hallados a un lado de la carretera, cortados en pedazos y con una nota: "Otto Salguero, voy por tu cabeza. Att Z 200".

El 15 de mayo los hombres interceptaron a Harold León, miembro de una destacada familia criminal guatemalteca, mientras conducía por una calle, asesinándolo a él y a dos de sus guardaespaldas.

En la madrugada del 16 de mayo los hombres entraron a la finca Los Cocos, al noroeste de la ciudad turística de Flores, donde encontraron a 27 trabajadores. Pasaron las horas siguientes torturándolos y asesinándolos. Las autoridades hallaron 26 cuerpos decapitados. Los fiscales dijeron que al final de la masacre los sospechosos tomaron la pierna de una de las víctimas y dejaron un mensaje para Salguero en la pared: "¿Qué onda Otto Salguero? Te voy a encontrar y te voy a dejar así".

Los hombres retornaron a Alta Verapaz, donde el 25 de mayo secuestraron a Allan Stwolinsky Vidaurre, un fiscal local de Cobán, quien en ese momento llevaba a su hijo a un complejo deportivo. El cuerpo de Stwolinsky fue hallado al día siguiente en las escaleras de su oficina, cortado en pedazos. (...) Los Zetas notificaron al mundo: Guatemala sería suyo.

El aliado

(...) Guatemala tiene una importancia estratégica de la cual el hampa se dio cuenta (...) Con un gobierno quebrado y corrupto era un lugar perfecto para operar con impunidad. Con los años este país se ha erigido en una de las rutas de tráfico de drogas más importantes de la región. Estados Unidos estima que más de una tonelada de cocaína pasa a diario por Guatemala.

Pero es mucho más que una tierra fértil para aterrizar y mover drogas. Es el eje de la cadena de distribución, el sitio donde el precio de un kilo de cocaína pura es todavía, relativamente, una ganga. Ganar el control del producto en Guatemala puede casi duplicar los márgenes de ganancia en relación con lo que se podría lograr desde México.

En 2007 Los Zetas hicieron cuentas y supieron que debían moverse hacia el sur en la cadena de los narcóticos. Sus operativos empezaron a aparecer en Cobán, haciendo tratos con guatemaltecos para comprar cargamentos transportados desde Colombia (...) Uno de ellos, Horst Walther Overdick, ha sido un aliado clave desde el principio.

(...) Overdick creció en Alta Verapaz. Este estado montañoso es el corazón de Guatemala. Tiene un pequeño aeropuerto y carreteras que lo comunican con las cuatro esquinas del país, lo que facilita su importante actividad agrícola. Alta Verapaz es el principal productor de cardamomo de Guatemala y tiene una producción creciente de aceites de palma, maíz y café. Overdick estudió en Cobán y después de terminar la universidad trabajó como comprador local de cardamomo. Conocidos como coyotes, estos compradores viajan a sitios remotos de la región en las épocas de cosecha, compran el cardamomo por cargas y lo venden en el mercado de Cobán.

(...) Para suavizar los periodos difíciles, dicen los lugareños, estos negociantes se "diversificaron"; empezaron a mover otros productos, algunos de ellos ilegales. Para un hombre como Overdick era el ambiente natural. Gracias a sus días de coyote tenía la infraestructura, el conocimiento y los contactos necesarios para mover todo tipo de productos. Y Overdick usó esa información para entrar al juego de distribución de droga.

(...) Overdick ha mantenido sus negocios agrícolas así como sus contactos para el cardamomo y otros productos. Hizo una alianza con uno de los más grandes importadores de droga y uno de los mayores en el ámbito de las armas en la zona. Lo que le faltaba a Overdick era poder armado, que fue lo primero que Los Zetas pusieron sobre la mesa. Los Zetas llegaron, también, con dinero en efectivo y ofrecieron a traficantes, como Overdick, la oportunidad de expandir sus negocios.

(...) En ese momento el mundo de la droga en Guatemala (...) estaba manejado por tres clanes: las familias León, Lorenzana y Mendoza. De los tres, la León era la más beligerante así como la más ambiciosa. Juan León, o *Juancho* como era mejor conocido, era el dirigente del grupo. Empezó como operario de un traficante local. Luego se casó con Marta Lorenzana, la hija del líder del poderoso clan Lorenzana.

(...) Entonces se extendió a Alta Verapaz y Petén. Compró tierras y haciendas y contactó a fuerzas políticas y de seguridad, de modo que pudiera imponer su voluntad sobre pequeños y grandes distribuidores en Cobán. A los lugareños de Alta Verapaz, especialmente a Overdick, no les gustó *Juancho* León. En particular, no les gustó tener que pagarle "piso".

En 2007, cuando Los Zetas hacían su debut en Cobán, la molestia por el "piso" de León estaba en ebullición. Fuentes locales dijeron a InSight que los aliados de la familia León robaron cargamentos de droga de Overdick. Éste respondió asesinando a varios miembros del grupo. Entonces la familia León mandó sicarios a la casa de Overdick, cerca de Cobán, y asesinaron a varios de sus guardaespaldas. Él escapó porque se escondió con su familia en un compartimiento oculto de la casa.

(...) Para garantizar su seguridad Overdick se alió con Los Zetas, lo que además representaba una oportunidad para deshacerse de un jefe malintencionado. Para Los Zetas representó la oportunidad de conseguir un terreno firme en Guatemala.

(...) Los Zetas y Overdick convocaron a una reunión con León en su territorio. En un preludio de futuras formas de cooperación, ambos llevaron sus tropas para la "reunión". Esto incluyó a algunos "especialistas" mexicanos e inclusive la participación de Miguel Treviño, *El Z-40*. Treviño es el segundo al mando de Los Zetas y tenía a Guatemala en la mira como potencial "plaza" donde él podría reforzar su posición en su grupo y en el hampa.

La caravana de autos abandonó Cobán y en pocas horas los hombres se presentaron ante el grupo de León en un restaurante en Río Hondo, Zacapa. La batalla –que ha sido inmortalizada en una canción como una lucha heroica– fue en realidad una masacre. Los Zetas y Overdick –que utilizaron rifles de alto poder y lanzagranadas– superaron al grupo de León. El primero en caer fue *Juancho*. Le siguieron 10 de sus escoltas. En la escena quedaron autos calcinados y cuerpos dispersos. Era el 25 de marzo de 2008. Los Zetas habían llegado.

El *modus operandi*

(En Guatemala) Los Zetas se enfocan en la seguridad y proporcionan un gran flujo de dinero para comprar estupefacientes; los narcos locales suministran la droga, la infraestructura y los contactos para recibirla, almacenarla y moverla a través de los corredores de Guatemala. Ambos lavan los ingresos en la economía local (...)

Los Zetas tienen aproximadamente 30 personas en Guatemala divididas en dos grupos: el operacional, el cual es el aparato de seguridad, y el administrativo, que se encarga del dinero. El ala operativa ha reclutado a (matones) locales y los ha entrenado en México y Guatemala para operaciones de seguridad, reconocimiento y homicidio. Los reclutas son exmilitares guatemaltecos (...) El ala operativa de Los Zetas ha crecido hasta incluir 10 tenientes, muchos de ellos mexicanos, que tienen a su mando a entre ocho y 10 hombres armados. (...)

Una vez que el ala operativa toma el control sobre el territorio, Los Zetas monopolizan el "piso" (...) Todo el dinero recolectado es manejado por su ala administrativa, que está enfocada al ingreso de dinero y la salida de pagos, incluyendo el esquema de soborno masivo.

(...) Los operadores locales de Los Zetas y sus aliados se acercaron a la policía. Los Zetas empezaron pagándoles 300 dólares mensuales en billetes de 20 dólares; el operador radial obtenía 500 dólares mensuales. Los comandantes de la policía en el área recibían una cifra sustancialmente mayor (...) A cambio, la policía suministra a Los Zetas indicaciones específicas para evadir la presencia militar en las vías por donde transitan las drogas. La policía también los encubre en homicidios y les provee información sobre lo que se habla de ellos entre los círculos legales, políticos y civiles.

Asimismo Los Zetas establecieron una red elaborada de "ojos y oídos" para recolectar información. Estos halcones incluyen prostitutas, mendigos, boleros, niños, taxistas, políticos y fiscales. De acuerdo con un oficial militar que trabajaba en el área, son cientos de personas.

Los Zetas han consolidado su vinculación al área de otras formas. Su ala administrativa compró fincas para tenerlas como refugios. Para evitar alguna sospecha, presuntamente dejaron los títulos de las tierras a nombre de los dueños originales.

(...) El grupo también ha empezado a lavar activos a través de negocios locales. En parte esto ha sido negociado por Overdick y sus contactos. Él está relacionado, a través de su matrimonio, con un congresista que tiene a su cargo algunos de los contratos públicos estatales. Estos contratos son canalizados a través de varios comités en el Congreso, agencias gubernamentales y luego a través de organizaciones no gubernamentales.

Estas agencias gubernamentales y ONG sirven como facilitadoras y usualmente entregan contratos dependiendo de los sobornos que reciben. Los proyectos sirven doblemente a los criminales: lavan ingresos del narcotráfico, y el dinero canalizado a través de las construcciones es devuelto a los dueños de las compañías, ONG, políticos y las figuras del hampa que participan en los contratos.

Alta Verapaz no es inmune a este esquema. La hija de uno de los socios narcotraficantes de Overdick era la dirigente de una de estas ONG: el Programa de Desarrollo Rural de las Verapaces, que obtuvo dinero del Fondo Nacional para la Paz, agencia gubernamental que administra proyectos desde el establecimiento de la paz en 1996. En 2010 el gobierno investigó varios contratos administrados por el Fonepaz, algunos en Alta Verapaz, afirmando que hasta 58 millones de dólares fueron malversados por ONG.

Estos esquemas posiblemente alcanzaron la cúspide. La persona encargada de monitorear los proyectos del Fonepaz en esa época era Obdulio Solórzano, excongresista de la Unidad Nacional de la Esperanza, el partido de coalición del presidente guatemalteco Álvaro Colom. Solórzano fue asesinado en 2010 en la ciudad de Guatemala, posiblemente debido a su conocimiento en este y otros esquemas, incluyendo el financiamiento de la campaña presidencial de Colom en 2007.

En diciembre Los Zetas publicaron un comunicado en la estación local de radio de Cobán *La Buena*, donde afirmaron que Colom tomó de ellos 11.5 millones de dólares en contribuciones a su campaña y que luego el presidente los “traicionó”. En el comunicado, el grupo menciona el arresto de un socio y el asesinato de *El Bigote*, en aparente referencia a Solórzano.

Los Chulamicos

El enfoque de Los Zetas está en dos estados clave: Zacapa y Petén. Ambos son corredores cruciales cuya consolidación hace de Los Zetas el grupo de narcotraficantes más formidable en Guatemala. Zacapa es una intersección importante para las drogas que entran desde Honduras o El Salvador. Petén representa un tercio del norte del territorio del país; es una jungla vasta, con fronteras descuidadas con Belice y México, con carreteras y pistas clandestinas de aterrizaje que hacen de la región un lugar ideal para mover productos ilegales.

Actualmente Zacapa está asignada a Jairo Orellana, *El Pelón*, de acuerdo con agentes antidrogas locales y extranjeros. Orellana tiene un hijo con Marta Lorenzana, la viuda de Juan León e hija de Waldemar Lorenzana (...) Esa relación establece lazos entre los Lorenzana y la alianza Overdick-Zetas, haciéndolos el grupo narcotraficante más formidable en el país.

En Petén Los Zetas están estableciendo bases en los municipios de Poptún y Sayaxché. Poptún bordea Belice y es un terreno fértil para el reclutamiento, puesto que es donde los kaibiles son entrenados.

Pero Sayaxché tiene mayor valor estratégico. Su frontera con México no tiene cruces formales y ofrece un gran número de pasajes y rutas de contrabando. El río Pasión y muchos de sus cauces que cruzan el municipio convergen a lo largo de la frontera con el Usumacinta. Esto conecta al grupo con otro fortín estratégico: Playa Grande, en la selva de Ixcán, y con una carretera en México que corre paralela a la frontera norte guatemalteca y lleva directo al corazón de Chiapas.

Sayaxché también está conectado con Alta Verapaz donde el principal proyecto de infraestructura del país, la Franja Transversal del Norte, se está construyendo. La autopista eventualmente conectará el país de este a oeste, creando lo que podría convertirse en una superautopista para el tráfico de droga. Sayaxché está conectado al área de la Laguna del Tigre, al norte de donde Los Zetas y otros reciben las drogas vía aérea, por bote y tierra, y la mueven a través de la frontera con México.

(...) Los Zetas se han aliado también con otro grupo guatemalteco popularmente conocido como Los Chulamicos, que proporciona armas, inteligencia, vehículos, refugios y sicarios adicionales a varios grupos.

(...) Dos líderes de Los Chulamicos están relacionados con algunos miembros del equipo de seguridad de Overdick. Parece que entre ellos comparten pedazos de una red de sicarios cuyo centro permanece bajo el control firme de Z-200. No obstante esto no significa que las otras facciones de esta red no mantengan sus propias fuerzas de seguridad. El resultado es una red aparentemente desactivada pero funcional, cada parte con su propia especialidad o servicio que la hace necesaria para el resto.

(...) Lo que se viene para esta red amorfa, pero sólida, no es claro. La violencia de mayo en Petén y Alta Verapaz marcó la pauta para una guerra abierta contra las familias criminales remanentes en Guatemala. Esto parece estar ganando fuerza.

(...) Sin embargo aún hay muchos grupos fuertes en Guatemala. La familia Mendoza mantiene una red sólida en Petén y en otras partes del país. Otra red liderada por el hermano de un narcotraficante recientemente capturado, aún es operacional en San Marcos, a lo largo de la frontera con México. Otros guatemaltecos están encargados de la autopista principal en el corredor de Huehuetenango, al norte de San Marcos. Estos grupos trabajan en conjunto con el Cártel de Sinaloa, el rival más grande de Los Zetas.

---

* *Extractos publicados en* **Proceso** *del informe* Organized Crime in the Americas, *elaborado por el periodista Steven Dudley para la ONG InSight.*

CAPÍTULO 4

COMPLICIDADES

21 de noviembre de 2004

"Operación cuerno de chivo"

Alejandro Gutiérrez y Gabriela Hernández

SAN FERNANDO, TAMPS.- Este pueblo perdió la tranquilidad. Atosigados por el terror, sus habitantes viven en un estado de zozobra, sobre todo desde que el 14 de noviembre de 2004 decenas de pistoleros del Cártel del Golfo irrumpieron con violencia en varias casillas electorales del poblado e intimidaron a funcionarios y sufragantes para modificar el sentido del voto en los comicios para presidente municipal, que finalmente favorecieron a la priista Delia Garza Gutiérrez. Se trataba de Los Zetas, el brazo armado de la organización de Osiel Cárdenas Guillén.

La misma situación vivieron los habitantes de cuando menos otros cinco municipios en ese proceso electoral, que se efectuó para elegir gobernador, diputados y 43 alcaldes. Y es la primera vez que se registra la participación directa y sin tapujos del narcotráfico en una elección. Nunca antes se había documentado que sicarios a sueldo de un poderoso cártel de las drogas se apostaran a la entrada de las casillas para intimidar a los electores a fin de favorecer a un candidato.

A los viejos métodos del *carrusel*, *el ratón loco* y la *operación tamal* se añadió una nueva forma de fraude electoral: la *operación cuerno de chivo*.

En virtud de ello los comicios de Tamaulipas no sólo se constituyeron en una "elección de Estado" –como los calificó la oposición, que acusó al gobernador Tomás Yarrington de apoyar con recursos públicos al candidato del PRI, Eugenio Hernández–, sino en la elección del narcotráfico.

A San Fernando los pistoleros llegaron hace cinco meses y se hospedaron en diversas casas y hoteles. Con sus fusiles AK-47 y a bordo de camionetas Lincoln, Lobo o BMW recorren las disparejas calles del poblado sembrando el terror con sus métodos de violencia extrema, de la cual ya fue víctima la familia del periodista local Antonio Dávila Lucio: su hijo Antonio Dávila Cruz fue ejecutado el 2 de febrero de 2004, y otro más, de nombre Osiris, permanece desaparecido.

Hace algunos meses el diputado priista Gabriel de la Garza denunció que en su distrito se movía "gente extraña", pero abruptamente dejó el tema. "Nosotros sabemos que Los Pelones (como llaman aquí a Los Zetas) lo amenazaron y por su seguridad decidió callarse", dice un habitante del pueblo, entrevistado días después de los comicios.

Varios lugareños –cuya identidad se reserva a petición expresa por el riesgo que corren ante eventuales venganzas de los narcos– relatan que el grupo de pistoleros, formado por alrededor de 60 personas, llegó de la zona de Matamoros y se adueñó del pueblo para realizar sus actividades delictivas. El día de los comicios, dicen, se integraron a grupos de choque que intimidaron a la gente en las inmediaciones de las casillas y se sumaron a las operaciones *tamal*, *carrusel* y *ratón loco* a favor del PRI. "Andaban armados haciendo rondines en las casillas o se les vio en las madrigueras de los mapaches", dice un ciudadano que simpatiza con la oposición.

Otro explica: "Luego de su arribo, aparecían en los actos de campaña de Delia Garza, primero en la elección interna y luego en la constitucional. No eran tan visibles las armas, pero sí traían sus pistolas fajadas abajo de la camisa o los cuernos en las camionetas".

Prosigue: "Incluso se les vio en los actos de cierre de campaña que encabezó Roberto Madrazo (dirigente nacional del PRI) y en un acto en el que estuvo Francisco Labastida (excandidato del PRI a la Presidencia) en el ejido Francisco Villa".

El día de la jornada electoral los narcotraficantes operaron desde el hotel Laguna Inn, que perteneció al desaparecido diputado Manuel Muñoz Rocha. La compra del voto fue evidente: "Dentro de las madrigueras de los mapaches, a la gente le daban la boleta cruzada por el PRI y tenía que ir a su casilla, simular que cruzaba su boleta, meter en la urna la boleta cruzada a favor del PRI, y volver a la casa con la boleta en blanco que le daban en la casilla. Cuando regresaba le daban su dinero, de 100 a 500 pesos. Y los de La Maña (otra manera de designar a Los Zetas) ahí rondaban", explican.

Así, Delia Garza obtuvo 12 mil 940 votos, contra los menos de 11 mil que en conjunto recibieron los otros tres candidatos a la alcaldía.

San Fernando es el municipio más grande de la entidad; su cabecera municipal se ubica a 175 kilómetros de Ciudad Victoria y a 140 de Matamoros. Dicen que su ubicación es estratégica para las actividades ilícitas: cuenta con costa, amplios territorios, vías de comunicación y está muy cerca de la frontera con Estados Unidos.

"San Fernando está tomado por esa gente. Hoy pueden cachetear a alguien aquí en la calle, mañana pueden desaparecer a otro o robarle su vehículo, como lo han hecho con paisanos que residen en Estados Unidos y que han empezado a llegar para la temporada de fin de año, o su rancho a una víctima más, y no hay quien les haga o diga algo. Quien se resiste, se muere. Si la autoridad estatal está coludida con Los Pelones y el gobierno federal no se ocupa de nosotros, ¿a quién podemos recurrir? Muchas familias están optando por irse de San Fernando", denuncia otro vecino de esta población.

Gustavo Cárdenas, quien fue candidato del Partido Acción Nacional (PAN) al gobierno del estado, dice que otro grupo de pistoleros hizo de las suyas en Matamoros y en todos los municipios de la "frontera chica", como Miguel Alemán, Camargo, Mier y Díaz Ordaz, asiento del Cártel del Golfo.

Ramón Antonio Sampayo, candidato del PAN a la alcaldía de Matamoros, denunció que en este municipio la elección "la perdió la ciudadanía y la ganó el crimen organizado". Los resultados fueron: 78 mil votos para el priista Baltasar Hinojosa Ochoa, y 64 mil para el panista.

El día de la votación, comentó, "grupos de gente armada fueron detectados participando como parte de los grupos de choque, cuyo trabajo fue ahuyentar a los electores de las casillas. A algunos grupos de choque, conformados por pandilleros, les pagaron con *crack* para ir a amenazar a los electores que pretendieran votar por el PAN o por otros candidatos. Otros grupos de choque los formaron luchadores. Casualmente días antes se retiró de la frontera el operativo del Ejército y la AFI, que fue tan anunciado en la televisión y la prensa nacional".

En poder del narco

En esa frontera, sicarios de la delincuencia organizada recorrieron casillas, principalmente de las secciones 620 y 639 –oriente de Matamoros–, en colonias como Ampliación Solidaridad, y abrían las puertas de sus camionetas para mostrar sus armas a los electores, a quienes les hacían señas de advertencia, según cuenta otro dirigente panista a los reporteros. "Con esa presencia y esa presión, ¿quién se iba a manifestar con libertad?", dice.

De hecho, sobre el gobierno de Yarrington pesa la sospecha de su probable colusión con el narcotráfico (**Proceso** 1368, 1393, 1397, 1424, 1433 y 1437). En una conferencia de prensa en Río Bravo el 19 de noviembre, Juan Antonio Guajardo Anzaldúa, diputado federal del Partido del Trabajo, presentó fotografías en las que aparecen funcionarios del gobierno estatal departiendo con narcotraficantes.

Asimismo el subprocurador Santiago Vasconcelos declaró hace unos días que había "dos averiguaciones previas y un acta circunstanciada" sobre las presuntas conexiones entre el mandatario estatal y el crimen organizado, aunque precisó que "hasta el momento" no había elementos de prueba. La declaración del funcionario se dio como respuesta a la afirmación que hizo el capo Osiel Cárdenas al periodista Carlos Loret de Mola respecto de la supuesta propuesta que le hizo Santiago Vasconcelos para que incriminara a Yarrington con el crimen organizado (**Proceso** 1461).

En cuanto a las fotografías en las que aparecen juntos narcos y funcionarios, dadas a conocer el viernes 19 en Río Bravo, el diputado Guajardo Anzaldúa advirtió sobre "el nivel en que se ha dado el narcotráfico en Tamaulipas, (el cual) creemos que está vinculado con el gobierno de Tomás Yarrington. Por ejemplo –añadió–

el primer procurador de Justicia que nombró, Max Castillo, fue el defensor de Osiel Cárdenas cuando fue detenido la primera vez. Entonces, ¿cómo pudo el gobernador nombrar procurador al defensor de los narcotraficantes? Aquí hay un conflicto de intereses entre los que defienden al crimen organizado y los que defienden a la sociedad".

Adicionalmente a las fotos que mostró en su conferencia de prensa, el diputado enseñó otras más, inéditas, a los reporteros. En una de éstas se ve a Max Castillo y al narcotraficante Sergio *Checo* Gómez departiendo en una mesa. Cabe señalar que, tras abandonar la procuraduría, Castillo ocupó un cargo como asesor jurídico del gobernador Yarrington.

En enero de 2003 (**Proceso** 1368) ya se había documentado el papel de Castillo como defensor de narcotraficantes. En otra de las fotografías mostradas a los reporteros aparece el mismo narco con Humberto Zolezzi García, actual subsecretario de Gobierno y responsable de los penales estatales en Tamaulipas.

Otra foto más que el legislador entregó a este semanario –no se precisa en qué fecha fueron tomadas ésta o las otras– muestra a Zolezzi en una mesa junto con cuatro personas; una de ellas es el exjefe del CDG, Óscar Malherbe de León, detenido el 26 de febrero de 1997 en la Ciudad de México. Zolezzi es hermano de Mario Zolezzi, alcalde saliente de Matamoros y socio del despacho de Max Castillo, bufete en el cual defendieron también a Raúl Valladares del Ángel, lugarteniente de Juan García Ábrego.

Por lo demás, en una de las fotografías que el diputado petista exhibió aparece un grupo de cazadores en un rancho cinegético, entre ellos Sergio *Checo* Gómez, Juan Manuel *El Gordo* Lizardi –detenido en posesión de 2 millones de dólares–, Humberto Zolezzi y Malherbe.

En entrevista con **Proceso** el diputado Guajardo Anzaldúa dice que la de Tamaulipas "fue una elección en la que indiscutiblemente se sintió la mano del gobernador, hubo un inocultable derroche de recursos antes y durante la jornada electoral y existen muchos indicios de presencia del narcotráfico que deben ser investigados".

Pero no fueron las únicas irregularidades en la jornada electoral. Según el PAN ese día la compra del voto, así como el operativo de movilización y acarreo de electores, pudieron haber costado alrededor de 80 millones de pesos en la entidad.

La víspera de la elección, la noche del sábado 13 de noviembre de 2004, agentes viales detuvieron en Reynosa a Eduardo Gómez Cárdenas, a quien la oposición identifica como un agente del Ministerio Público especializado de la procuraduría estatal; llevaba consigo decenas de sobres que tenían impresa la leyenda "apoyos", es decir, dinero que en total sumó 164 mil pesos. Además, este sujeto portaba papelería y recibos del PRI y otros firmados por el candidato priista a la alcaldía de Río Bravo, Juan de Dios Cavazos Cárdenas, que indicaban que se habían repartido ya más de 300 mil pesos.

Gómez Cárdenas es primo de Amira Gómez Tueme, quien trabajó con Eugenio Hernández en la contienda interna del PRI y hoy tiene el primer sitio en la lista plurinominal de ese partido para ocupar una curul en el Congreso del Estado.

Pese a las evidencias y el inicio de la averiguación previa 320/2004, el subdelegado de la Procuraduría General de Justicia (PGJ) de Tamaulipas, José Luis Gutiérrez Ramírez, le permitió a Gómez Cárdenas salir "bajo reservas de la ley". Guajardo presentó documentación y pruebas videograbadas de la captura de este priista.

El diputado dice que entre los documentos incautados a Gómez Cárdenas destaca uno en el que se menciona a Roberto Herrera, tesorero municipal de Reynosa, que habla de una cantidad de "mil 500 pesos, lo que da 2 millones 400 de parte de Rolando Saldívar". Este último es el director de pagos de la Secretaría de Egresos del gobierno del estado.

Asimismo, el 27 de octubre la PGR capturó a José Luis Peña Jasso, quien realizaba labores de espionaje en las oficinas y en la casa del candidato del PAN, Gustavo Cárdenas. Se le aseguró un equipo de rastreo de llamadas. Este sujeto está vinculado con el polémico excomandante Arturo Pedroza Aguirre, quien renunció meses antes a la procuraduría estatal.

A pesar de los cuestionamientos de la oposición, de las enormes sumas de dinero usadas en la campaña priista y de la presencia de Los Zetas en las casillas, Yarrington dijo el 15 de noviembre que estaba satisfecho con los resultados electorales y precisó que no emitiría opiniones antes del 31 de diciembre –fecha en la que concluye su mandato– sobre sus aspiraciones presidenciales, como se lo pidió la prensa.

Descrito como "un político seductor" y hábil para las relaciones y para el manejo del lenguaje –"es un encantador de serpientes", según lo describió un columnista local–, Yarrington es uno de los aspirantes a la candidatura presidencial del PRI en 2006. Es ampliamente conocida su relación con el presidente Vicente Fox y con el secretario de Gobernación, Santiago Creel, a quienes ha servido como interlocutor con políticos priistas. "Ésa es una pregunta que sí convendría hacerle a Vicente Fox y que él tendría que contestar, porque para mí sí hay una duda sobre la relación que tiene con Tomás Yarrington, porque es una situación que afecta a la democracia en Tamaulipas", advirtió el panista Gustavo Cárdenas.

CON
ZETA
DE MUERTE
Fotografías

REUTERS / TOMÁS BRAVO

Su firma, camino a Torreón

WWW.PORTALPOLITICO.TV

San Fernando, Tamaulipas. Zozobra permanente

LEONARDO GARZA TREVIÑO / PROCESOFOTO

Huellas de su paso

LEONARDO GARZA TREVIÑO / PROCESOFOTO

Acción de la Marina

WWW.BLOGDELNARCO.COM

Guerra de pandillas

TOMÁS BRAVO / REUTERS

Equipamiento completo

ISAÍN MANDUJANO / PROCESOFOTO

A lomos de "La Bestia"

ESPECIAL

Poderío zeta

LEONARDO GARZA TREVIÑO / PROCESOFOTO

Los muertos sin nombre

EPA / JOSÉ MÉNDEZ

Decomiso de parafernalia zeta

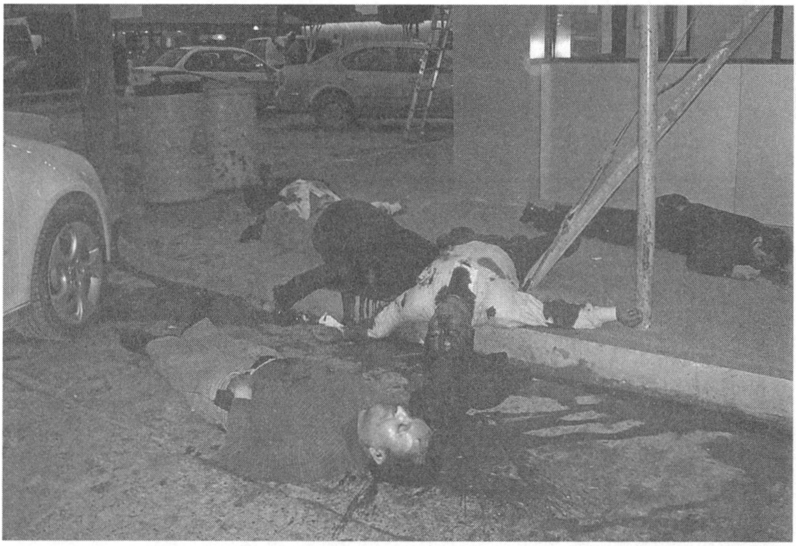

FOTO: ESPECIAL

Tamaulipas. Lo cotidiano

ARTURO RODRÍGUEZ

Arsenal asegurado en Nuevo León

AVISO
IMPORTANTE
Grupo Operativo los Z
Te ofrece trabajo sucio a
"TI" MILITAR O EXMILITAR.
OFRECEMOS:
BUEN SUELDO: $5,000/SEMANA
PRESTACIONES DE SERVICIOS
MUY BUENA ALIMENTACION
NO
INTERESADOS
COMUNICARSE AL
(044 867) 168 74 23
ABSTENGANSE RELAJES
GENERACION
GENERACION
Z
GARAGE Y TALLERES
8319-3000
F E C G
Z
F . E . C . G
Z
CARTEL DEL GOLFO
CARTEL DEL GOLFO

La simbología

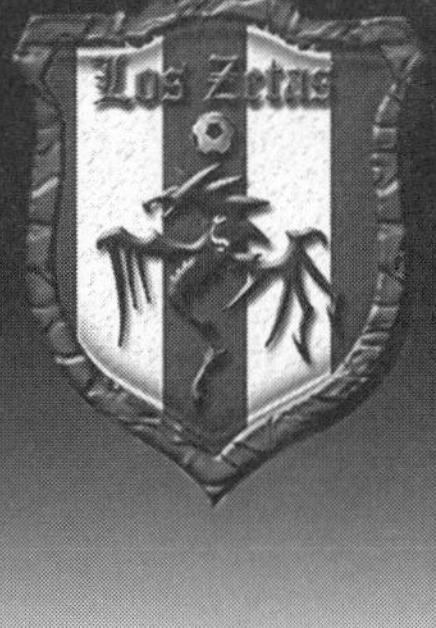

AFP PHOTO / EITAN ABRAMOVICH

Pese a los cercos federales

NOTIMEX / JULIO ARGUMEDO

Matanza de Boca del Río

HTTP://UNCOVER-THE-WORLD.BLOGSPOT.MX

Cadáveres en Guatemala

RAFAEL DEL RÍO

Jalisco. Hartazgo ante la inseguridad

PGR

El tesoro de Zhenli Ye Gon

FOTO: ESPECIAL

Asesinatos y amenazas

YAHIR CEBALLOS / PROCESOFOTO

Tecnología de punta

WWW.PERIODICO-ELDIA.COM

Aseguramiento en la aduana de Manzanillo

AP

La cotidiana siembra de cadáveres

WWW.BLOGDELNARCO.COM

El Petén. Mensaje contra Salguero

JUAN CARLOS CRUZ / PROCESOFOTO

Uniformados bajo sospecha

AP PHOTO / RODRIGO ABD

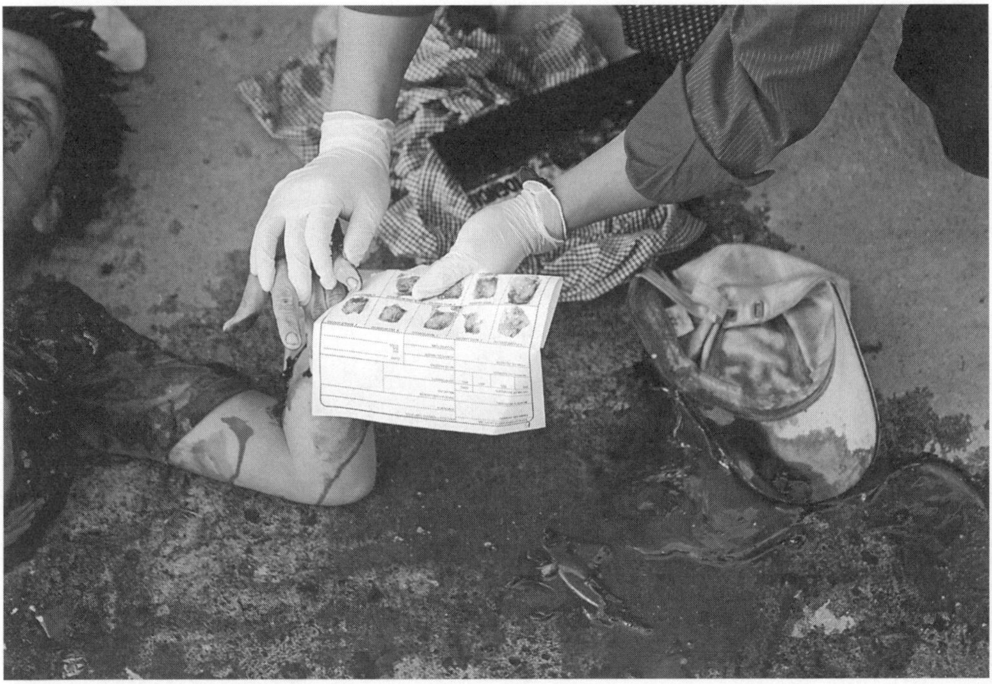

EFE / STR

Asesinato del candidato Torre Cantú

6 de noviembre de 2011

Modalidad narca: tecnosecuestros

Arturo Rodríguez García

El 8 de septiembre de 2011 el contralmirante José Luis Vergara, vocero de la Secretaría de Marina (Semar) informó del desmantelamiento de 12 antenas instaladas en 10 municipios de Veracruz que permitían la operación de avanzados equipos para hacer indetectables las comunicaciones de telefonía móvil y fija del cártel de Los Zetas.

A decir de Vergara el desmantelamiento de la red implicó "la pérdida de la línea de mando y conducción táctica" de esa organización criminal en Veracruz. De norte a sur el sistema cubría los municipios de Pánuco, Naranjos, Tepetzintla, Tantoyuca, Poza Rica, Cofre de Perote, Orizaba, Córdova, Xalapa y el puerto de Veracruz.

Con el hallazgo se confirmaron las versiones que desde hace años se reproducen en los territorios controlados por Los Zetas sobre su capacidad de comunicarse de manera indetectable y aun para realizar intervenciones telefónicas. Además de las antenas, los marinos aseguraron escáneres electrónicos, decodificadores y hasta paneles solares.

La noticia despertó la esperanza de la señora Marina Armenta de la Rosa y otros familiares de nueve técnicos de Nextel que desaparecieron en Nuevo Laredo hace dos años. De inmediato se pusieron en contacto con los responsables de conocer su caso en la PGR, pero no había más información... sólo el tendido de redes y los equipos fueron desmantelados.

Durante 2009 y 2010 expertos en tecnologías de comunicación que trabajaban para diferentes compañías desaparecieron en la zona fronteriza de Tamaulipas, sobre todo en Nuevo Laredo, sin que hasta el momento se tenga noticia de su paradero, salvo que los restos de unos técnicos al servicio de una petrolera trasnacional fueron localizados en la entidad.

Ante la errática conducta de las autoridades y de los cuerpos de seguridad estatal y federales, las personas que buscan a familiares desaparecidos sospechan que existe encubrimiento o de plano complicidad entre mandos gubernamentales y quienes se los llevaron, pues afirman que con intimidaciones, revisiones fuera de protocolo y amenazas han intentado inhibir su búsqueda y las demandas de justicia.

Presas selectas

El 20 de junio de 2009 llegaron a Nuevo Laredo nueve técnicos de Nextel provenientes de Guasave, Sinaloa, que se dedicaban a instalar antenas y redes de la empresa.

Semanas antes compañeros suyos les habían recomendado que no fueran a la ciudad tamaulipeca debido al clima de violencia y a su origen sinaloense. Pero estaban contratados seis meses y los enviaron allá.

Los trabajadores Ricardo Peña Mejía, Carlos Peña Mejía, Hugo Camacho Priego, Víctor Romero, Constantino García, Roberto Gutiérrez, Marcelino Moreno, Julio César Ochoa y el ingeniero a cargo, Eduardo Toyota Espinoza, se instalaron en la calle Chihuahua número 1701 de la colonia Guerrero, a unos 500 metros del río Bravo.

De acuerdo con testimonios que sus familiares recogieron entre vecinos y otros testigos –versiones ya integradas en la averiguación previa 0483/2009 de la PGJ de Tamaulipas– alrededor de las 22:30 horas de ese 20 de junio un grupo de encapuchados vestidos de negro irrumpió en el domicilio, derribó puertas y ventanas y se llevó a los nueve trabajadores.

El comando regresó al día siguiente para llevarse los vehículos de sus víctimas así como sus computadoras, celulares y demás pertenencias. La denuncia no se interpuso sino hasta el 23 de junio, cuando los familiares de los empleados acudieron a averiguar qué había ocurrido, hasta ahora sin resultados.

Meses después, en diciembre de 2009, los ingenieros Filiberto Guzmán Morales y Arturo Navarro Hernández, empleados de la empresa de origen británico Networkers, desaparecieron de forma parecida.

Guzmán y Navarro se dedicaban a supervisar cómo funcionaban los equipos de microondas y antenas ya instalados. Originarios del Distrito Federal, llevaban sólo unos días hospedados en una posada céntrica de Nuevo Laredo, igual que otros trabajadores foráneos.

Versiones recogidas por las familias entre el resto de los huéspedes indican que alrededor de las dos de la madrugada del 15 de diciembre llegó a la posada un grupo de encapuchados que portaban armas largas, quienes recibieron por radio la indicación de entrar al cuarto de los ingenieros y se los llevaron con violencia.

Esos testimonios no fueron recogidos por agentes ministeriales ni integrados en la averiguación previa 0761/2009 de la PGJ, que hasta el momento no ha hecho más diligencias para incrementar la información contenida en la denuncia.

El 11 de abril de 2010 otros expertos en comunicaciones, los ingenieros Sergio Alberto Salinas de la Riva y Alberto Leónides Rodríguez González desaparecieron en algún punto entre Reynosa y Nuevo Laredo.

Ambos eran empleados de la trasnacional Tecpetrol, integrante del italoargentino Grupo Techint, que opera como contratista en la Cuenca de Burgos. Tenían la instrucción de acudir a las oficinas de Tecpetrol, cerca de Díaz Ordaz, Tamaulipas, para irse a una comunidad rural a reparar una antena. Nunca llegaron.

Proceso confirmó que, a diferencia de los trabajadores de Nextel y Networkers, los de Tecpetrol fueron localizados a finales de 2010 sin que en las investigaciones exista el menor indicio de qué ocurrió.

Mentiras oficiales

Familiares de los desaparecidos dicen que las autoridades han sido omisas en las investigaciones, sin el menor cuidado en los aspectos periciales y que los agentes del Ministerio Público locales, igual que los soldados y policías federales, los han intimidado, les robaron pertenencias y les dieron informes falsos.

Este comportamiento de las autoridades se inició el día de la denuncia. Cuando las familias de los trabajadores de Nextel fueron a recoger sus pertenencias, el 23 de junio de 2009, tres días después de la desaparición de la cuadrilla, un convoy federal rodeó el hotel donde se hospedaban, los agentes entraron a las habitaciones, revisaron sus cosas y sustrajeron fotografías de los desaparecidos.

Los familiares iban escoltados por agentes ministeriales de Tamaulipas. Después de lo ocurrido en el modesto hotel, la entonces subdelegada de la PGJ, Elizabeth Hernández Arredondo, les ofreció alojarlos "por seguridad" en un lujoso hotel de la zona y se comprometió a avisarles de los avances, pero nunca hubo tales.

De cientos de casos que documenta el frente Fuerzas Unidas por Nuestros Desaparecidos y Desaparecidas de México (Fundem), el de los empleados de Nextel es el único que registra extraños contactos de las autoridades federales, que avisan en falso haber rescatado con vida a los desaparecidos.

A finales de 2010 el entonces director general adjunto de Asuntos Especiales de la PGR, Ignacio Peralta Ortega –que por entonces tomaba conocimiento de casos de desaparición– les explicó que ya los tenían ubicados pero que esperaban la captura de un "pez gordo" para rescatarlos.

Meses después llamó a las familias de los sinaloenses para decirles que los habían encontrado y que estaban bien de salud. Los invitó a ir por ellos a la Ciudad de México, así que consiguieron que el gobierno estatal pusiera a su disposición vehículos para viajar a la capital del país.

"Llegamos emocionadas. Creímos que nuestro calvario había terminado, pero cuando llegamos a la PGR no sabían de qué estábamos hablando. Nos dijeron que Ignacio Peralta ya no trabajaba en esa área y que no entendían el motivo de su llamada", dice Marina Armenta.

En febrero de 2011 Amalia Armenta, esposa de Roberto Gutiérrez e hijastra de Constantino García, recibió otra llamada, esta vez de la SIEDO, para avisar que tenían a sus familiares en las instalaciones de la corporación. Viajaron de nuevo a la Ciudad de México, pero nuevamente al llegar les dijeron que fue un error.

Un contacto más. El celular de Roberto Gutiérrez siguió sonando hasta febrero de 2011 por lo que su esposa se acercó a mandos militares que, afirmaron, lo podían rastrear. Finalmente no obtuvieron resultados y después de la promesa de localización, la línea fue desactivada. "Ahora en la PGR ya ni nos quieren atender y en Nuevo Laredo nos dicen que los siguen buscando", afirma Marina Armenta.

La activista Blanca Martínez, de Fundem, afirma que es el primer caso de información oficial contradictoria, lo cual arroja dudas sobre la actuación de las autoridades y abre una inevitable línea de investigación por la posible omisión o incluso el encubrimiento en el que podrían estar implicados funcionarios de diferentes niveles.

Solos ante el delito

Además de la forma en que fueron sustraídos de sus alojamientos, los casos de los trabajadores de Nextel y de Networkers tienen otras similitudes.

De acuerdo con familiares de los ingenieros Arturo Navarro y Filiberto Guzmán, el 17 de diciembre de 2009, cuando interpusieron la denuncia, se dividieron en dos grupos para buscar a los desaparecidos y encontraron sus vehículos en la posada, pero durante cerca de dos horas el agente del Ministerio Público local se negó a acudir.

Los familiares y algunos empleados de Networkers que los acompañaban empezaron a tener miedo. Lujosas camionetas daban vueltas por la calle mientras jóvenes con radios de comunicación se apostaban en las esquinas aledañas, observando los movimientos del grupo de visitantes. De la policía, nada.

Cuando finalmente se hizo la diligencia, el domicilio fue rodeado por militares que después ingresaron. En el parte se asentó que la habitación se encontró hecha un desastre, pero los familiares aseguran que los soldados destruyeron todo; también se reportó que no se encontraron los teléfonos celulares, las computadoras ni los instrumentos técnicos de los ingenieros.

Finalmente el agente de la Sexta Agencia del Ministerio Público de la PGJ de Nuevo Laredo les dijo a los parientes y amigos de los desaparecidos que debían irse porque corrían peligro. Lo hicieron el 18 de diciembre.

En enero de 2010, cuando regresaron a recoger las pertenencias y los vehículos, comprobaron que no había avances en la investigación. Aunque las tarjetas de nómina de los ingenieros habían sido utilizadas, el Ministerio Público no pidió videos de seguridad a los bancos; tampoco hizo el rastreo de líneas de celular. En cambio les volvió a "recomendar" que salieran inmediatamente de Nuevo Laredo porque estaban en riesgo.

Tanto en el caso de los trabajadores de Nextel como los de Networkers, las víctimas se alojaron en posadas para estancias de corto plazo. La cuadrilla de Nextel se registró en una que era propiedad de un auxiliar del entonces gobernador Eugenio Hernández, en tanto que los ingenieros de Networkers fueron a caer en el establecimiento de un sujeto que también posee bares en la zona de tolerancia. El funcionario nunca fue llamado a declarar, en tanto que el "empresario" incurrió en contradicciones que fueron obviadas por el Ministerio Público.

En ambos casos los familiares conservan la esperanza de que los mantengan con vida, que sólo les interesen sus conocimientos técnicos y que en algún momento regresen a sus hogares.

Por si fuera poco, en la larga cadena de victimización a la que han sido sometidas las familias mencionadas, ninguna de las empresas trasnacionales se hizo responsable de sus empleados ni les reconoció prestación alguna.

26 de febrero de 2012

La estructura de seguridad federal, infiltrada

Arturo Rodríguez García

La detención de cuatro integrantes de la organización criminal de Los Zetas puso al descubierto que operaciones suyas son ejecutadas, y no sólo solapadas, por elementos del Ejército Mexicano, la PGR, la AFI y la PF, así como por las policías estatales y municipales de Coahuila y de Nuevo León.

A cinco años de iniciada la guerra de Felipe Calderón contra el narco, que ya acumuló más de 50 mil muertos y una cantidad similar de desaparecidos, los cuerpos de seguridad federales no escaparon a la corrupción que el presidente atribuye insistentemente a policías e instituciones locales.

De acuerdo con la averiguación previa PGR/SIEDO/UEIDCS/041/2012, integrada el 8 de febrero de 2012, soldados de la Sexta Zona Militar ejecutaban a ciudadanos que denunciaban a criminales y desaparecían sus cuerpos, además de ocultarle a la PGR cargamentos de droga.

La indagatoria añade que lo mismo hacían agentes de la PF, quienes asimismo identificaban y enfrentaban a los adversarios de Los Zetas, colocaban puestos de vigilancia donde éstos les indicaban y custodiaban cargamentos. Además establecían las nóminas de las Fuerzas Federales de Apoyo (FFA) que envía el gobierno de manera temporal a combatir al narco.

Por su parte, otros efectivos de la PGR y la AFI, con sobornos a todos niveles, se encargaban de consignar con cargos débiles a los miembros de Los Zetas, liberar a los que estaban detenidos e informar a los jefes sobre todo tipo de denuncias, incluidas las anónimas.

En el caso de las corporaciones de Nuevo León, Los Zetas presenciaban el pago de la narconómina a los policías estatales o municipales y tenían un enlace con el gobierno estatal para mantener a salvo su estructura.

En Coahuila el teniente coronel Manuel de Jesús Cícero Salazar, quien se desempeñó como titular de la Policía Estatal Operativa y protegió a Los Zetas, era recomendado del secretario de la Defensa, Guillermo Galván Galván.

La corrupción en la FGE (que concentra la anterior PGJ y la SSP coahuilenses) era conocida desde hace años por Felipe Calderón, cuyo gobierno no actuó hasta la segunda quincena de febrero de 2012.

La mañana del 15 de ese mes, en las instalaciones de la FGE los federales detuvieron al comandante ministerial Sergio Tobías Salas, *Tobogán*, y al policía estatal Julio César Ruiz Esquivel, *Chicho*, quienes también se encargaron de ejecutar y desaparecer personas. Horas después cayó la subdelegada de la PGR en Saltillo, Claudia González López, quien fue llevada a la Ciudad de México. Los tres, como Cícero, están acusados de colaborar con Los Zetas y el 23 de febrero de 2010 se les dictó formal prisión.

El 16 de ese mes la procuradora general Marisela Morales dijo: "Estamos dando un combate frontal a toda la corrupción que se pueda dar en todos los niveles en nuestra propia dependencia. Somos los primeros en poner el ejemplo y tenemos (acciones) sin precedente en el combate que estamos dando contra los agentes federales de investigación, contra los ministerios públicos, contra quien sea en cualquier nivel (que sean corruptos)".

Morales adelantó que hay más implicados pero aclaró que no pertenecen a su corporación. Sin embargo el mismo expediente que permitió la consignación de los elementos ya mencionados también implica a otros integrantes de la PGR.

En cuanto a la corrupción militar, el 19 de febrero, durante la celebración del Día del Ejército, Calderón encomió a los soldados pero admitió: "Es cierto que se han dado casos excepcionales de algunos malos elementos que se apartan de los valores que ennoblecen al instituto armado, que con ello traicionan su uniforme y la confianza en ellos depositada".

Esos "casos excepcionales" ocurrieron en dos de las entidades que registran mayor violencia: Coahuila y Chihuahua, que conforman la XI Región Militar. Los casos documentados hasta ahora son las desapariciones y ejecuciones presuntamente ordenadas por el general Manuel de Jesús Moreno Aviña, jefe de la guarnición de Ojinaga, así como la implicación en ejecuciones del 39 Batallón de Infantería, de Nuevo Casas Grandes y, ahora, el caso del 69 Batallón de Infantería, radicado en Saltillo.

Poder corruptor

Las declaraciones incriminatorias de los soldados y oficiales detenidos en marzo de 2011 revelaron cómo el poder corruptor de Los Zetas escaló por toda la estructura de la Sexta Zona Militar, con sede en Saltillo, hasta llegar al general Juan Manuel Vallejo Malibrán, quien se desempeñaba como jefe del Estado Mayor en la zona y luego fue enviado a Guanajuato.

El 8 de febrero la PGR inició la averiguación previa 041/2012, acumulando testimoniales y probanzas de las averiguaciones 197/2011 y 101/2011, esta última integrada tras la detención, el 12 marzo de 2011, de Pedro Toga Lara, *El Guacho*, y Gerardo Hernández Sánchez, *El Gerry*, identificados como mandos de Los Zetas.

Los dos son ahora testigos protegidos de la PGR. A Toga Lara se le asignó la clave confidencial *Escorpión* y a Hernández Sánchez la de *Sagitario*. En la averiguación mencionada se identifica a otro testigo protegido como *Sérpico*, y de las declaraciones de los tres se desprendió lo que en la PGR se juzgó "información veraz y confiable, por haber sido de utilidad para la captura de otros integrantes de Los Zetas".

En su declaración del 4 de mayo de 2011 *Sagitario* incriminó, con todo y sus narcosueldos, a los tenientes Javier Rodríguez Aburto, Sócrates Humberto López González y Julián Castilla Flores, quienes "ganaban" 50 mil pesos, y a Marcos Augusto Pérez Cisneros, que sólo obtenía 30 mil porque "era muy flojo".

Los Zetas les pagaban 30 mil pesos a los subtenientes Alexis Ríos Cruz, Francisco Javier Soto Núñez, Carlos Miguel Gallardo Ibarra, Édgar Sánchez Ruiz, Édgar Valencia Cárdenas y Evencio Castillo Castro.

Al sargento José Luis Cerecedo Cruz, al cabo Pedro Montes Vázquez y al soldado Omar Alejandro Martínez Rivera les entregaban 20 mil. La función de Montes consistía en operar las comunicaciones para transmitir las órdenes de Los Zetas.

Otro sargento, Sergio Treviño Ríos, conocido por Los Zetas con la clave *Tauro*, fue quien presuntamente vinculó a todos los integrantes del 69 Batallón de Infantería con la organización criminal y se encargaba de pagar la narconómina.

Los soldados detenidos se acusaron mutuamente, con lo que salieron a flote varios delitos, como el asesinato de un teniente de apellido Hoyos.

A la lista de implicados se incorporaron así los tenientes Julio César Montiel Rumbo y Jesús Alberto Córdoba Ríos, el subteniente Francisco Javier Beltrán Luna, los sargentos Guillermo Flores Arrazate y Cecilio Ambros Antele, el cabo Salomé Juárez Cuéllar, los soldados Eleaquín Rubio Bautista y otro de apellido Vinalay. La lista sigue.

En el caso del teniente Soto Núñez, al ser detenido se le aseguraron 300 mil pesos en efectivo y armas que no eran de cargo. Según las declaraciones del sargento Treviño Ríos asentadas en el expediente, Soto pertenecía al equipo de Montiel Rumbo, comandante del batallón.

"Junto con otros tenientes y tropa, de los cuales no sé el nombre, (Montiel Rumbo) se encargaba de levantar y desaparecer a personas contrarias a la organización de Los Zetas, ignorando lo que hacía con las personas levantadas, y estos jales los hacía en Saltillo, Monclova y Torreón", declaró Treviño.

Añadió: "Tengo conocimiento de que el Rumbo y su gente, hace aproximadamente tres meses (es decir, en enero de 2011), levantaron a tres personas que eran maestros o ingenieros, gente con algún tipo de profesión, en la ciudad de Monclova, porque le habían puesto el dedo a Los Zetas".

El 21 de febrero de 2012 el diario *Reforma* publicó otras revelaciones de Treviño, asentadas en la causa penal militar 279/2011, en las que afirma que el general Vallejo Malibrán está relacionado con Los Zetas, que no daba parte a la PGR de la droga decomisada y portaba un radio de comunicación Kenwood que le entregaron los narcos.

Respecto al teniente Hoyos, quien fue asesinado, Treviño dijo que aseguró armas, dinero y celulares, pero le reclamó al general Vallejo que reportara menos objetos y montos a la PGR, por lo que el general ordenó matarlo.

Narcosueldazos

Las declaraciones de *Escorpión*, *Sagitario* y *Sérpico* coincidieron con las de Luis Jesús Sarabia Ramón, *Pepito* Sarabia, detenido el 11 de enero de 2012 en los límites de Coahuila y Nuevo León.

Ante el Ministerio Público Sarabia narró su carrera delictiva, iniciada en 2005 como encargado de las tienditas en Nuevo Laredo. Es compadre de Miguel Ángel Treviño Morales, *L-40*, *Z-40* o *El Muerto*, quien al contratarlo le asignó la clave *L-44*. A finales de 2007 se integró a "la operativa", es decir, a la escolta de *L-40* y de su hermano Omar Treviño Morales (*L-42*) mientras se escondían en las ciudades de Reynosa, Río Bravo, Valle Hermoso y Matamoros, cuando el Cártel del Golfo, aún unido con Los Zetas, luchaba por el control de Nuevo Laredo contra el ahora preso Édgar Valdez Villarreal, *La Barbie*, y Arturo Beltrán Leyva, *El Barbas*, asesinado en Cuernavaca.

En 2007 Sarabia fue enviado a Piedras Negras con *L-42* para fungir como "tranca" o encargado de las comunicaciones de la organización en la ciudad. En 2008 *El L-40* lo convirtió en jefe de plaza de Monclova y en 2009 Heriberto Lazcano lo envió a Saltillo también como jefe de plaza, pero para entonces "ya formaba parte de la polla", es decir, invertía dinero y se le daba una ganancia de unos 100 mil dólares mensuales. Según el testigo, la clave "L" seguida de un número se asigna a quienes responden al mando de Nuevo Laredo.

En su declaración Sarabia confirmó la corrupción en la PGR y la AFI. También *Sérpico* asentó que en la AFI, en Coahuila, un comandante obtenía un narcosueldo de 100 mil pesos mensuales; un comandante segundo, 70 mil pesos; y los ministerios públicos federales 30 mil. Además se les regalaban costosos vehículos.

Para identificar a los miembros de la AFI, Los Zetas utilizaron la clave "tres letras". Además de tener bajo su control a los mandos y policías, pagaban a la subdelegada de la PGR en Saltillo, Claudia González López.

Cuenta Sarabia que un día *El Gerry* (el testigo *Sagitario*) llegó al bar Carlos'n Charlie's –que el primero utilizaba para sus reuniones– con la subdelegada, a quien le daban 100 mil pesos mensuales, y las agentes del ministerio público federal Blanca Isabel Dueñas Beltrán (con pagos de 25 mil pesos) y Gladis Feliciana Leyva Quintero (50 mil). En total eran cinco agentes del ministerio público y la subdelegada.

En febrero de 2010 la subdelegada González López y la MP Leyva Quintero se encontraron con Sarabia y *El Gerry* en la agencia Chevrolet de Saltillo para comprarle un carro a la funcionaria de la PGR. Ella salió de ahí a bordo de una *pick up* azul de doble cabina.

Los vehículos que se obsequiaron a los AFI, y en ocasiones también la narconómina, se entregaban en la parte posterior del edificio de la subdelegación de la PGR en Saltillo, en la colonia Topochico.

Y contra la afirmación de la procuradora general Marisela Morales de que no está implicado más personal de la PGR, los testigos y el indiciado revelaron que pagaban 50 mil pesos al agente de la AFI José Guadalupe Ballesteros Huescas, a quien conocían desde 2009. Señalaron por lo mismo a David Corral Huerta y a Enrique González Nava, este último responsable estatal de la AFI, radicado en Torreón y quien recibía 600 mil pesos mensuales para repartirlos entre los policías asignados a Coahuila. Según Sarabia, así los jefes de su grupo delictivo andaban por el estado sin ser molestados.

Además, los elementos de la PGR y la AFI debían liberar mercancías vehículos y armas aseguradas en operativos o bien consignar mal y quitarles cargos a los zetas detenidos, informar sobre todas las denuncias formales o anónimas contra sus miembros y compartir la información enviada o solicitada por la SIEDO.

En enero de 2011 se les retuvo el pago debido a que las FFA detuvieron en Saltillo a *El Risas*, que desde mayo de 2010 era el "cocinero" o encargado de calcinar cuerpos para dejarlos inidentificables. *El L-40* ordenó liberar a *El Risas*, quien junto con Sarabia y otros zetas eran sus escoltas personales en los años de la guerra contra los Beltrán Leyva por la plaza de Nuevo Laredo.

No fue posible liberarlo porque las FFA ya habían dado aviso al mando en la Ciudad de México. La subdelegada González López tuvo que explicar personalmente lo ocurrido y liberar el soborno retenido.

El capitán Valbuena

Los cuatro zetas detenidos coinciden en señalar como uno de sus operadores al capitán Jorge Luis Valbuena Flores, mando de la PF en Coahuila y antes en Nuevo León. De acuerdo con *Sérpico*, el capitán estaba a cargo de la PF en Nuevo León cuando lo conoció y empezó a entregarle la nómina a través del *Comandante Lino*, subalterno de *Sérpico* y abatido por el Ejército el 25 de enero de 2011 en Monterrey.

Escorpión afirma que conoció a Valbuena en 2008 y que en Nuevo León recogía también la nómina para Coahuila, entidad a la que fue enviado en 2010 como mando de la PF.

El mismo testigo señala que Valbuena llevó con Los Zetas al comandante Enrique González Nava, de la AFI; *Azulejo*, el comandante de las FFA que llegaron a Saltillo en enero de 2011 y al jefe de inteligencia regional. En esa reunión los mandos zetas le entregaron 2 millones de pesos a *Azulejo* y acordaron el monto que les darían a los oficiales durante su estancia en los dos estados.

Según esta declaración integrada en el expediente, Valbuena facilitó la corrupción de ministerios públicos locales en Arteaga, Coahuila, para liberar a delincuentes detenidos, pero también encabezó acciones directas para Los Zetas. Incluso señalan que Valbuena dirigió la búsqueda de *Pepito* Sarabia en Nuevo León, donde escapó haciéndose pasar por muerto tras una balacera contra militares en 2010.

El capitán de la PF recibió órdenes del grupo armado para colocar los filtros de vigilancia en la entrada a Saltillo procedente de Monterrey, así como en la caseta de la autopista 57 Saltillo-México y en las inmediaciones de la carretera libre a Torreón, a la altura de General Cepeda, todo con el fin de identificar a comandos rivales o sus cargamentos y asegurarse el libre tránsito.

Valbuena proporcionaba información sobre operativos que se planeaban en la Ciudad de México, de la PF y de otras corporaciones ("estaba muy bien conectado en el Distrito Federal"). Según el testigo, el oficial daba indicaciones sobre los vehículos, vuelos, horarios y cantidad de personas, así como del objetivo de los operativos federales en la zona.

El capitán también "resolvía los problemas que llegaba a tener la Compañía en las carreteras. En esa ocasión, cuando le pagué, a principios de enero de 2011, 70 mil pesos para él, y para la tropa se le entregó más de un millón de pesos ya que toda la corporación se encuentra comprometida con Los Zetas", señala Escorpión.

Agrega que a Valbuena se le entregaban entre 800 mil y un millón de pesos en sobres rotulados con los nombres de los beneficiarios. El testigo *Sagitario* le atribuye al capitán el robo de cinco camionetas blindadas en la carretera libre Saltillo-Torreón en abril de 2009, tras lo cual desapareció a los choferes y le entregó los vehículos a quien identifica como el *Comandante Chabelo.*

La misma fuente declaró que el capitán de la PF escoltaba cargamentos de droga, armas y vehículos blindados hacia las ciudades de Miguel Alemán, Reynosa y Nuevo Laredo, así como tráileres con "cargas chinas", nombre que dan Los Zetas a la fayuca que tiene como destino el Distrito Federal.

Según *Sagitario*, el capitán se encarga asimismo del transporte de la mercancía de contrabando mediante la empresa Senda y del paso de la misma a San Luis Potosí por un proveedor independiente. De igual forma, el mando federal ha participado en la ordeña de ductos de Pemex, pues además de brindar protección a la extracción de gasolinas en Hipólito, Coahuila, Valbuena tiene gasolinerías en Monterrey y le entregaba al ahora testigo protegido una pipa grande de tres ejes al mes.

Los Torres Charles

Por la información de los testigos mencionados se conoció también que en Nuevo León operaba *El Cabrito*, quien repartía la nómina a policías ministeriales, estatales y municipales en presencia de representantes de Los Zetas. Uno de los individuos que así recibía su soborno era el "Licenciado Muñoz", enlace con el gobierno estatal.

En Coahuila el peón de Los Zetas era el teniente coronel retirado Manuel de Jesús Cícero Salazar, *Viejo Loco*. Formaba parte del llamado Modelo Coahuila y a mediados de 2008 fue designado titular de Seguridad Pública en Ramos Arizpe, municipio conurbado de Saltillo.

El Modelo Coahuila fue un programa coordinado por la periodista Isabel Arvide, que consistía en la designación de 11 generales, cinco coroneles, nueve mayores y otros oficiales que sumaban casi 200, todos en retiro, a quienes se les entregaron todas las jefaturas de seguridad pública municipales.

Arvide lo describió así en Torreón, el 17 de febrero de 2010: "Todos los jefes militares, dentro de este modelo, vienen comisionados, después de pasar pruebas de confianza, por la Secretaría de la Defensa Nacional. La mayoría han sido compañeros generacionales del general Galván, han servido bajo sus órdenes o han coincidido con su mando en diversas comisiones".

Las policías estatales, los penales y las jefaturas de los municipios se llenaron de militares que operaron con total libertad y gozaron de vehículos blindados, armas de alto poder, viáticos, seguros y sobresueldos que nunca se transparentaron. Su "jefe moral" era el entonces comandante de la región militar, general Mario Marco Antonio González Barrera, hoy inspector y contralor general de la Sedena.

Arvide terminó su relación laboral con el gobierno de Coahuila en mayo de 2010 tras acusar al entonces fiscal del estado, Jesús Torres Charles, de estar coludido con el hampa. Algunos de los militares que llevó a Coahuila reaparecieron tiempo después en otras entidades, como Tamaulipas y Quintana Roo. Fue el caso de Cícero, quien fue designado subsecretario de Seguridad Pública, pero dejó el cargo tras un escándalo callejero en Cancún.

Cícero se hizo notar en Coahuila a raíz de un tiroteo que, ahora se sabe, fue contra la escolta del *L-40*. Los medios locales lo apodaban *El Rambo* y vivía en las instalaciones de la Policía Municipal pues tenía amenazas de muerte. Sin embargo de las declaraciones de los testigos protegidos se desprende que *Pepito* Sarabia le entregaba 500 mil pesos mensuales (200 mil de esos para otra persona cuyo nombre se omite), además de que le regaló una camioneta Cherokee.

Otro implicado era Emmanuel Almaguer, comandante de la Policía Municipal de Saltillo, quien pagaba la nómina y recibía apoyos para gastos de las patrullas. Fue ejecutado el 5 de diciembre de 2011 con su hijo de 12 años.

Los testigos y Sarabia coincidieron en señalar a Humberto Torres Charles (hermano del exfiscal general del estado), a quien apodan *Glenda* y quien fue subprocurador en los noventa, bajo el mando del procurador Humberto Medina Ainsley, padre del actual gobernador de Nuevo León, Rodrigo Medina de la Cruz.

Humberto Torres era director jurídico de la Secretaría de Salud estatal. Hoy está prófugo. Los declarantes sostienen que le entregaron sobornos altísimos (el primero por 100 mil dólares) y le regalaron un BMW y un Mustang.

El 20 de febrero de 2012 Arvide dijo al periódico saltillense *Vanguardia* que la corrupción del exfiscal Jesús Torres fue advertida personalmente por Felipe Calderón a Humberto Moreira, quien lo ignoró y mantuvo al funcionario en el cargo desde 2010.

Pese a estos antecedentes y a las confesiones e imputaciones hechas por los detenidos, que llevan casi un año en poder de la PGR, esta dependencia no ha integrado ninguna indagatoria contra el exfiscal Torres Charles ni ha resuelto caso alguno de desaparición forzada de personas, aunque el propio presidente Felipe Calderón se comprometió desde mediados de 2011 a acelerar las investigaciones y dar respuesta a las familias que exigen justicia.

23 de septiembre de 2012

Las fugas: reposición de zetas

SALTILLO, COAHUILA.- Los Zetas controlan la mayoría de los penales del norte del país y durante los últimos cuatro años –en complicidad con sus directivos– han organizado fugas masivas en Tamaulipas, Nuevo León, Zacatecas y Coahuila. En la más reciente, el 17 de septiembre de 2012, fueron 131 los reos que salieron del Cereso de Piedras Negras por la puerta principal.

En ese lapso el grupo criminal organizó la evasión de 546 sicarios o simpatizantes, según cifras del Secretariado Ejecutivo del Sistema Nacional de Seguridad Pública, lo que le permitió reponer a sus miembros caídos.

En la fuga del Cereso de Piedras Negras los internos salieron a la calle, donde los esperaban dos autobuses para trasladarlos, admitieron el procurador estatal, Homero Ramos Gloria, y el titular de Seguridad Pública local, Jorge Luis Morán Delgado. Según ellos el túnel que cavaron sólo fue una pantalla para "encubrir a los funcionarios" penitenciarios que facilitaron la evasión.

El ardid no funcionó, por lo que un juez de Río Grande otorgó una orden de arraigo por 40 días contra 16 personas señaladas como probables responsables del delito de evasión de reos, entre ellos el director del Cereso, José Miguel Pérez Reséndiz; el jefe y el subdirector de Seguridad y Custodia, Héctor Miguel Anguiano Rosales y Saúl Francisco Ambriz Jacques, respectivamente, además de varios custodios.

Según las autoridades estatales varios de los internos fueron trasladados a Tamaulipas y otras entidades para reforzar a Los Zetas en su guerra contra el CDG.

La penúltima fuga fue la de la madrugada del 19 de febrero de 2012 en el Cereso de Apodaca, Nuevo León. En esa ocasión 37 reos subieron a la torre seis desde donde se deslizaron, usando cuerdas, a la calle, donde ya los esperaban hombres armados a bordo de varias camionetas.

Previamente habían sacado del ambulatorio Delta a 44 miembros del CDG para matarlos a golpes en el patio de la prisión, mientras los guardias les brindaban protección.

El gobernador Medina declaró al día siguiente que los custodios de la torre seis estaban siendo interrogados. Poco después fueron arraigados los directivos de la prisión y 29 custodios, quienes confesaron que recibían dinero de Los Zetas para permitirles tener celdas de lujo, vender droga, extorsionar a internos y tener fiestas amenizadas con mariachis y mujeres.

Jorge Domene, vocero de seguridad de Nuevo León, informó que el director del penal, Gerónimo Miguel Andrés Martínez, recibía sobornos de la organización criminal por alrededor de 35 mil pesos cada mes, mientras que los jefes de guardia obtenían entre 20 mil y 25 mil, los jefes de turno 10 mil y los custodios de 4 mil a 6 mil.

Los prófugos fueron trasladados por Los Zetas a un rancho en el municipio de Anáhuac, en el norte del estado. Entre ellos había tres capos, quienes fueron reasignados como jefes de zona; otros formaron células en la zona metropolitana de Monterrey y en municipios rurales del estado.

Entre los líderes estaban Óscar Manuel Bernal Soriano, *El Spider*; Rogelio Chacha Quintanilla, *El Yeyo* y José Ricardo Barajas López, *El Bocinas*. Hasta la fecha han sido recapturados 17, entre ellos *El Yeyo*, y dos cayeron muertos en enfrentamientos con militares.

El Bocinas sigue prófugo pero altos mandos del Ejército lo señalan como el coordinador de la ejecución de 49 personas cuyos cuerpos fueron abandonados en Cadereyta en mayo pasado. Dicen que incluso grabó la ejecución con su celular y posteriormente subió el video al portal de *Youtube*, donde sólo estuvo algunas horas.

La mayor fuga masiva organizada por Los Zetas ocurrió la madrugada del 17 de diciembre de 2010 en el Centro de Ejecución de Sanciones (Cedes) de Nuevo Laredo, Tamaulipas. En esa ocasión llegaron al menos dos vehículos –una camioneta y un autobús escolar– para recoger a 151 reos.

Días después el gobernador Eugenio Hernández Flores aseguró que el escape se realizó en complicidad con los custodios: "Fue una traición a la confianza que se depositó en ellos", declaró.

Informó que el director de los reclusorios del estado, Horacio Sepúlveda –el séptimo que ocupó ese cargo en su administración– y el director del Cedes, Efraín Hernández, con sólo dos meses en el cargo, estaban desaparecidos. La PGR consignó a 41 custodios por su presunta complicidad en la fuga.

El 19 de mayo de 2009 hubo otro rescate de presos en el penal de Cieneguillas, Zacatecas. Esa vez huyeron 53. El operativo quedó documentado en un video en el que se observa la facilidad con que Los Zetas tienen acceso a las prisiones para sacar a sus cómplices.

Las cámaras del exterior y de la recepción grabaron el momento en el que 10 camionetas llegaron al estacionamiento de servicios sin mostrar ningún documento; los guardias del acceso principal tampoco alertaron por la radio a sus superiores sobre la llegada del convoy.

El video muestra la entrada de un grupo de sicarios, quienes encerraron a los custodios. Minutos después se ve que salen corriendo todos los presos. Suben a las camionetas y abandonan la prisión.

El entonces secretario de Gobierno, Carlos Pinto Núñez, relató a **Proceso** que los guardias facilitaron el escape: "Los custodios no oponen resistencia y se dejan encerrar... Desde el principio supusimos que había complicidad, ni siquiera estaban bien encerrados, pues podían abrir y cerrar la celda".

Sistema de reclutamiento

Un coronel que dirige las operaciones de "fuerzas especial" en el noreste del país describe a **Proceso**, a condición de omitir su identidad, el crecimiento exponencial de Los Zetas desde la administración de Vicente Fox.

Al principio, asegura, el grupo se consolidó en Nuevo Laredo, donde fueron enviados en 2001 por Osiel Cárdenas para defender la plaza e impedir que los sicarios de *La Barbie*, del Cártel de Sinaloa, se asentaran en la zona.

De ahí se expandió rápidamente a las principales ciudades de la entidad y de Nuevo León. Comenzó a reclutar miembros entre las corporaciones policiacas municipales, quienes se encargaban de cuidar las narcotienditas "que en ese momento se reproducían como hongos", dice.

Durante la administración de Fox la disputa Zetas-CDG contra sus rivales del Cártel de Sinaloa y otros grupos menores provocó 10 mil muertes, incluidos jefes policiacos y uniformados. "En esa etapa –expone la fuente– Los Zetas tuvieron a su alcance a cientos de sicarios adiestrados en las corporaciones policiacas municipales y estatales".

Menciona que en algunos municipios de la zona metropolitana de Monterrey "cártel" era sinónimo de "corporación policiaca".

Comenzó la purga en las policías de Nuevo León: en el municipio de García, 99% fueron despedidos; en Escobedo, 90%; en Guadalupe, más de 70%, y en Santa Catarina y Monterrey, más de 60%.

Los Zetas cambiaron su método y comenzaron a reclutar sicarios, halcones y estacas entre las miles de pandillas de las zonas marginadas. Ahí encontraron una veta interminable de "carne de cañón", pero sin experiencia en el manejo de armas de fuego, añade el coronel.

Además, dice, organizan fugas masivas en los penales que controlan para reponer a sus miembros caídos.

Control de penales

Ciudadanos en Apoyo a los Derechos Humanos –fundada el 23 de abril de 1993 entre las comunidades eclesiales de base de Ciudad Guadalupe, Nuevo León– trabajó varios años con los internos en penales de la entidad.

Su directora, Consuelo Morales, cuenta a **Proceso** que la asociación abandonó ese trabajo pues los penales están controlados por la delincuencia organizada. Todos saben, dice, que las autoridades penitenciarias trabajan para el CDG o Los Zetas, ya sea por amenazas o por sobornos.

Quienes mandan en el interior son capos. Ellos controlan desde el tráfico de droga, que se cotiza a precios carísimos, hasta los espacios del suelo para dormir. Ellos han impuesto un sistema de terror al grado que familiares de los reos deben pagarles cotidianamente para que no los golpeen.

En penales como Topo Chico Los Zetas obtienen hasta 15 millones de pesos cada mes por sus actividades ilícitas, comenta el coronel.

La diócesis de Saltillo, representada por el obispo Raúl Vera López, también cuenta con una pastoral que realiza trabajo en los penales, pero en los últimos meses su labor ha sido obstaculizada por la mafia.

"Sabemos que los penales de nuestra región están en poder del crimen organizado. A nadie se nos olvida lo que ha pasado en otros reclusorios donde ha habido fugas como ésta" (la del 17 de septiembre en Piedras Negras), declaró Vera López a los medios locales el 19 de septiembre.

"Las cárceles tienen leyes y gobiernos propios, impuestos por la delincuencia organizada, lo que hace sufrir a los reos comunes. Ya no hay orden de legalidad y de justicia, mucho menos un estado de derecho en el que podamos confiar", destacó.

Para modificar esa situación, dijo, se requiere honestidad en la administración de los penales desde las más altas esferas. Y concluyó: "Es lamentable el grado de desorden al que hemos llegado y parece que las cosas podrían seguir peor, ya que no se ve que con el cambio de régimen la corrupción se vaya a acabar".

7 de octubre de 2012

Amenaza cumplida

SALTILLO, COAHUILA.-La tarde del 3 de octubre de 2012 José Eduardo Moreira Rodríguez, coordinador de Programas Sociales de la Secretaría de Desarrollo Social en Ciudad Acuña, Coahuila, se dirigía a un acto organizado por el diputado local Cuauhtémoc Arzola. Nunca llegó. Varios de los asistentes dijeron haber visto una camioneta parecida a la del muchacho abandonada cerca del ejido Santa Eulalia. Arzola acudió al lugar.

Ahí encontró a José Eduardo con dos tiros en la cabeza y un mensaje cuyo contenido no fue revelado, pero que se sabe que hablaba de una venganza de Los Zetas.

Según los primeros resultados de las investigaciones y de acuerdo con Carlos Ariel Moreira –hermano menor de Rubén y Humberto, mandatario y exmandatario de Coahuila, respectivamente– el asesinato del joven hijo del exgobernador y exdirigente nacional del PRI fue anunciado en pancartas colocadas en Piedras Negras, Coahuila, en las que se amenazaba a la familia. José Eduardo era el más vulnerable.

Así, el asesinato parece responder a la muerte de Alejandro Treviño Chávez, sobrino de Miguel Ángel Treviño Morales, *El Z-40*, segundo al mando de Los Zetas.

Treviño Chávez murió en un tiroteo con efectivos del GATE de la procuraduría estatal.

"Familia por familia", fue la consigna de Los Zetas contra Rubén Moreira en mantas colocadas en diversos puntos de Coahuila el mismo 3 de octubre. Aunque dicha información no fue dada a conocer por el gabinete de seguridad coahuilense, Carlos Ariel Moreira confirmó el dato.

"Hubo mantas donde señalaban que iban a ir por uno de nosotros y se fueron por el que estaba más cerca de ahí, que no tenía cómo protegerse, no sabía cómo defenderse. Iban en contra de la familia por lo que pasó en Piedras Negras (la muerte de Treviño Chávez), es la información que yo tengo", dijo en el funeral de su sobrino.

A partir de la fuga de 131 reos del penal de Piedras Negras el pasado 17 de septiembre los operativos que derivan en balaceras han aterrorizado a los habitantes de aquella ciudad y de Acuña.

La mañana del miércoles 3 de octubre efectivos del GATE abatieron a cuatro pistoleros, entre ellos Alejandro Treviño.

El procurador de Coahuila, Homero Ramos Gloria, informó que el hallazgo del cuerpo de José Eduardo Moreira fue reportado desde Ciudad Acuña a las 21:20 horas de ese miércoles.

Un día después llegaron a Saltillo funcionarios de la Semar, la Sedena, Gobernación, la PGR y la SSP federal para coordinar las investigaciones.

Entre los funcionarios federales que encabezarán las investigaciones están la subprocuradora Victoria Pacheco Jiménez; Luis Arturo Oliver Cen, jefe de Estado Mayor Presidencial de la Sedena y el almirante José Santiago Valdés Álvarez, jefe de Estado Mayor de la Marina. También participarán Jaime Domingo López Buitrón, director general del Cisen; Luis Cárdenas Palomino, comisario de la PF y el general Noé Sandoval Alcázar, comandante de la IV Región Militar.

Es decir: Todo el aparato de seguridad del Estado para buscar a los asesinos del hijo de Humberto Moreira.

Y los primeros resultados de las investigaciones llegaron pronto.

El 5 de octubre el procurador Ramos informó que ya se había detectado que algunos funcionarios municipales presuntamente estaban implicados en el asesinato. "Tenemos tres presentados" en Saltillo y "cuatro arraigados que estuvieron declarando prácticamente la noche entera en Acuña", aseguró en una entrevista radiofónica.

Feudo de los Treviño

La franja fronteriza coahuilense enfrenta un escenario de terror desde hace meses, producto de la disputa entre el CDG y Los Zetas, por la guerra interna entre el grupo del Z-40 y el del *Talibán* o Z-50, y por la lucha entre la mafia y las fuerzas de seguridad.

Entre desapariciones de familias enteras en los municipios cercanos –Allende, Morelos, Nava y Zaragoza– y ejecuciones y tiroteos que no se reportan por el régimen de terror aplicado contra la prensa local, las evidencias de las múltiples confrontaciones apenas quedan registradas en las redes sociales.

Compuesta por los municipios Hidalgo, Guerrero, Piedras Negras y Ciudad Acuña, la frontera de Coahuila es controlada por Los Zetas desde 2002, cuando barrieron la estructura criminal de Los Texas, una banda que en los noventa tuvo gran fuerza dentro del CDG cuando lo comandaba Juan García Ábrego.

Desde entonces y hasta 2007 Raúl Lucio Hernández Lechuga, *El Lucky* o *El Z-16* (detenido en diciembre pasado en Veracruz) fue responsable de las operaciones en Piedras Negras. Pero ese año fue enviado como relevo Óscar Omar Treviño Morales, *El L-42*, quien mantiene el control del norte de Coahuila para su hermano *El Z-40* (**Proceso** 1736 y 1846).

La importancia de los Treviño en la estructura criminal de Los Zetas se ha revelado a partir de la detención de otros dos de sus familiares. El pasado 12 de junio efectivos de la Armada detuvieron a Juan Francisco Treviño Chávez, *El Quico*, en un centro comercial de Monterrey. Con él estaba Jesús Chávez, quien de acuerdo con la Semar era jefe de plaza de Los Zetas en Sabinas Hidalgo, Nuevo León.

Juan Francisco es hermano de Alejandro, muerto el 3 de octubre, y son hijos de José Treviño Morales, quien a principios de octubre fue detenido en Oklahoma por lavado de dinero; la investigación resultante salpicó en plena campaña electoral a priistas y a panistas debido a la implicación del político y empresario veracruzano Francisco Colorado Cessa (**Proceso** 1857).

Tras el asesinato de José Eduardo Moreira y el anuncio del despliegue de seguridad, la organización Fuerzas Unidas por Nuestros Desaparecidos y Desaparecidas en Coahuila emitió un comunicado expresándole a Humberto Moreira sus condolencias, pero le recordó que lleva años buscando que las autoridades federales y estatales se coordinen para aclarar la situación de los desaparecidos.

El gobierno estatal emprendió una cruzada en medio de la violencia exacerbada. Entre otras cosas en los meses recientes Rubén Moreira prohibió los casinos, impulsó y aplica una ley seca que permite a los policías ingresar a lugares privados a suspender fiestas y tiene un programa de recompensas.

Dicho programa salió a relucir cuando el pasado 17 de septiembre se fugaron 131 reos del penal de Piedras Negras y el gobernador ofreció recompensas de 200 mil pesos por cada fugado reaprehendido.

Pero la violencia no cesa. Crece.

La noche del 27 de septiembre los enfrentamientos se repitieron durante dos horas por distintos rumbos de Piedras Negras, con bloqueos de avenidas, vehículos incendiados y un tiroteo continuo que duró una hora.

Al mando del Z-40 y del *Lazca* Los Zetas han operado en Coahuila con impunidad, infiltrando los cuerpos de seguridad local y federal y la estructura de la Sexta Zona Militar.

Desde la caída de Sergio Villarreal Barragán, *El Grande*, expolicía judicial de Coahuila y exagente de la PGR, plazas como Torreón, que estaban en poder de los hermanos Beltrán Leyva y del Cártel de Sinaloa, pasaron a manos de Los Zetas.

Uno de los primeros zetas que controló Coahuila fue Germán Torres Jiménez, *El Z-25* o *Tatanka*, un exmilitar y fundador de ese grupo.

Fue detenido en Poza Rica, a donde huyó después de conocerse que coordinó el plagio del estadunidense experto en secuestros Félix Batista el 10 de diciembre de 2008 en Saltillo. Su ubicación fue denunciada a la PF por los mismos dirigentes del grupo.

Desde su llegada a Coahuila Los Zetas contaron con la protección de autoridades de todos los niveles. Esas relaciones salieron a relucir durante el mandato de Humberto Moreira, ya que el hermano de Jesús Torres Charles, su procurador, recibía miles de dólares por estar al servicio del grupo.

Los Zetas penetraron las filas del Ejército, la PGR, la PF, la PGJE y las policías estatales. La detención de cuatro líderes zetas reveló la complicidad de altos funcionarios a los que el grupo delictivo les pagaba fabulosos sueldos (**Proceso** 1837).

Incluso en esa época varios líderes fijaron su residencia en el estado para desde ahí operar en Monterrey y otras plazas. Capos regionales como Sigifredo Nájera Talamantes, *El Canicón*; Juan Oliva Castillo, *La Rana*, quien ordenó el atentado al casino Royale, y Alberto José González Xalate, *El Paisa*, detenido en abril de 2012, tenían su centro de operaciones en Saltillo.

CAPÍTULO 5

EL CORREDOR MORTÍFERO

21 de septiembre de 2008

Veracruz: alcaldes bajo extorsión

Regina Martínez

XALAPA, VER.- "Somos del grupo de Los Zetas, tenemos vigilada a tu familia, sabemos qué hace. Tienes que caerte con 20 mil dólares y es ya. Toma tu coche, sal a la carretera y te vamos a decir de ahí para dónde. Si no lo haces te va a pesar". Así sonó en el teléfono la voz de un hombre.

Esa amenazante llamada la recibió un edil, quien pidió no ser identificado, en sus oficinas de una población veracruzana. El funcionario dice a **Proceso** que más de 80 alcaldes veracruzanos han sufrido intimidaciones similares por parte de supuestos integrantes del grupo armado del CDG.

En muchos municipios del estado hay psicosis ante estos hechos. Prueba de ello es que a principios de septiembre el gobernador Fidel Herrera Beltrán se reunió con 100 presidentes municipales para tratar el asunto. Ahí, la alcaldesa de San Andrés Tuxtla, Marina Garay Cabada, expuso que algunos de sus colegas han sido extorsionados.

Aunque las autoridades estatales han mantenido reserva acerca de los presidentes municipales amenazados, trascendió que los alcaldes de Moloacán, Cosautlán, Tamiahua, Ixtaczoquitlán, Tancoco, Banderilla, Zozocolco, Naolinco y Chocamán están en la lista de los amenazados por extorsión.

Estas localidades son pequeñas y sus autoridades pueden ser presas fáciles para la extorsión, pero ayuntamientos importantes como Poza Rica, Coatepec, Córdoba y Orizaba no se han visto libres de las amenazas.

Otro alcalde entrevistado por este semanario asegura que hasta el 2 de septiembre ya habían recibido amenazas con fines de extorsión 83 de los 212 alcaldes veracruzanos. Agrega que seis de ellos pagaron cantidades que fluctúan entre los seis mil y los 15 mil dólares. Otros se han negado a entregar el dinero y las amenazas persisten e incluso se han intensificado.

A finales de agosto de 2008 Teodoro Jiménez Reyes, alcalde perredista de Tancoco, uno de los municipios marginados del norte de la entidad, fue secuestrado en su oficina por un grupo de hombres armados. De ahí lo llevaron a su casa, donde amagaron a su familia. Para que los dejaran en libertad tuvo que entregar 200 mil pesos en efectivo.

Así lo denunció el diputado perredista Celestino Rivera Hernández el 27 de agosto durante una sesión con legisladores. Dijo en la tribuna que los delincuentes que atacaron a Jiménez "le dejaron el número de una cuenta de un banco de Pachuca (Hidalgo) para que depositara ciertas cantidades de manera regular".

En los últimos días, subraya Rivera, presidentes municipales de distintas zonas de la entidad han sido secuestrados por miembros de bandas delictivas. A pesar de que algunos han interpuesto denuncia ante las autoridades ministeriales, hasta ahora no hay ningún resultado.

Las autoridades estatales de seguridad pública, acota, no sólo no han reaccionado para ofrecer garantías a estos servidores públicos. Al contrario, "los han reprendido por haber accedido a las exigencias de los delincuentes".

Después de lo ocurrido, Jiménez acudió a Xalapa a fin de solicitar el apoyo de las autoridades estatales. Se entrevistó con el secretario de gobierno Reynaldo Escobar Pérez, quien le dijo que no debió ceder a las amenazas ni entregar el dinero y las joyas de su familia, dice Rivera a **Proceso**.

Si los delincuentes pueden secuestrar a un presidente municipal que cuenta con un cuerpo de policías, "qué pueden esperar los ciudadanos cuando no hay nadie que implemente acciones para evitar esta situación", abunda.

El legislador precisa que en materia de seguridad pública no se trata únicamente de reformar leyes y autorizar más recursos. Tampoco de cambiar o remover a los encargados de la aplicación de justicia y la seguridad de los veracruzanos, sino que es urgente la implantación de un programa integral que garantice la seguridad y el bienestar de los ciudadanos.

Comenta que el 2 de noviembre de 2007, cuando ya era diputado electo del PRD, solicitó licencia para dejar la presidencia municipal de Tempoal. Ese día "fui asaltado en mi domicilio; se metieron cuatro individuos a mi casa, me amenazaron, amordazaron, amarraron y hostigaron a mis tres niños y a mi esposa".

Empresario de la construcción hasta antes de ingresar al PRD y ser electo presidente municipal de Tempoal, Rivera pagó 200 mil pesos a sus secuestradores. Sin embargo las amenazas no cesaron, "pues me seguían llamando por teléfono igual que a mi esposa".

"Somos los mismos que te visitamos, que te asaltamos y te tenemos bien ubicado. Sabemos todo de ti y de tu familia. Tienes que darnos dinero hijo de la chingada, si no te vas a morir. Vamos a matarte a ti y a tu familia", eran las constantes amenazas que recibía para depositar dinero a una cuenta bancaria.

Asegura que se negó a cumplir con las exigencias del grupo de extorsionadores. Dijeron que formaban parte de Los Zetas y por eso acudió a presentar su denuncia ante el Ministerio Público de Tempoal. Después se entrevistó con el entonces procurador de justicia Emeterio López Márquez, "pero no pasó nada".

Y agrega que, hasta ahora, la averiguación ministerial que se abrió en Tempoal está congelada. El procurador López Márquez se limitó a decirle que debía tener cuidado, pues la dependencia a su cargo no contaba con recursos para enfrentar esa problemática.

A casi un año de su secuestro, la vida de Rivera y su familia cambió, "pues siempre andas con temor, ya no caminas libremente por las calles, no respondes cualquier llamada telefónica, no abres la puerta de tu casa a cualquier persona, vives en total incertidumbre".

En una situación parecida se encuentran los alcaldes que han caído en manos de Los Zetas. "Vives presa de un temor que arrastra; sales de una puerta y miras hacia todos lados, y si un auto esta parado cerca de tu cuadra te sigues derecho", dice el funcionario entrevistado que pidió el anonimato.

La tónica para los 83 alcaldes bajo amenaza es la misma, aunque es factible que la cifra haya aumentado. "Somos Los Zetas y de aquí para adelante, mano, estás vigilado por nosotros. Si no pagas la protección que te damos atente a las consecuencias", comentan quienes estuvieron en la reunión en el Palacio de Gobierno, convocada por el gobernador el 1 de septiembre de 2008.

Pocas denuncias

Uno de los pocos alcaldes que han hecho públicas las amenazas de que ha sido objeto es el de Ixtaczoquitlán, Nelson Votte Ramos, quien declaró a medios de Orizaba haber recibido llamadas telefónicas con la intención de extorsionarlo.

Debido a esas amenazas en contra suya y de su familia, Votte decidió no encabezar las festividades del 15 de septiembre y se quejó de la falta de resultados de la denuncia que interpuso el 30 de agosto ante el agente del Ministerio Público de Orizaba.

Ante medios locales dijo que las autoridades no trabajan al ciento por ciento y de nada servirá que se incremente el número de policías si no se desempeñan como debe ser. Añadió que ante la falta de apoyo por parte de la Policía Ministerial y de la SSP estatal optó por contratar los servicios de una empresa privada especialista en la materia.

Asegura que durante las últimas tres semanas ha recibido más de 40 llamadas de números correspondientes a Puebla, Veracruz y Orizaba en las que le dicen que lo van a matar y que tarde o temprano les va a pagar.

El 1 de septiembre, en entrevista colectiva, el titular de la SSP local, Sergio López Esquer, reconoció que 60 de los 212 alcaldes veracruzanos habían enfrentado amenazas e intentos de extorsión por parte de la delincuencia organizada.

Se trata, dijo, "de amenazas contra la integridad física de los ediles o sus familias" y cuyos extorsionadores "les exigen el pago de cierta cantidad de dinero para brindarles seguridad y para no actuar en contra de su integridad física, aunque son pocos los casos críticos".

El 2 de septiembre Herrera Beltrán se refirió a la reunión sostenida la noche anterior con alcaldes en la que se habló de la seguridad en sus municipios. Comentó que algunos de ellos han recibido amenazas y dijo que seis fueron extorsionados.

Al parecer, los presidentes municipales que cayeron en el "timo de la extorsión" tomaron recursos públicos del ayuntamiento para pagar el dinero exigido por Los Zetas, en lugar de presentar la denuncia ante autoridades ministeriales para iniciar las investigaciones correspondientes.

El presidente de la Comisión de Justicia y Puntos Constitucionales del Congreso local, Francisco López Portilla, comentó que a los alcaldes que desviaron recursos públicos para pagar las extorsiones "se les puede tipificar responsabilidad".

El legislador priista advirtió: "Aunque la familia está bajo amenaza y sin que se deje de reconocer el miedo, no se debe tomar dinero del erario para pagar una cantidad que se nos está pidiendo, porque ese dinero no es nuestro, es del pueblo y tenemos la obligación de administrarlo, de rendir cuentas."

El también integrante de la Comisión de Seguridad Pública admitió que en su distrito, en Córdoba, cuatro alcaldes han recibido este tipo de amenazas, en especial los de los municipios de Coetzala, Amatlán de los Reyes y Cuitláhuac.

Mal de muchos...

Inmersas en esta psicosis, las autoridades estatales sólo han atinado a señalar que este tipo de llamadas "provienen de otros estados", como Hidalgo, Michoacán, Zacatecas o Sinaloa, aunque algunos de los afectados dicen que los números telefónicos son del mismo municipio.

El coordinador del Centro de Comando, Control y Cómputo (C-4), Arturo Bermúdez Zurita, reconoció que de las más de 60 denuncias por llamadas de extorsión que reciben diariamente, 20 están relacionadas con alcaldes veracruzanos.

Sin embargo aseguró que 80% de las denuncias recibidas por hechos de extorsión proviene de dichas entidades y añadió que el número que se tiene en Veracruz "no es grave si se compara con las 5 mil diarias que reporta la PGR en todo el país".

Según Bermúdez, ya se tiene detectada la antena y el cuadrante de donde provienen las llamadas y el área de inteligencia de la

PF "está actuando". Precisó que de 2001 a la fecha "tenemos detectados 5 mil números telefónicos que se han utilizado para llamadas de extorsión".

Aun cuando Herrera Beltrán ha convocado a los ayuntamientos a coadyuvar en las acciones de seguridad pública, pocos son los alcaldes que tienen bajo su mando a los cuerpos policiacos, pues la mayoría depende del gobierno del estado, que maneja los recursos federales y estatales.

En Veracruz se crearon coordinaciones de policías intermunicipales en las regiones de Veracruz-Boca del Río, Jalapa-Banderilla-Tlanehuayocan, Poza Rica-Coatzintla-Tihuatlán y Coatzacoalcos-Minatitlán-Cosoleacaque, que dependen de la SSP estatal.

A juicio del coordinador de la bancada del PRD en el Congreso local, Fredy Ayala González, el clima de inseguridad no sólo es responsabilidad de las autoridades federales, sino de las estatales, "pues a partir de que Fidel Herrera entró al gobierno estatal, los índices delictivos se han disparado en Veracruz".

Desde el inicio de esta administración estatal estos delitos se han incrementado, y decir que los índices son menores que los registrados en otras partes del país "no debe consolarnos". Con los últimos acontecimientos, "podemos decir que ahora sí Veracruz late con fuerza, pero de miedo", remarcó.

7 de febrero de 2010

Bajo control de La Compañía

Jorge Carrasco Araizaga

Con protección institucional Los Zetas establecieron su dominio en Veracruz a través de una organización conocida como La Compañía, en la que participó también el CDG y que es investigada en Estados Unidos.

En México, exempleados de la administración de Fidel Herrera Beltrán declararon como testigos protegidos sobre los supuestos vínculos del gobierno estatal con esa organización.

Los informantes, que entre 2005 y 2009 trabajaron al mismo tiempo para el gobierno veracruzano y para el grupo que se inició como brazo armado del CDG, detallaron a la PGR cómo se hicieron Los Zetas del control de las actividades delictivas en el estado, al amparo –afirman– de la protección oficial.

En sus declaraciones ministeriales los testigos revelaron también cómo funciona la estructura que le ha permitido a Los Zetas controlar prácticamente todas las actividades de delincuencia organizada, desde venta de drogas hasta el robo de gasolina a Pemex, pasando por el secuestro, la extorsión y el tráfico de indocumentados.

Los señalamientos contra las autoridades de Veracruz, sin embargo, fueron desestimados por la SIEDO, según la cual la PGR "no se mete en política".

Proceso entrevistó a esos informantes, cuya identidad fue plenamente acreditada, aunque, por su condición de testigos anónimos y el peligro que eso entraña, no puede revelar sus nombres.

Los testigos se quejan del fiscal Guillermo Domínguez y de "su sobrino", el titular del área de Delitos contra la Salud de la SIEDO, Javier Humberto Domínguez, por haber omitido en la indagatoria sus declaraciones contra funcionarios del gobierno, además de utilizarlos para fabricar acusaciones contra personas que niegan conocer.

Renuentes a declarar en averiguaciones previas de hechos que no les constan, la PGR les redujo significativamente los beneficios del programa de testigos protegidos y amenaza con procesarlos y encarcelarlos.

Según los entrevistados, ellos no son los únicos que están en esa situación: el 21 de diciembre de 2009, 13 testigos protegidos enviaron al titular de la PGR, Arturo Chávez Chávez, una carta para quejarse del trato y la manipulación que reciben de la SIEDO.

La organización

Empleados de Los Zetas al mismo tiempo que trabajaron en el gobierno de Herrera Beltrán, los informantes entrevistados dieron a conocer la estructura y el funcionamiento de la organización que en años recientes logró establecerse en ese estado del Golfo de México.

"La Compañía –dicen al referirse a Los Zetas– logró el control de todo cuanto pasa en el estado: droga, secuestros, extorsiones, tráfico de centroamericanos, piratería, robo de gasolina... todo; aunque ellos no siempre actúan directamente."

Explican: en los secuestros participan policías, ya sea como informantes, como muros –encargados de dar protección física a delincuentes– o como responsables directos de los levantones; las extorsiones las controla La Compañía y en el caso de robo de gasolina les cobra a quienes "ordeñan" las tuberías de Pemex. Los vendedores de mercancía pirata también deben pagar su cuota. "Hasta el juguero paga renta. El que no trabaja para ellos, paga cuota. Por eso Veracruz aporta mucho a la organización".

Para dar una idea de las ganancias de La Compañía, señalan que la nómina quincenal de sobornos a policías va de 500 mil a 600 mil pesos. Es decir, más de 1 millón de pesos mensuales. Los pagos, dicen, se hacen los días 5 y 25 de cada mes, en efectivo. Los policías firman recibos con su nombre por los sobres que reciben.

Los montos varían de acuerdo con el rango de los uniformados dentro de la SSP del estado, de la Policía Intermunicipal Veracruz-Boca del Río o de las direcciones de Policía Municipal.

Según los testigos también entregaron dinero a policías ministeriales del estado, efectivos de la AFI y de la 29 Zona Militar, con sede en Minatitlán.

En la SSP, precisan, los sobornos más bajos oscilan entre 2 mil y 5 mil pesos quincenales para los policías que sirven de protectores, vendedores de droga o informantes. Los mandos medios reciben 50 mil, y los más altos, 100 mil al mes.

Identifican como supuestos beneficiarios al exdelegado de la SSP estatal en Coatzacoalcos, de apellidos Arellano Cano, y al exsubdirector operativo de la misma corporación en la zona sur, también de Coatzacoalcos, Alfonso Lara Montero.

Aseguran que "la mafia y la policía funcionan como dos estructuras paralelas", pues La Compañía considera como propios a los tenientes y subtenientes de la corporación estatal. "Incluso, si alguno es despedido, pasa a ocupar el cargo que ya tiene en la organización".

De acuerdo con su versión, ésta es la estructura operativa de La Compañía:

"Quienes están en el nivel más bajo son los halcones, que se encargan de dar información sobre los movimientos en las calles". Entre ellos hay taxistas y gente común.

Luego están las escoltas, en las que participan policías que dan protección y vigilan las actividades del narcomenudeo con radios de telecomunicación tipo Nextel proporcionados por la organización delictiva. Arriba de ellos están los sicarios y los comandantes de estaca, encargados de grupos operativos. "Después vienen los comandantes de plaza y el comandante del estado". Los estacas, dicen, siempre acompañan al comandante de la plaza y son los encargados de ordenar los secuestros y las ejecuciones.

Una vez dentro, cuentan, es muy difícil que los policías estatales o intermunicipales deserten de La Compañía. Y no es sólo porque están comprados: tienen información de las relaciones del grupo delictivo con las corporaciones.

Desde noviembre de 2007 La Compañía es investigada en Estados Unidos y para mayo de 2009 el Departamento de Justicia ya había fincado cargos contra 19 miembros de la organización por operaciones de narcotráfico entre 2006 y 2008.

Aunque la alianza entre Los Zetas y el CDG se rompió, la justicia estadunidense busca la extradición de siete líderes de Los Zetas, seis del Cártel del Golfo y seis de La Compañía por actividades realizadas bajo esta organización.

Los encuentros

Pagados "por la mafia" durante los años que coinciden con el gobierno de Herrera, los testigos sostienen que la protección de La Compañía en Veracruz no se entiende sin las principales autoridades estatales. Y mencionan varios hechos de esa presunta relación.

El primero, una supuesta reunión de Herrera y sus principales jefes de seguridad y justicia con Braulio Arellano Domínguez, conocido como *El Z-20*, *El Gonzo* o *El Verdugo*, muerto el 3 de noviembre de 2009 en un enfrentamiento con federales e infantes de Marina en el municipio de Soledad de Doblado, en el centro de Veracruz.

Los declarantes sostienen que el alegado encuentro con el entonces jefe de Los Zetas en Veracruz ocurrió a finales de 2008 en el hotel Maviel, frente al hospital Valentín Gómez Farías, en Coatzacoalcos.

Aseguran que Herrera estuvo acompañado por el entonces subcoordinador de la SSP estatal de la zona conurbada Veracruz-Boca del Río y actual subsecretario B de la dependencia –que corresponde a la misma zona–, Remigio Ortiz Olivares, quien ha trabajado en esa área desde finales del gobierno de Miguel Alemán Velasco.

Los informantes dicen que a esa reunión también asistieron el exsubdirector operativo Lara Montero y el subprocurador general de Justicia del estado, Jorge Yunes Manzanares.

Agregan que en noviembre de ese mismo año, en la víspera de su IV informe de gobierno, Herrera acudió a un festejo en una casa del fraccionamiento Las Ánimas, donde viven el propio gobernador, su secretario de Gobierno, Reinaldo Escobar Pérez, y los empresarios más ricos del estado.

Según su versión, en la fiesta estuvieron *El Gonzo* y Miguel Treviño Morales, presunto jefe de Los Zetas en Veracruz. También refieren otros festejos que tuvieron lugar en el mismo fraccionamiento en diciembre de 2009.

Añaden que a finales de 2008 dos ayudantes de Escobar fueron detenidos con fotografías de familiares y casas de los empresarios que viven en el fraccionamiento, además de que les confiscaron cámaras de video, radios de telecomunicación y armas de uso exclusivo del Ejército. Sin embargo fueron puestos en libertad al día siguiente.

Relacionan un hecho más: el asesinato de cuatro escoltas de la familia del gobernador del Estado de México, Enrique Peña Nieto, integrantes de la Agencia de Seguridad Estatal. Indican que el ataque, ocurrido en mayo de 2007 en Boca del Río, camino al puerto de Veracruz, fue ordenado por *El Gonzo*, al confundir el convoy en el que iban los hijos de Peña Nieto con integrantes de La Familia Michoacana.

Para el operativo, además de los sicarios se movilizaron alrededor de 30 patrullas, tanto de Coatzacoalcos como de la Intermunicipal Veracruz-Boca del Río. En total, estiman, fueron ocupados unos 90 uniformados, incluidos los de Coatzacoalcos, que está a cuatro horas del puerto. Ninguno de los agresores está detenido.

Los entrevistados dicen que ese episodio y el de las fiestas en el fraccionamiento Las Ánimas también fueron omitidos por la SIEDO, con el argumento de que "eso es política".

Testigos abandonados

A uno de los testigos la SIEDO lo integró de manera inmediata al programa de testigos protegidos, no así al otro, a pesar de haber declarado ministerialmente.

El testigo oficialmente reconocido dice que rindió su declaración inicial ante el entonces titular del área de Delitos contra la Salud de la SIEDO, a quien identifica como el "licenciado Cabrera". Sostiene que este funcionario le ofreció entrar al programa de testigos protegidos junto con su familia, una mensualidad de 10 mil pesos, gastos escolares y médicos así como apoyo para vivienda.

Asegura que desde el principio sus declaraciones y las del otro testigo sobre Herrera y su equipo quedaron fuera de la averiguación previa. "El fiscal Faustino Angulo" omitió "mucha información de la mafia, incluida la que dijimos del gobernador", con el argumento de que "así era más rápido para entrar al programa", refiere. Angulo fue sustituido por "el licenciado Francisco Vera, quien también se negó a incluir esa información".

En una carta enviada al presidente Felipe Calderón en diciembre pasado, ambos testigos señalan que el actual titular del área de Delitos contra la Salud de la SIEDO, Javier Domínguez, y el coordinador Guillermo Domínguez no sólo persisten en omitir esa información, sino que les han retirado casi todo el apoyo que recibían, "porque somos delincuentes".

Ahí cuentan que Javier Domínguez les dijo que la SIEDO "no era beneficencia pública" y que todos los testigos deberían "estar en la cárcel" o mejor entregarse a las mafias a las que pertenecen, "para que nos mataran".

Abunda uno de los testigos en el escrito: "De manera amenazante y burlona me dijo que no se me ocurriera hablar algo en contra de ellos, porque ya sabía él que la mafia nos había fabricado... una denuncia y que no le importaba que la persona que denunciaba estuviera dentro de mi declaración... y que él, con una mano en la cintura, nos podía poner en el reclusorio... para que nos terminara de matar la mafia".

Se queja también de que debía ganarse los apoyos del programa declarando contra unos detenidos a los que no conoce. Afirma que Guillermo Domínguez, el otro funcionario de la SIEDO, le dijo que si no los conocía "no había problema, que eso sólo lo sabíamos él y yo, y que el juez no tenía por qué saberlo". Desde entonces, expone, "me han hecho declarar en contra de personas que yo jamás he visto, pues me dijo que mi familia está amenazada".

El otro informante, que no fue incorporado al programa de testigos protegidos, sostiene que le ofrecieron ser "testigo oculto" o "testigo colaborador". El exempleado del gobierno veracruzano rechazó la propuesta.

Y refiere que, ante la negativa, Guillermo Domínguez lo amenazó: "Te advierto que si hablas algo de cómo estamos trabajando van a tener problemas tú y tu familia, o la mafia puede dar con ustedes o sus hijos. Así que te conviene declarar o atente a las consecuencias".

La carta enviada a Calderón concluye: "Señor presidente, no omito manifestarle que no me estoy negando... a seguir colaborando ni estoy renunciando al programa (de testigos protegidos), pero me dirijo a usted y ante los medios de comunicación, ya que si algo me llega a pasar a mí o a mi familia... (responsabilizo) al señor Guillermo Domínguez, ya que nos han amenazado que si nosotros decíamos lo que han hecho con nosotros, nos podían poner a disposición o desaparecernos".

En entrevista los testigos dicen que ante esas presiones accedieron a firmar averiguaciones que les dieron los fiscales de la SIEDO y que contienen información aportada por los propios informantes, a pesar de lo cual prácticamente les han retirado los beneficios del programa.

Los testigos ahora temen ser procesados por falsedad de declaraciones o sufrir represalias de las organizaciones delictivas, como les ha ocurrido a otros testigos protegidos.

La reiterada negativa de los testigos a participar en nuevas declaraciones fabricadas llevó a Domínguez a endurecer las amenazas: "Lo que les pase de ahora en adelante ya no es de mi incumbencia", les dijo el 29 de diciembre de 2009.

Una semana antes, 13 testigos protegidos le enviaron una carta al procurador general de la República, Arturo Chávez Chávez, para quejarse de los tratos de la SIEDO, a cargo de Marisela Morales Ibáñez.

En ese escrito, enviado también a la Presidencia de la República con una nota para Felipe Calderón solicitándole su apoyo, le piden al procurador "un diálogo de unidad" para detener los abusos de funcionarios de la SIEDO.

"Nosotros no somos la solución, pero somos parte de la solución para ganar esta guerra contra los cárteles de las drogas, a (los) que pertenecimos", dice la carta firmada con las claves que les han asignado.

Los 13 testigos protegidos le piden al procurador "garantizar nuestros derechos humanos y garantías individuales", además de un trato no discriminatorio "como nos los a (sic) dado algunos funcionarios y funcionarios públicos (sic) sin escrúpulos", dice el escrito entregado en la PGR y en Los Pinos el 21 de diciembre de 2009.

26 de diciembre de 2010

Tras el refugio de "El Lazca"

Verónica Espinosa

SAN LUIS POTOSÍ, SLP.- Controlada hasta sus entrañas por Los Zetas, hoy esta plaza permanece disponible al mejor postor de los grupos del narcotráfico y todo indica que éste ya no es Heriberto Lazcano, *El Lazca*, quien se perfila como el siguiente objetivo prioritario del gobierno federal en su cacería de los rivales de Joaquín *El Chapo* Guzmán.

En las últimas semanas los bloqueos de vialidades, las ejecuciones masivas, balaceras y persecuciones han mantenido a los habitantes de municipios de la Huasteca y de esta capital en una angustiante alerta, mientras el Ejército despliega una frenética actividad.

Información obtenida por **Proceso** da cuenta de cómo en los últimos meses, ante una total omisión o sumisión tanto del gobierno del panista Marcelo de los Santos como de su sucesor, el priista Fernando Toranzo, los emisarios de *El Lazca* han buscado calentar la plaza para evitar la llegada de su rival: el Cártel de Sinaloa, que desde Guadalajara pretende dominar el espectro delictivo en esta entidad.

Los movimientos del Ejército, a partir de la 12 Zona Militar o con destacamentos enviados directamente desde la Ciudad de México –como ocurrió con el operativo efectuado el 3 de diciembre de 2010 en el bulevar Venustiano Carranza–, son congruentes con esta posibilidad, pues sobre todo en las últimas semanas se han encaminado a desmantelar células de zetas y llegaron hasta personajes cercanos a los líderes del grupo.

En los mismos operativos se ha detenido a numerosos narcomenudistas en carreteras y ciudades, lo que es inusual en esta entidad donde "nunca pasa nada y nunca se dice nada", según afirman los propios potosinos.

En recientes operativos desplegados en la capital del estado los militares detuvieron a dos operadores regionales de *El Lazca* y del *Mamito*, este último uno de los fundadores del grupo como brazo armado del Cártel del Golfo y quien se desenvuelve sin problemas en los círculos sociales y empresariales de la entidad.

Además en el grupo de detenidos apareció también un expolicía estatal y federal con un historial de represor durante los anteriores gobiernos priistas: Julio Alfredo Ceballos, tío del actual secretario de Seguridad, Enrique Galindo Ceballos.

El impresionante currículum de Julio Ceballos incluye las detenciones de los "narcosatánicos" en Tamaulipas en 1989; del asesino serial Bricio Vázquez, *El Tigre de Chiapas*, en 1998; del multihomicida, asaltante y narcotraficante Miguel Ángel Beltrán Lugo, *El Ceja Güera*, y hasta del multihomicida y narcotraficante del cártel de Sinaloa Juan José Quintero Payán, *El Juanjo*, en 2002.

Pero en San Luis es ingratamente recordado porque como policía estatal encabezó una golpiza a ciudadanos del movimiento cívico que hace 25 años denunciaban un fraude electoral cometido por el PRI en la alcaldía de la capital.

En sus comunicados la Sedena no mencionó al tío del secretario de Seguridad (a quien el gobernador ha respaldado asegurando que nadie escoge a su familia) pero sí ventiló supuestas declaraciones de los detenidos que señalan como encargado de la plaza a Jesús Campos Mar, *El Cachorro*.

Éste es otro expolicía que formó parte de un grupo de élite formado hace años en Nuevo León y se supone que fue enviado expresamente por *El Lazca* a principios de 2009 para impedir que su territorio fuera invadido por los de Sinaloa. Un expolicía especial más, apodado *El Chunco*, pudo ser asignado por *El Lazca* a esta zona con el mismo propósito.

Apenas se oyó la voz del gobernador Fernando Toranzo Fernández cuando pidió "más presencia del Ejército y la Policía Federal" en septiembre de 2009, cuando fue acribillado por zetas el alcalde priista de El Naranjo, Alexander López García. Pero ningún integrante del gabinete de seguridad del estado asoma la cabeza.

Control armado

Comercios, bares, empresas, centros nocturnos, penales y municipios son víctimas del lucrativo negocio de la extorsión. Actualmente Los Zetas cobran entre 2 mil y 50 mil pesos mensuales por "derecho de piso", según se trate de un bar pequeño o un table dance de prestigio.

El negocio es tan suculento que el grupo impone una férrea disciplina: Periódicamente *El Lazca* envía contadores a distintos puntos de control para "auditar" las plazas. Una revisión puede llevar hasta un par de meses.

De acuerdo con un testimonio obtenido por **Proceso**, *El Cachorro* es sutil en estos asuntos: se presenta con los empresarios, comerciantes o dueños de antros y les informa "en qué consiste el trato": se paga o se paga. Se mueve con discreción, sin los convoyes que utilizan otros jefes.

A mediados de 2009 aparecieron en estos rumbos dos personajes a los que se daba por muertos: *Tiburón*, supuestamente acribillado en Durango y ahora apodado *El Cubanito*, e Israel Nava Cortez, *El Ostión*, quien según la PGR murió en un enfrentamiento con agentes a principios de abril en Fresnillo, pero que en realidad vive, es conocido ahora como *El 50* y en mayo de ese año fue un operador de la fuga de 53 internos del Cereso de Cieneguillas, Zacatecas (**Proceso** 1764), quienes fueron trasladados a San Luis Potosí y luego comisionados a la defensa de distintas plazas, entre ellas Guanajuato.

En este marco los operativos del Ejército en San Luis se están acercando a operadores y jefes de Los Zetas a la vez que "peinan" entre narcomenudistas y distribuidores para buscar formas de llegar al capo. Así ocurrió en las primeras horas del 3 de diciembre de 2009 cuando un grupo de militares irrumpió en las Suites Tame (1680 del bulevar Carranza, la avenida principal de la capital), cercó la zona y extendió la operación a otras colonias.

Los medios locales describieron el miedo que padecieron sobre todo los empleados de los numerosos comercios de la zona y los escolares. En las redes virtuales se compartió la psicosis, mientras en su cuenta de Twitter la SSP estatal pedía a la población que "continuara con sus actividades normales".

El operativo comenzó alrededor de las 5:00 horas y concluyó después de las 10:00. Algunos medios alcanzaron a informar sobre el lugar preciso del cateo y los vehículos ahí asegurados, entre los cuales hay camionetas de lujo que presuntamente se sustrajeron de un lote de autos semanas atrás.

Tras su silencio inicial el Ejército informó el 4 de diciembre: "La Secretaría de la Defensa Nacional, a través de la 12/a Zona Militar, informa que en el marco de la campaña permanente contra el narcotráfico y la aplicación de la Ley Federal de Armas de Fuego y Explosivos, siendo las 05:30 horas del actual, personal militar llevó a cabo intervenciones en la colonia Tequisquiapan, municipio de San Luis Potosí, SLP, deteniendo a siete individuos, a quienes se les aseguró lo siguiente:

"Droga: tres kilos de polvo blanco (con características de cocaína); armamento: tres armas cortas de diversos calibres; vehículos: ocho automotores de diferentes características; inmuebles: ocho inmuebles; numerario: $2,000,000.00 M.N., $100,000.00 U.S.D.; objetos y equipo diverso: equipo de comunicación, cómputo y documentación diversa."

Este comunicado fue entregado personalmente a los reporteros de la fuente, a quienes se les pidió que fueran al cuartel y se identificaran.

El 5 de diciembre de 2009 la Zona Militar emitió el segundo comunicado sobre el mismo operativo, aunque éste fue electrónico e indica que se llevó a cabo el 3 de diciembre, como efectivamente ocurrió y así lo consignan varios medios locales, y no el 4, como se dijo en el comunicado anterior.

Ahí ya se precisa que se aseguraron 2 millones 287 mil 450 pesos y 115 mil 239 dólares a los detenidos y que con la cocaína incautada (tres kilos) se hubieran obtenido aproximadamente 9 mil dosis "que se comercializan al menudeo a un precio de 171 pesos por dosis, lo que hace un total de 1'539,000.00 (M.N.)".

Y el 8 de diciembre, rompiendo su usual hermetismo, la 12 Zona Militar divulgó un tercer comunicado en el que nuevamente sostiene que el operativo en cuestión se realizó el sábado 4 de diciembre de 2010 y asegura que los detenidos son "ocho presuntos integrantes de una célula del grupo criminal Los Zetas, encargados de las actividades delictivas de dicho grupo en la entidad".

Según el documento los detenidos dijeron que el responsable "de las actividades de narcotráfico y secuestro en esta ciudad de San Luis Potosí" es Jesús Campos Mar, *El Cachorro*.

No menciona los nombres de los presuntos zetas.

El comunicado cita a Felipe Ramos Cárdenas, *El Tuzo*, a quien se señala como "encargado de las actividades administrativas y la contabilidad del citado grupo criminal", y a Javier Robledo Hernández, *El Compu*, del cual "se tiene conocimiento que es asistente de Jesús Enrique Rejón Aguilar, *Mamito*, lugarteniente relevante de la citada organización delictiva".

Desertor del Ejército en 1999, seis años después de enrolarse, el veracruzano Rejón Aguilar forma parte del círculo fundador de Los Zetas como brazo armado del CDG y dirigió al grupo a principios de la década, pues en noviembre de 2002 el líder Arturo Guzmán, *El Z-1*, fue acribillado. Posteriormente *El Lazca*, pupilo de Guzmán, quedó al mando (**Proceso** 1750) y *El Mamito* se encargó del adiestramiento paramilitar de los sicarios.

En 2007 Rejón Aguilar era ubicado como cabeza de la plaza de Nuevo Laredo, estratégica para Los Zetas, según el testimonio que un desertor de esta organización dio al reportero Ricardo Ravelo (**Proceso** 1619). Se le ubica como responsable del envío de mariguana y cocaína a Estados Unidos, por lo que figura en la lista de los narcotraficantes más buscados por la PGR.

Desde julio de 2009 el gobierno de Estados Unidos ofrece 5 millones de dólares por su captura o información sobre su paradero (**Proceso** 1771) y en marzo de este año el Departamento del Tesoro lo incluyó en una lista de 54 jefes y operadores del CDG y Los Zetas a quienes se prohíbe efectuar operaciones financieras o comerciales en ese país, por lo que sus activos fueron congelados.

En el tercer y último de sus comunicados, la 12 Zona Militar informa del aseguramiento de 84 mil 220 kilos de cocaína encontrados en un tráiler, que no fue incluido en los dos comunicados anteriores. La explicación es que, si bien los soldados sabían que la droga venía en el contenedor, tardaron en localizar el escondite. "Costó trabajo dar con ella", comentó un militar a la reportera. Esa cocaína habría bastado para elaborar 252 mil 660 dosis, con un valor aproximado de 43.2 millones de pesos.

Fue en otro comunicado, fechado el 8 de diciembre y emitido por la PGR, donde se informó que un juez federal ordenó el arraigo por 40 días de los siete detenidos, a petición del fiscal de la SIEDO. Ahí sí aparecieron todos los nombres:

Javier Robledo Hernández, *El Compu*; el expolicía Julio Alfredo Ceballos Alonso; Israel Santana Galván, *El Coto*; Luis Manuel Ramos Cárdenas, *El Luisito*; Felipe Ramos Cárdenas, *Conta* o *El Tuzo*; Esteban Cortés Mascorro y Adán Vázquez Martínez, *El Botija*, todos acusados de delincuencia organizada, delitos contra la salud, portación de arma de fuego de uso exclusivo del Ejército, Armada y Fuerza Aérea "y lo que resulte".

Aunque el Ejército sigue realizando operativos la violencia no tiene freno: el 17 de diciembre, a las 9:45 de la mañana, en Ciudad del Maíz –municipio de la Huasteca colindante con Ciudad Valles– seis sicarios se tomaron su tiempo para recorrer en dos camionetas varios negocios de las calles principales: una carnicería, una refaccionaria, una tienda de materiales y hasta las instalaciones de la Cruz Roja, disparando con armas largas y arrojando granadas. Murieron siete personas: seis civiles y el comandante de Tránsito Carlos Aguilar Méndez. Por lo menos cinco más quedaron heridas.

27 de febrero de 2011

La extraña emboscada en la carretera 57

Verónica Espinosa

SAN LUIS POTOSÍ, SLP.– El Ejército y la PF atendieron de inmediato los reclamos del gobierno de Estados Unidos por el ataque a dos agentes de su Servicio de Inmigración y Control de Aduanas (ICE). Ambas corporaciones han sido incapaces de parar la ola de violencia que desató la guerra de los cárteles en San Luis Potosí, pero en cinco días dieron con los presuntos responsables de la emboscada del 15 de febrero de 2011 en la carretera 57.

En San Luis Potosí se enfrentan Los Zetas, que actualmente controlan el territorio, y los cárteles de Sinaloa y del Golfo, aliados bajo la denominación de Cárteles Unidos (**Proceso** 1782). Las tres organizaciones delictivas multiplican desde finales del año pasado ejecuciones, levantones, secuestros y ataques a policías municipales y federales desde la Huasteca hasta la capital y los límites con Zacatecas.

En este agitado escenario se suscitó la supuesta confusión por la cual una célula de Los Zetas, encabezada por Julián Zapata Espinoza, *El Piolín*, atacó a los agentes aduanales estadunidenses Jaime Zapata y Víctor Ávila, matando al primero, según la versión que cinco días después de los hechos ofrecieron la Sedena y la PGR al presentar a los detenidos.

Todo cuadró en la investigación, que duró menos de una semana: al autor del ataque se le vinculó con Jesús Rejón Aguilar, *El Mamito*, alto mando de Los Zetas que estuvo a punto de ser capturado en un operativo militar en las Suites Tame del bulevar Carranza de la capital potosina a principios de diciembre de 2010 (**Proceso** 1782), donde cayó preso uno de sus allegados: Javier Robledo Hernández, *El Compu*.

Rejón fue señalado por los Cárteles Unidos como responsable de la emboscada a los agentes del ICE en un mensaje que llegó a las redacciones de algunos diarios tejanos y a páginas electrónicas dedicadas a difundir las actividades del narco.

Cuando fue informado del ataque, el gobernador Toranzo viajó de urgencia a la Ciudad de México para responsabilizar a las mafias del narcotráfico y protestó débilmente por la alerta de seguridad emitida en el consulado de Estados Unidos en Monterrey.

Enseguida volvió a su mutismo normal. De hecho, la agenda del gobernador ya no es pública desde hace tiempo. Además incrementó su dispositivo de seguridad: nunca sale sin su camioneta blindada, acompañado de unos 15 escoltas en tres camionetas y una patrulla de la Policía Estatal.

Rostro conocido

El 14 de febrero, unas 24 horas antes del ataque a los agentes estadunidenses, llegó a la Secretaría de Seguridad estatal el reporte de que afuera de un restaurante llamado JL había un tiroteo, heridos y un auto incendiado. El negocio está en la carretera 57, cerca de la entrada a Santa María del Río, a unos 45 kilómetros de la capital potosina.

Los policías que acudieron ahí encontraron el vehículo, que tenía reporte de robo. Ni cuerpos ni balas.

Al día siguiente, alrededor de las 14:00 horas, en el mismo punto se había consumado ya la emboscada en un presunto retén de hombres uniformados como policías federales. Ahí quedó la camioneta blindada con numerosos disparos. Adentro estaban heridos los agentes Ávila y Zapata.

Primero se creyó que el objetivo del atentado era el cónsul estadunidense en Monterrey, Nace Crawford, quien días antes visitó la entidad con representantes de la Asociación de Estados Americanos con oficinas en México para una reunión de trabajo con empresarios potosinos y con Toranzo.

Reporteros y funcionarios estatales pensaron que la víctima era el coordinador de la PF en San Luis Potosí, Manelich Castilla Craviotto, quien utiliza una camioneta idéntica a la que llevaban los agentes estadunidenses.

Casi de inmediato la PF cercó la escena del crimen hasta entrada la noche e impidió acercarse a fotógrafos y camarógrafos.

Jaime Zapata murió en el Hospital de la Salud, adonde llegó con un paro cardiorrespiratorio. Tenía cinco disparos en el abdomen y extremidades inferiores, según el doctor Félix Hernández, director del nosocomio. Ávila sufrió heridas de bala en la pierna derecha y la parte baja del abdomen.

La captura de Los Zetas se produjo con gran rapidez, luego de que la secretaria de Seguridad Interna de Estados Unidos, Janet Napolitano, dijo que los responsables del ataque "enfrentarían la justicia" y que las autoridades mexicanas tendrían el apoyo del FBI.

El ataque a los agentes caló hondo; tanto que agencias estadunidenses como la DEA; la Oficina de Alcohol, Tabaco y Armas de Fuego; el ICE y el FBI llevaron a cabo redadas en varias ciudades de Estados Unidos entre el 23 y el 25 de febrero de 2011 que culminaron con la detención de cientos de "operadores de cárteles mexicanos". En el primer golpe se habló de 500 capturados, cifra que aumentó en los días siguientes. La DEA aclaró que esta gran operación era una "respuesta al asesinato en México del agente Jaime Zapata" y el ICE denominó a su operativo *Héroe Caído*.

En contraste, los mandos de las corporaciones estatales fueron los últimos en enterarse de lo ocurrido y después se quedaron al margen del traslado de los agentes al sanatorio local y al Hospital de la Salud y de ahí en un pequeño helicóptero de la PF a la Ciudad de México.

Nada supieron tampoco sobre el arribo del titular de la División de Seguridad Regional de la PF, Luis Cárdenas Palomino, para hacerse cargo de las primeras pesquisas y recibir a los funcionarios de la embajada de Estados Unidos, mucho menos de la vertiginosa investigación y los supuestos operativos que culminaron con la detención de los presuntos responsables.

Incluso enmudecieron las redes sociales, cuyos usuarios suelen detallar cualquier movilización policiaca. Una vez que se anunció la detención de los inculpados, aparecieron las normales expresiones de incredulidad y de burla.

Únicamente los vecinos de colonias de la capital potosina como Sarabia y Bulevar Río Españita se percataron de los cateos que efectuaron militares el 22 y 23 de febrero en por lo menos cinco domicilios, durante los cuales las autoridades dicen haber detenido a *El Piolín* y sus cómplices, incluyendo a su esposa, quienes fueron presentados con evidentes huellas de golpes.

El Piolín ya había sido detenido, acusado de delincuencia organizada en diciembre de 2009. Fue liberado por un juez de distrito, quien responsabilizó al Ministerio Público federal por no aportar suficientes elementos para procesarlo. En aquella ocasión, en Río Verde, a ese individuo se le encontró con otras personas en posesión de vehículos blindados, armamento y uniformes de la AFI y de la PF. Justo la vestimenta que, se ha difundido, utilizaban los atacantes de los agentes del ICE.

En la presentación de los supuestos asesinos se indicó que *El Piolín* era el cabecilla de la célula y colaborador directo de *El Tato*, conocido en estos rumbos como *El Caballo Loco* y quien controla esta plaza desde que Lazcano le quitó el cargo a *El Cachorro* a principios de 2011.

Información allegada a **Proceso** por fuentes que no autorizaron revelar su identidad detalla que en realidad Zapata Espinoza, de 29 años y originario de San Luis Potosí, se encargaba de la nómina de funcionarios y policías estatales que colaboran con Los Zetas, por lo que es bien conocido entre ellos.

El Piolín vivía en Charcas, municipio del noroeste del estado, y antes de ser consignado ante la PGR en 2009 estuvo implicado en otra averiguación del fuero común por lesiones.

Desconfianza

A finales del año pasado el comandante de la 12 Zona Militar, el general Arturo Gutiérrez, se reunió con un grupo de líderes empresariales para exponerles sin rodeos el panorama de inseguridad en el estado, ya que no podía pasar inadvertida la feroz lucha entre cárteles.

"Quién sabe cómo terminará esto", dijo el general y ofreció una lista de recomendaciones para que sus oyentes las aplicaran en su rutina diaria, como cambiar de vehículos y bajar su perfil público. Otro consejo llamó la atención de los empresarios: "No confíen en nadie que no sea de las corporaciones federales". Recientemente personal de la zona militar había comenzado a impartir entrenamiento táctico a un reducido grupo de la Secretaría de Seguridad del estado a fin de crear un cuerpo especial denominado Grupo Confianza, cualidad que hace falta en esa dependencia, según datos castrenses.

Después se supo que algunos de esos policías con entrenamiento especial estaban entre los 14 que fueron detenidos por la PF y el Ejército el 22 de febrero en la capital potosina, acusados de ejercicio indebido de la función pública y deslealtad, este último delito tipificado como grave en una reforma recientemente aprobada por el Congreso del estado.

Para el 24 de febrero sólo seis de esos 14 agentes permanecían detenidos. El procurador del estado, Cándido Ochoa, detalló que esos policías interceptaron un vehículo con reporte de robo y después de hacer una llamada telefónica (a alguien cuyo nombre no reveló), dejaron ir a los tripulantes en el auto. Esto quedó registrado en las cámaras de vigilancia. "Los que se quedan detenidos (es porque) son informantes; nosotros ya terminamos la investigación, ahora son procesados por deslealtad", dijo el procurador.

En diciembre de 2010 el presidente municipal de Cerritos, Erasmo Galván Prieto, admitió en una conversación con **Proceso** que varios de sus policías "seguramente están en las nóminas de ellos" (los narcos). "Hemos cambiado a varios policías; algunos por extorsión... pero no es mucho lo que podemos hacer. Llegan nuevos elementos y de inmediato les dirán que le entran o le entran. (...) Creo que no hay municipio que se escape".

En febrero de 2011 se desencadenó en la Huasteca Potosina –la "mini Tamaulipas", la calificó un reportero local– una arremetida contra los policías municipales, en lo que se interpreta como una represalia del CDG por los compromisos de estas corporaciones con Los Zetas.

En Ciudad del Maíz, municipio de la Huasteca colindante con Tamaulipas, el 17 de diciembre de 2010 un comando recorrió las calles de la cabecera municipal disparando contra varios negocios y acabó acribillando las instalaciones de la Cruz Roja para impedir cualquier posibilidad de atención a los heridos que dejaba a su paso (**Proceso** 1782).

Después varias comandancias de la zona fueron atacadas, unas a tiros y otras a granadazos. Fueron los casos de Ébano, Tamuín y San Vicente Tancuayalab, en la frontera con Tamaulipas y Veracruz, así como el de Tamasopo, en el sureste del estado. Al menos en dos ocasiones los atacantes arrojaron cadáveres de personas a las que habían levantado en la misma zona.

A partir de esos acontecimientos se confirmó que varios alcaldes de la Huasteca ya no despachan en sus oficinas y eliminaron su agenda pública: no aparecen en inauguraciones o ceremonias de ningún tipo. Otros despachan sólo unos días de la semana o lo hacen en domicilios particulares. Algunos de plano dejaron de residir en el municipio que gobiernan.

Por esos días Manuel Alvear, presidente municipal de Ébano, dijo a los reporteros que se mudó a la capital del estado y que sus policías no utilizan armas porque no tienen el permiso federal necesario, situación que prevalece desde hace dos trienios.

El 2 de febrero la región cañera de Ciudad Valles y sus alrededores se conmocionaron al enterarse del secuestro de Federico Safi Chagnón, de 70 años. El reconocido dirigente empresarial (y primo hermano del presidente del Consejo Mundial de Boxeo, José Sulaimán) fue sacado violentamente de su residencia, en la céntrica colonia Mirador, por hombres armados.

De inmediato se vinculó este secuestro con la sistemática extorsión que Los Zetas cometen con los cañeros de la zona, pues Safi Chagnón era propietario de unas 5 mil hectáreas de ese cultivo. Su cuerpo apareció en una fosa cercana al río Valles, en Ciudad Valles, el 14 de febrero, un día antes de la emboscada a los agentes estadunidenses.

La identidad del empresario fue confirmada cuatro días después por el procurador Ochoa y por Toranzo después de la Reunión Regional de Gobernadores en la capital potosina. El 20 de febrero en *El Universal* Sulaimán publicó una nota sobre la muerte de su primo:

"Las familias Safi Chagnón y Sulaimán pasan por momentos de profunda tristeza, consternación e indignación. Federico Safi Chagnón era un buen hombre, conocido por su corazón compasivo y siempre sirviendo con gusto a los demás, un ciudadano muy respetado en su tierra natal, Ciudad Valles, San Luis Potosí, en donde siempre estudió, trabajó, triunfó y vivió todo el tiempo con modestia y cariño a la Huasteca potosina y a su querida patria México. Algunos vinieron a desposeerlo de lo que ganó durante toda una vida de arduo trabajo, honestidad, y se llevaron también su vida... Somos gente de bien, de paz, que no hacemos mal a nadie, dedicados al trabajo honrado, de permanentes esfuerzos y de servicio a los demás para pagarle a México lo que nuestro país hizo por nuestros queridos padres... por ello, es nuestra consternación."

El 4 de febrero, horas después de que el secretario de Seguridad Pública federal, Genaro García Luna llegó a la capital de San Luis Potosí para reunirse con el Consejo Estatal de Seguridad, en el centro de la ciudad culminó una persecución a tiros entre agentes de la PF y sicarios, que había comenzado en la carretera a Matehuala.

Decenas de automovilistas que circulaban por la carretera 57 para regresar a sus hogares apenas alcanzaron a tirarse al piso para protegerse mientras pasaban las camionetas de los gatilleros y las patrullas federales. El enfrentamiento ocurrió finalmente a la altura del bulevar Valentín Amador.

En la Plaza Fundadores, Toranzo encabezaba la inauguración de la edición anual del Festival del Café, que fue apresurada por su equipo de seguridad en cuanto se enteró de que la movilización se dirigía a calles aledañas a este sitio y a la Plaza de Armas, donde se ubican el Palacio de Gobierno y la sede del Congreso.

Toranzo fue retirado por sus escoltas en unos minutos, junto con un representante del gobierno cubano. Detrás de él los expositores cerraron sus carpas y no volvieron hasta el día siguiente.

Este operativo terminó con la incursión de militares en una bodega (presuntamente a cargo del grupo que era perseguido) localizada en el mercado República, también en el centro de la ciudad. Para las 20:00 horas el tránsito vehicular estaba abierto nuevamente en el primer cuadro, pero ya nadie se animó a salir, sobre todo cuando la Policía Estatal recorrió las plazas con altavoces y recomendó cerrar los negocios para irse a casa.

Ese día surgió en internet un nuevo portal potosino: "Histórica balacera en SLP".

1 de enero de 2012

La Huasteca, frente de guerra

Juan Alberto Cedillo

TAMPICO, TAMPS.- Durante diciembre la temperatura en el pueblo de Tampico Alto, Veracruz, ronda los 25 grados al mediodía. Aun en invierno la exuberante vegetación conserva sus diversos tonos de verde, a los que ahora se suma el color olivo de los uniformes y patrullas de los militares que vigilan esta región, donde en los últimos días de 2011 hubo tres matanzas cuyo saldo fue de 39 personas muertas.

Frondosos árboles y grandes palmeras enmarcan el sinuoso camino que conduce a la zona turística del municipio en la ribera de la laguna de Tamiahua, donde los meseros y propietarios de una docena de restaurantes especializados en pescados y mariscos extrañan a los otrora asiduos visitantes.

"La clientela se redujo por lo menos 50% en el último año", cuenta con tristeza un hombre que por 100 pesos se dedica a pasear en lancha a los turistas por la enorme laguna poblada de pelícanos.

El suceso más reciente, que terminó por espantar a los visitantes que saturaban el lugar los fines de semana, ocurrió el 23 de diciembre de 2011. Diez cuerpos decapitados de presuntos zetas con un narcomensaje fueron abandonados sobre la carretera que cruza Tampico Alto. Según los lugareños habían sido levantados la víspera en la región norte de Veracruz y posteriormente asesinados por sus rivales del CDG.

No más de 12 kilómetros al sureste de Tampico, el poblado tiene 26 mil habitantes. Algunos de ellos dicen que comenzó a perder su atractivo el 12 de febrero de 2011, cuando un grupo de sicarios disparó contra el edificio de la Presidencia, la Comandancia de la Policía, la Biblioteca Municipal y el vehículo oficial del alcalde Saturnino Valdés Llanos.

Su mala fama creció 11 días más tarde: El alcalde desapareció mientras viajaba a Ciudad Madero, Tamaulipas. Hoy los arcos del edificio del ayuntamiento están "adornados" con grandes pilas de sacos de arena con fundas de color verde, detrás de los cuales se parapetan los policías municipales encargados de la vigilancia.

La huida del turismo terminó por sumir a sus habitantes en la tristeza. "Los malos sólo usan el pueblo para hacer su *show* pero no radican aquí", comenta un comerciante, tratando de refutar el estigma de Tampico Alto.

La región del norte de Veracruz registra desde hace dos años una situación de inseguridad y violencia que se hizo más visible en la última semana. La decapitación de los 10 presuntos zetas desencadenó una nueva matanza: dos días después aparecieron 13 cuerpos más con una manta en la que se les calificaba de "golfas".

Los cadáveres fueron abandonados en un camión de doble rodada sobre la calle principal de Moralillo Chico, Tamaulipas, en la zona metropolitana de Tampico, a pesar de que en la ciudad pululan cientos de militares en vehículos artillados y camionetas policiacas municipales, y de que es sobrevolada continuamente por helicópteros del Ejército.

Las dos matanzas son el episodio más reciente de la disputa que desde hace dos años mantienen los sicarios del Cártel del Golfo y sus antiguos aliados Los Zetas por la codiciada plaza de Tampico.

Hoy los integrantes del CDG controlan esa área, luego de sacar a sus rivales del puerto. Derrotados, los zetas cruzaron el Pánuco y se refugiaron en el norte de Veracruz, estado que controlan desde el sexenio de Fidel Herrera.

El Lazca fue el responsable de consolidar al grupo de la "última letra" en Veracruz, luego de comprar a jefes y agentes policiacos, corromper corporaciones y ganar una serie de batallas a los del Cártel Gente Nueva.

La zona que controlan Los Zetas abarca, entre otros, los municipios de Pánuco, Tempoal, El Higo y Tantoyuca. Forma parte de la Huasteca que comprende regiones de los estados de San Luis Potosí, Tamaulipas, Veracruz e Hidalgo. Además de su vegetación tropical, se caracteriza por la marginación y el olvido en que viven los lugareños.

Sus decenas de apartadas rancherías, ejidos y comunidades, que en algunos casos apenas llegan a 100 habitantes, son conectados por la estrecha y en algunos tramos inhóspita carretera 105 que recorren autobuses de Frontera, Estrella Blanca y ADO, que hacen constantes paradas para recoger pasaje.

Tantoyuca está a 90 kilómetros de Tampico pero el recorrido en auto se cubre en aproximadamente dos horas debido al mal estado de la carretera. En el pequeño municipio de Tempoal, decenas de pobladores acechan insistentemente a los automovilistas que se detienen en la gasolinería local e intentan venderles sus artesanías, pero se retiran con una mueca de desconfianza y miedo cuando se les pregunta sobre los recientes acontecimientos ocurridos en las zonas aledañas.

Dominio zeta

En la entrada y salida de Pánuco, el municipio más grande, se pueden sentir las miradas de decenas de jóvenes que circulan en motocicletas. Son los halcones y según los lugareños trabajan para Los Zetas. Y sobre la carretera continuamente aparecen retenes con camionetas bloqueándola. Pistoleros vestidos con uniformes tipo militar suelen asaltar a los conductores y en algunos casos secuestran a quienes se cruzan por su ruta.

Las estadísticas del Sistema Nacional de Seguridad Pública colocan a Tampico en el lugar número tres de la lista de las plazas con más plagios, sólo detrás de Ciudad Juárez y Michoacán. "Las carreteras del norte de Veracruz ahora están muy complicadas", dice a **Proceso** Víctor Fuentes Salazar, vocero de la alcaldía de Tampico.

Debido a esa situación funcionarios de Veracruz y Tamaulipas advierten a los viajeros que no transiten de noche por las autopistas. Consultados al respecto, algunos de ellos comentan, a condición del anonimato, que muchos asaltos, crímenes y secuestros que ocurren en esos caminos no se reportan.

Sostienen incluso que las masacres de Tampico Alto y El Moralillo Chico se derivaron de otra que sucedió entre la noche del 21 de diciembre de 2011 y la madrugada del día siguiente, cuando un grupo de presuntos zetas comenzó a consumir alcohol y drogas y provocó un escándalo en las inmediaciones del poblado El Higo.

Según funcionarios consultados eran al menos ocho hombres con armas de alto poder. Se desplazaban en tres vehículos sobre la carretera Pánuco-Tempoal. Ya en la madrugada del 22 de diciembre comenzaron a disparar contra tres hombres que cargaban verduras en una camioneta.

"En otro punto de la población lanzaron una granada, provocando la muerte de una persona más", precisó un comunicado de la VI Región Militar con sede en Veracruz.

Más tarde los pistoleros colocaron un retén en la intersección de El Higo con la carretera Pánuco-Tempoal, justo en una parada de autobús. Cuando llegó la primera unidad, los pasajeros fueron obligados a descender; dos de ellos intentaron huir pero los sicarios los acribillaron.

Kilómetros más adelante, sobre la misma carretera a la altura del poblado llamado Los Catorce, donde hay pocas viviendas, detuvieron a balazos a un segundo autobús proveniente de Nuevo León. Las ráfagas mataron a cuatro pasajeros, según el boletín de la IV Región Militar.

Entre las seis víctimas había una mujer de 39 años que radicaba en Houston, Texas. Había venido a su pueblo acompañada por sus dos hijas para pasar la temporada navideña con sus familiares. El conductor de un tercer autobús se bajó para indagar qué estaba pasando. Le dispararon también.

Los vecinos comenzaron a llamar por teléfono a las autoridades para denunciar que un grupo de hombres armados estaban asaltando autobuses. Aproximadamente a las 6:30 horas arribaron a la zona elementos del Ejército y de la Marina y se enfrentaron con los delincuentes. La refriega duró alrededor de una hora y en ella cayeron cinco de los agresores.

Ante las tres masacres de diciembre, los gobiernos de Tamaulipas, Veracruz y el federal decidieron reforzar aún más la seguridad en el norte de esta última entidad. La región lleva meses militarizada; los desplazamientos de soldados son cotidianos, algunos vigilan incluso desde las patrullas de los policías municipales, quienes reciben 2 mil pesos extras de compensaciones que les otorgan los gobiernos estatales.

La concentración de fuerzas federales en Veracruz y Tamaulipas convirtió a las dos entidades en la región con el mayor número de efectivos de la Sedena y de la Semar.

Zona de muerte

El consulado de Estados Unidos en Matamoros también reaccionó y emitió una alerta de emergencia para advertir a sus ciudadanos abstenerse de circular de noche por la región.

Después de las matanzas, la carretera 105 comenzó a ser recorrida por convoyes de hasta 10 camionetas artilladas de la Semar. Los conductores de autobuses de pasajeros se sienten seguros porque, dicen, algunas veces quedan en medio de los vehículos de los marinos.

A esos patrullajes se suman los de los militares de la IV Región; además en territorio veracruzano el poblado de Moralillo Grande, dividido de su vecino Moralillo Chico por el río Pánuco, se apostó un grupo de soldados. Asimismo el 28 de diciembre el gobierno federal envió un contingente de 700 efectivos del Ejército a Tamaulipas y decenas de camiones blindados.

Aun cuando esa medida ha demostrado su ineficacia en otras ciudades del noreste, como Monterrey, Torreón, Reynosa y algunas de Tamaulipas, donde los niveles de violencia e inseguridad no disminuyen, en el norte de Veracruz la tarea de las tropas se complicará aún más. En esta zona hay decenas de guardias y halcones, adolescentes que desde sus motocicletas –un medio de transporte muy popular en la región– y celular en mano vigilan las entradas y salidas de los municipios grandes. Informan a los sicarios de Los Zetas sobre los movimientos de los vehículos verde olivo y sus soldados, así como sobre "los popeyes", los grises vehículos que conducen los marinos.

Por lo anterior los lugareños consideran difícil que las pugnas entre Los Zetas y el CDG disminuyan en ambos lados del Pánuco. Dicen que a los sicarios no los intimida la presencia de los soldados ni de los marinos. Y ponen como ejemplo Monterrey, ciudad en la que, afirman, pese a estar vigilada por tierra y aire nadie pudo detener a la decena de zetas que a bordo de cuatro camionetas incendiaron el 25 de agosto de 2011 el casino Royale.

CAPÍTULO 6

LAS MATANZAS

29 de agosto de 2010

San Fernando: sólo una muestra

José Gil Olmos

Le dicen *La Bestia* y atraviesa gran parte del territorio nacional, desde el sur hasta la frontera con Estados Unidos. Es el tren en el que miles de migrantes centroamericanos y algunos sudamericanos son presa de asaltos, golpes, violaciones, secuestros y asesinatos durante el trayecto que los lleva al país del norte en busca de empleo. Las vejaciones son cotidianas en el campo, en el desierto y en las ciudades y lo mismo las cometen autoridades que bandas criminales.

No obstante, el hallazgo reciente de los cadáveres de 72 migrantes en San Fernando, Tamaulipas, provocó la repulsa de los países cuyos ciudadanos resultaron agraviados, a la par que la comunidad internacional calificó de "abominable" esa matanza.

En lo interno quedó en evidencia lo que desde hace un año denunciaron la CNDH y las organizaciones de la Red del Registro Nacional de Agresiones a Migrantes: la complicidad de funcionarios mexicanos y grupos delincuenciales en la explotación de los indocumentados.

Para Fernando Batista Jiménez, titular de la quinta visitaduría de la CNDH y cuya oficina elabora un nuevo informe sobre secuestros de migrantes, la situación es crítica.

En entrevista la noche del 26 de agosto de 2010 –cuando Los Pinos comenzó a difundir un comunicado en el que aseguraba que el multihomicidio era obra de Los Zetas y que el gobierno federal ha minado la estructura financiera de ese cártel que ahora busca allegarse recursos financieros por medio de los secuestros–, Batista Jiménez reitera: "Esa matanza es sólo un botón de muestra de que la explotación y los secuestros aumentan en el país".

Expone: "A reserva de lo que presentemos en el nuevo informe, lo preocupante es que no percibimos una disminución de los casos y esto se debe a la impunidad, a que no se ha dado una solución en materia de procuración de justicia". Además, insiste, hasta ahora no hay una "política pública concreta a favor de las y los migrantes por parte de los tres órdenes de gobierno, principalmente del federal".

Amnistía Internacional (AI) presentó en abril pasado el informe *Víctimas invisibles, migrantes en movimiento en México*, cuyas conclusiones coinciden con los señalamientos del visitador de la CNDH.

Dice el informe: "Las autoridades federales y estatales han eludido sistemáticamente su deber de investigar de forma inmediata y efectiva los abusos contra los migrantes".

Y sostiene que "esta persistente inacción" de las autoridades mexicanas, sobre todo cuando existen funcionarios públicos implicados en los abusos, exhibe un hecho: "México incumple la responsabilidad legal nacional e internacional de ejercer la diligencia debida para respetar, proteger y hacer realidad los derechos humanos".

La industria del secuestro

La CNDH distribuyó el año pasado un informe especial en el que documentó los secuestros de migrantes cometidos durante septiembre de 2008 y febrero de 2009. En ese periodo, según el cálculo de los investigadores de la comisión, hubo 9 mil 758 casos en los que estuvieron implicados policías y autoridades mexicanas en colusión con el crimen organizado, en particular con Los Zetas e integrantes de la Mara Salvatrucha.

Desde hace años la CNDH y las organizaciones eclesiásticas y civiles han brindado apoyo a los indocumentados centro y sudamericanos en su paso por territorio nacional. El ómbudsman nacional incluso ha emitido varias recomendaciones al INM, a cargo de la panista Cecilia Romero, en las que pide que se apliquen medidas preventivas para detener la industria del secuestro de inmigrantes.

No ha habido respuesta de la funcionaria, a pesar de que las primeras denuncias comenzaron a documentarse en 2007. Por ello, tras el descubrimiento de los cuerpos de los 72 indocumentados en Tamaulipas, el PRD pidió la renuncia de Romero.

En su investigación de 2009, que abarcó sólo seis meses, la CNDH incluyó 198 casos comprobados pero advirtió: "Tomando en cuenta las cifras recabadas en ese periodo, el número de eventos de secuestro por año podría llegar a ser de alrededor de 400 y la cifra de víctimas podría ser de 18 mil al año" puesto que ese delito es cada vez más recurrente y redituable.

De hecho, en lo que va de 2010 el INM tiene contabilizado sólo en Tamaulipas el rescate de 815 inmigrantes centroamericanos retenidos en 12 casas de seguridad. Durante agosto la dependencia registró 130 de esos rescates en todo el país.

Los montos para liberar a migrantes van de mil 500 a 5 mil dólares. "Así –según el documento de la CNDH–, de los 9 mil 758 casos de víctimas identificadas, los secuestradores habrían obtenido un beneficio de aproximadamente 25 millones de dólares" en seis meses.

Daniel Boche, padre del guatemalteco Gelder Lizardo Boche, de 17 años, uno de los 72 asesinados en el rancho San Fernando, confirmó que recibió llamadas telefónicas de hombres que, con acento mexicano, le informaron que tenían secuestrado a su hijo y a sus dos yernos: Gilmar Augusto Morales Castillo, de 22 años, y Hermelindo Maquin Huertas, de 24. Los secuestradores le exigieron 2 mil dólares por cada uno.

En los hechos, el negocio es proporcional al flujo migratorio, el cual es prácticamente imparable: Además de los ocho puntos formales para atravesar la frontera entre México y Guatemala, hay otros 54 cruces informales para vehículos y mil pasos peatonales sin vigilancia.

Por esa frontera llegaron a territorio mexicano 400 mil centroamericanos en 2008, según la organización civil guatemalteca Mesa Nacional de Migraciones; y 250 mil en 2009, según el INM.

De acuerdo con esta última dependencia, 64 mil extranjeros de Centroamérica fueron asegurados y repatriados en 2009. La quinta parte eran mujeres y niñas. De acuerdo con la Dirección General de Migración de Guatemala, el número de deportados desde México en lo que va de este año asciende a 44 mil 949 mil migrantes. La mayoría de ellos son hondureños (18 mil 401), guatemaltecos (17 mil 950) y salvadoreños (7 mil 992).

Batista Jiménez recuerda que en el informe presentado el 15 de junio de 2009 la CNDH hizo varias recomendaciones en torno a los secuestros, sobre todo en los estados por los que circula *La Bestia*, cuyo viaje se inicia en Chiapas y Tabasco.

De acuerdo con la investigación, 9 mil 194 migrantes fueron capturados por bandas organizadas, 35 por representantes de alguna autoridad y 56 más por delincuentes coludidos con autoridades. En seis casos las víctimas fueron privadas de su libertad por un solo secuestrador y en 467 casos no fue posible precisar la información sobre los captores.

"De estos datos se desprende que el secuestro de migrantes es realizado mayormente por la delincuencia organizada, que cuenta con redes y recursos para la comisión del ilícito. La participación de autoridades mexicanas en el secuestro de al menos 91 migrantes revela que existen lazos de complicidad entre la delincuencia y algunos agentes del Estado", agrega el documento.

Los investigadores también destacan que 5 mil 723 migrantes fueron secuestrados por polleros; 3 mil por bandas de secuestradores, aunque no lograron identificarlas; 427 por supuestos sicarios de Los Zetas, y 44 por maras.

Del total de migrantes secuestrados, 6 mil 555 fueron confinados a casas de seguridad donde las condiciones higiénicas eran nulas; 2 mil 448 estuvieron en bodegas; 22 en un campamento; 17 en patios; 10 en un hotel y dos en un vehículo.

Los testimonios de los migrantes coinciden en que sus captores ejercían violencia sobre ellos para someterlos. Entre otras agresiones, dicen, los amarraban de pies y brazos, los amordazaban, les tapaban los ojos, los drogaban o los quemaban en alguna parte del cuerpo. Además, 37 relataron que vieron cuando los secuestradores violaban a mujeres y ejecutaron a varios de sus compañeros secuestrados.

Los autores destacan la impunidad en esta situación pues, arguyen, las cifras revelan que la actuación de las autoridades es deficiente ante la gravedad y frecuencia del delito: "La autoridad migratoria, la policía federal y las corporaciones policiales, así como los agentes del Ministerio Público locales y federales, han llevado a cabo muy pocas acciones para combatir este flagelo que afecta a las personas migrantes en México, mayoritariamente a los de origen centroamericano".

En su informe de abril pasado AI aborda el tema de los indocumentados centroamericanos muertos o desaparecidos. Recuerda que en febrero de 2009 una delegación de salvadoreños, que representaba a más de 700 familias, "informó que 239 de sus connacionales fueron asesinados o desaparecieron en México en los dos años anteriores, y presionó a las autoridades mexicanas para que proporcionaran información y llevaran a cabo acciones efectivas".

El informe calcula que son cientos los centroamericanos asesinados o desaparecidos en México. Refiere que la mayoría de ellos no porta documentos, por lo que no puede establecerse su identidad ni localizar a sus familiares en sus países de origen. "Los cadáveres son enterrados en una fosa no señalada. El cementerio de Tapachula, Chiapas, contiene decenas de esas tumbas", dice.

La ruta de "La Bestia"

Durante la entrevista con **Proceso**, Batista insiste en que el desdén de las autoridades y la ineficiencia del sistema de justicia para prevenir, investigar, perseguir y castigar el secuestro de migrantes es oprobioso. Y relata que hace un mes la Comisión Interamericana de Derechos Humanos pidió al gobierno federal adoptar vías concretas para solucionar el problema. La respuesta fue descalificar el informe de la CNDH.

"Es un despropósito. Más que rechazar el informe (el gobierno) debería tomar medidas de solución a esta circunstancia (pero no lo hizo); ahora vemos esta tragedia (en Tamaulipas) que no tiene precedente", sostiene.

Batista asegura que la CNDH ya inició una investigación sobre los 72 migrantes centroamericanos ejecutados en el municipio de San Fernando. Dice que peritos y visitadores viajaron a esa región para asegurarse de que las autoridades cumplan con su deber e investiguen a fondo para sancionar a los responsables.

El visitador insiste: "Hemos dicho a las autoridades que tienen la responsabilidad de prevenir el delito y no lo han hecho; que ese tipo de casos no debe quedar en la impunidad; que se castigue a los responsables. Pero hasta ahora ni una ni otra cosa han hecho. (El INM) ni siquiera labor de prevención ha hecho".

Sólo en marzo de 2007 la institución que dirige Cecilia Romero emitió una circular en la que establece como requisito para reconocer que un migrante ha sido víctima de un abuso que debe exhibir una prueba documental pública que lo acredite como tal. Pero eso supone haber presentado la denuncia correspondiente ante la autoridad ministerial o contar con documental pública expedida por autoridad con facultades suficientes para ello. Y eso es casi imposible.

El motivo: La mayoría de los migrantes vejados opta por no presentar su denuncia; algunos sostienen que los agentes del INM están coludidos con las bandas criminales; otros ni siquiera saben que tienen el derecho de denunciar que fueron secuestrados.

Batista sostiene que a partir de la tragedia de San Fernando "el gobierno federal, en coordinación con los gobiernos locales, tiene que dar una solución a esos sucesos cotidianos. Nosotros tenemos noticias diarias de ese tipo de sucesos, pero lamentablemente no vemos acciones concretas".

Y aun cuando el homicidio de los 72 migrantes exhibe al gobierno mexicano en el extranjero, las autoridades no dan una respuesta efectiva en materia de procuración de justicia", sostiene el visitador de la CNDH.

El obispo de Saltillo, Raúl Vera López, presidente del Centro Diocesano para los Derechos Humanos Fray Juan de Larios, condena la negligencia con que el Estado mexicano ha abordado el problema migratorio.

En entrevista con **Proceso** afirma: "En Chiapas los asesinatos que habíamos documentado antes de Acteal eran parte de una estrategia contrainsurgente; ahora, los asesinatos, secuestros y ultrajes a los indocumentados centroamericanos son parte de una estrategia de administración migratoria encaminada por el Estado. Ahora tenemos el colmo de 72 ejecuciones. Esa acción no es de ninguna manera aislada, sino que se viene repitiendo desde hace más de dos años".

Insiste: "Esos son crímenes de lesa humanidad que se le deben cargar al Estado, porque es responsable en la medida en que administra deshonestamente la política migratoria y expone a los indocumentados a la acción criminal. Esta es una administración deshonesta por la complicidad y la omisión de las autoridades, que va contra todos los principios internacionales de derechos humanos".

Ritos de muerte

Los informes de AI y de la CNDH ofrecen testimonios de secuestros masivos, de torturas y de asesinatos cometidos por grupos criminales contra migrantes centroamericanos.

Por ejemplo una joven salvadoreña relata que ella y su compañera fueron levantadas por hombres armados a orillas de las vías del tren en Tierra Blanca, Veracruz.

Narra: "Nos pidieron el número de teléfono de nuestros familiares en Estados Unidos y nos amenazaron con que si no se los dábamos nos matarían. Todo el tiempo nos insultaron, además de que nos dieron de cachetadas, nos daban empujones y patadas en todo el cuerpo y nos pegaban con un látigo, nos taparon los ojos y nos amordazaron.

"A mi compañera la mataron porque no tenía quien le ayudara y no les dio ningún número. Entonces le dispararon dos veces en la cabeza y la dejaron desangrándose como tres horas enfrente de mí para intimidarme."

Los secuestradores hablaron con un familiar de la joven que vivía en Estados Unidos. Le pidieron 4 mil 500 dólares por liberarla. Durante los dos días que estuvo secuestrada la violaron y sólo le dieron de comer una vez pan duro y un poco de agua.

Otro testimonio –recogido en uno de los refugios migratorios– ilustra la complicidad de agentes policiacos y de funcionarios del INM con grupos criminales: Policías municipales de Reynosa detuvieron a tres centroamericanas. Las entregaron a Los Zetas, quienes las violaron y exigieron dinero a sus familiares en Estados Unidos. Cuando el dinero llegó las liberaron. Ellas acudieron con agentes del INM a denunciar los hechos.

Ahí empezó lo peor de su tragedia. Los agentes migratorios las "vendieron" de nueva cuenta a Los Zetas. En presencia de ellas los delincuentes pagaron en efectivo a los agentes. Luego las violaron tumultuariamente frente a otros inmigrantes centroamericanos.

Uno de ellos protestó. Antes de que terminara de hablar fue brutalmente golpeado. Ya en el suelo, moribundo, disparos de cuerno de chivo lo fulminaron.

Dos de las muchachas fueron asesinadas y colocadas como ofrenda a la Santísima Muerte. La tercera –Daisy, hondureña– sobrevivió. En su testimonio describió además la muerte de una embarazada que se encontraba entre los secuestrados. Luego de dar a luz los plagiarios se llevaron al recién nacido mientras que la madre murió porque no le retiraron la placenta.

De acuerdo con el sexto informe sobre la situación de los derechos humanos de las personas migrantes en tránsito por México, elaborado por los organismos Humanidad sin Fronteras, Frontera con Justicia y Belén Posada del Migrante, es clara "la colusión entre los agentes del INM y de la Policía Federal con Los Zetas, pues muchos testigos refieren haber visto a los uniformados en las casas de seguridad donde los mantenían en cautiverio".

El documento ofrece como ejemplo el testimonio de Juan, un nicaragüense: "En Tenosique, el jefe de Los Zetas tiene una casa detrás de la Estación Migratoria. Cuando él quiere entra, saca migrantes y se los lleva secuestrados. Como los agentes del INM trabajan con él, intercambian gente: cuando Los Zetas tienen balines (indocumentados que no tienen forma de pagar el rescate) y los del INM tienen migrantes con familia en Estados Unidos, se los intercambian.

"La idea central del gobierno es cuidar de una seguridad que, en realidad, la empobrecida población transmigrante no pone en riesgo. Esta lógica, que criminaliza a migrantes en situación irregular, genera la violación sistemática de los derechos humanos de los indocumentados, pues hasta el momento ha impedido regular este fenómeno, el cual, ciertamente, no dejará de ocurrir", expone el informe.

Para Raúl Vera los miles de casos documentados reflejan el fracaso de Felipe Calderón en este tema, como en todos los relacionados con la lucha en contra de la delincuencia.

"Aquí no hay una declaración ni una acción firme del presidente. Nos anuncian repetidamente que van a erradicar el crimen y nosotros padeciendo, y ahí están los muertos. Vivimos la destrucción de este país. La muerte de los mexicanos y extranjeros", afirma (**con información de Homero Campa, Velia Jaramillo y Arturo Rodríguez**).

25 de septiembre de 2011

Ajuste de cuentas estilo zeta

Jorge Carrasco Araizaga y Regina Martínez

X**ALAPA, VER.-** La búsqueda de nuevos liderazgos entre la delincuencia organizada ha hecho de 2011 –el de la llegada de Javier Duarte de Ochoa al gobierno estatal– uno de los peores años en la historia de Veracruz, donde suman cientos los muertos y desaparecidos y el temor crece entre la población por las balaceras indiscriminadas en los principales centros urbanos y aun en esta capital.

La tortura y ejecución de 35 personas cuyos cuerpos fueron arrojados la tarde del 20 de septiembre de 2011 al pie del Monumento a los Voladores de Papantla y frente a una de las principales áreas comerciales de Boca del Río –la zona conurbada del puerto de Veracruz– constituye el hecho más sangriento de la violencia que escaló desde el anterior gobierno, el de Fidel Herrera.

A pesar del despliegue de un millar de efectivos del Ejército, la Marina y la policía estatal para proteger el Decimoprimer Encuentro Nacional de Presidentes de Tribunales Superiores y Procuradores Generales de Justicia, el 22 y 23 de septiembre en el hotel Fiesta Americana de Boca del Río, el día 22 aparecieron 14 cadáveres más en distintos puntos de esta ciudad y del puerto jarocho.

La tarde del 20 de septiembre, apenas tres horas después de que fueron tirados los primeros 35 cuerpos en Boca del Río, el procurador estatal, Reynaldo Escobar Pérez, declaró que varios de ellos eran miembros de la delincuencia organizada recién evadidos de tres penales locales.

Testigo de la penetración del narco en el estado desde los cargos públicos que ha ocupado durante una década, Escobar dijo haber echado mano de Plataforma México –la base de datos del gobierno federal sobre la actividad delictiva en el país– para determinar que entre las víctimas había delincuentes dedicados al secuestro, extorsión, homicidio, narcomenudeo y otros ilícitos.

Con ello dio por válidos los mensajes inscritos en las mantas dejadas junto con los cadáveres y el "comunicado de prensa" enviado en forma anónima a las redacciones de los medios locales, que sólo publicó el periódico porteño *Notiver*, especializado en nota roja.

Aunque ninguna organización reivindicó la autoría, los escritos indicaban que los asesinados pertenecían a Los Zetas, el cártel que durante el gobierno de Herrera comenzó a tener el control delictivo en el estado a través de la organización conocida como La Compañía.

Según esa versión, el propósito es "sacar a Los Zetas" de territorio veracruzano, por lo que las autoridades temen más ejecuciones entre sicarios, colaboradores y aun agentes ministeriales y policías municipales y estatales.

Las primeras informaciones extraoficiales adjudicaron los crímenes a Los Matazetas del Cártel Jalisco Nueva Generación, que el 27 de julio de 2011 anunció en *YouTube* su "llegada" a la entidad, luego de que, según el procurador, Los Zetas asesinaron en el puerto jarocho a los periodistas de *Notiver* Miguel Ángel López Velasco (en julio) y Yolanda Ordaz de la Cruz (en agosto).

El grupo, que en el video mostró a una treintena de paramilitares, es una escisión del Cártel de Sinaloa y mantiene una disputa con La Resistencia, organización escindida de La Familia Michoacana y que durante la administración de Herrera se asentó en el sur de Veracruz.

Hoy ante cada hecho relevante de violencia el gobierno de Duarte suele enviar mensajes antizetas desde su cuenta de Twitter para asegurar que "en Veracruz no hay cabida para la delincuencia"; incluso elude hablar de los reacomodos de Los Zetas provocados por el surgimiento de nuevos liderazgos de la propia organización en el estado, todo ello pese a que el cártel domina las actividades de delincuencia organizada en territorio veracruzano.

Los reacomodos

Durante el gobierno anterior La Compañía se organizó en la entidad como "consejo de gobierno" o "triunvirato". Lo integraban *Tony Tormenta*, *El Coss* y *El Lazca*, según una investigación judicial abierta en Estados Unidos en noviembre de 2007, a la mitad del gobierno de Herrera Beltrán.

De acuerdo con la DEA, La Compañía operó en todos los estados mexicanos que lindan con el Golfo entre 2006 y 2008 para traficar droga a Estados Unidos. En Veracruz se pudo establecer gracias al apoyo y control de autoridades municipales y estatales (**Proceso** 1736).

La Compañía fue integrada por los jefes del CDG y su entonces brazo armado, Los Zetas, que estaba formado por desertores del Ejército. Pero tras su separación, a finales de 2008, la organización de exmilitares comenzó a dominar Veracruz, aun cuando había presencia de células del Cártel del Golfo.

Varios de los integrantes de La Compañía ya han sido detenidos. Uno de ellos, Aurelio Cano Flores, incluso fue entregado el mes pasado en extradición a Estados Unidos, donde es juzgado en la corte federal para el distrito de Columbia por tráfico de cocaína y mariguana, junto con otros 18 miembros de esa organización.

La crisis de inseguridad se desató en marzo de 2007 con una balacera en una carrera de caballos en el rancho Villarín, propiedad de Marciano Nayen Arrioja, en la congregación Santa Fe, municipio de Veracruz. Nayen se dedica a la actividad hotelera y restaurantera precisamente en Boca del Río.

La prensa informó que el objetivo había sido Efraín Teodoro Torres, *El Z-14*, aunque refirió también la presencia no confirmada de *Tony Tormenta* en la carrera. La violencia no se detiene desde entonces.

El informe del resultado de la fiscalización superior de la cuenta pública de 2009, dado a conocer en febrero de 2011, detalla que la incidencia delictiva en Veracruz se incrementó 39.1% entre 2008 y 2009, al pasar de 4 mil 400 delitos por cada 100 mil habitantes a 6 mil 120.

Al realizar una auditoría de desempeño de la PF, la Auditoría Superior de la Federación encontró que esas cifras colocaron a la entidad entre una de las más violentas en las que esa fuerza federal coordinó operativos conjuntos.

El control inicial de La Compañía y el posterior dominio de Los Zetas se trastocó con el cambio de gobierno. La llegada de Duarte, el 1 de diciembre de 2010, agudizó la crisis de inseguridad. A finales de la administración de Herrera la violencia se concentraba en los municipios del norte, limítrofes con Tamaulipas, como Pánuco y Poza Rica. A inicios de 2011 el crimen organizado avanzó hacia plazas de mayor importancia, como la zona conurbada Veracruz-Boca del Río y la propia capital estatal.

Psicosis

El primer año de gobierno de Duarte ya quedó marcado como el más violento en el estado. Tan sólo en agosto y septiembre se registraron más de 200 muertos en trifulcas protagonizadas por sicarios y entre éstos y fuerzas federales, principalmente en zonas urbanas y a cualquier hora del día. Las balaceras han provocado psicosis entre la población. Cifras conservadoras mencionan que han caído 300 personas en esos encuentros.

A diferencia de su antecesor, Duarte se plegó a la estrategia del gobierno de Calderón "contra el narcotráfico" y permitió que la infantería de marina sustituyera al Ejército en los principales operativos.

La confrontación política entre Herrera y Calderón limitó la presencia del gobierno federal en Veracruz en la política contra la delincuencia organizada entre 2007 y 2010, si bien Herrera dejó que la Sedena designara a los secretarios de Seguridad Pública y entregó a la Marina el control del C-4.

Durante la gestión de Herrera los operativos del Ejército se concentraron en zonas rurales, mientras que la PF sólo participó en acciones conjuntas, sin que éstas tuvieran mayor incidencia en los ataques a la delincuencia organizada.

Desbordado por la violencia, desde el inicio de su gestión, Duarte prácticamente dejó la seguridad del estado en manos de las Fuerzas Armadas, en especial de la Marina, aunque el Ejército sigue participando en operativos tanto en zonas urbanas como rurales.

Apenas se dio el cambio de gobierno, el jefe de la Armada, el almirante Francisco Saynez Mendoza, oriundo de la entidad, acudió el 19 de enero de 2011 a la Heroica Escuela Naval Militar, en Antón Lizardo, para advertir: "Veracruz es mi tierra, se va a limpiar".

La Marina hizo del puerto de Veracruz su centro de operaciones contra el narcotráfico, con más de 2 mil efectivos de infantería y fuerzas especiales desplegados al inicio de agosto, reveló *La Jornada* el 23 de ese mes.

El objetivo militar son Los Zetas, por lo que la fuerza naval especializada en operaciones continentales se envió directamente al propio puerto y a Xalapa, pues según la explicación oficial los integrantes de ese cártel se trasladaron de Tamaulipas hacia el sur en abril de 2011, como reacción a los operativos militares en ese estado tras el descubrimiento de las fosas clandestinas en el municipio de San Fernando.

El despliegue ha incrementado los enfrentamientos en la entidad y ha tenido severos costos en ambos bandos. La Marina ha sufrido el secuestro, tortura y desaparición de algunos de sus miembros, lo que ha obligado a los marinos a cambiar de rutinas cuando están francos, lo mismo que las actividades de sus familiares. Los mandos les han sugerido incluso que modifiquen su apariencia y modo de caminar.

La Marina ha presentado a varios zetas como supuestos responsables de los agravios sufridos. Además, apenas el 9 de septiembre, en una demostración de que ha trasladado su principal centro de operaciones al puerto, allí anunció el desmantelamiento de una red de "comunicación táctica" de Los Zetas en el estado.

Informó también que en operativos realizados entre el 10 de agosto y el 4 de septiembre aseguró antenas, radios y unidades de telecomunicaciones en Poza Rica, Cofre de Perote, Naranjos, Tepetzintla, Veracruz, Orizaba, Tantoyuca y Xalapa. Además, dio cuenta de la detención de 80 personas, de las cuales 30% son mujeres.

Según el vocero de la Semar, el contralmirante José Luis Vergara, el cártel de origen castrense controlaba la información sobre los operativos de las Fuerzas Armadas, los puestos de control vehicular y la llegada de convoyes de organizaciones enemigas.

Las demostraciones de la semana pasada, avaladas por el gobierno de Duarte como acciones antizetas, coinciden con los operativos del gobierno federal contra la organización delictiva que dirige *El Lazca*, pero también demuestran la facilidad con la que operan los grupos delictivos que junto con las acciones militares han aterrorizado al estado.

Cuota roja

Los 35 cadáveres fueron arrojados el 20 de septiembre a plena luz del día sobre el bulevar Adolfo Ruiz Cortines en Boca del Río, abajo del paso a desnivel Los Voladores de Papantla, frente al centro comercial Plaza Américas, una de las zonas comerciales más importantes de esa conurbación.

Pese a que se trataba de una hora hábil las autoridades no se percataron cuando al lugar llegaron dos camiones de redilas para arrojar los cadáveres de hombres y mujeres semidesnudos, maniatados y con huellas de tortura.

Ante el cerco informativo impuesto por el gobierno y los propios grupos delictivos la noticia empezó a difundirse de inmediato en las redes sociales, perseguidas penalmente por las propias autoridades estatales. El hecho pronto se volvió noticia internacional y el procurador quiso salir al paso, pero a tropezones. Pronto resolvió que se trataba de delincuentes.

Dos horas después de que se conoció lo que hasta ahora ha sido la principal ostentación de la violencia en el estado, el procurador Escobar Pérez, quien en el gobierno de Herrera fue secretario general de Gobierno –cargo al que llegó luego de pasar por la presidencia municipal de Xalapa–, ya había abierto la averiguación previa 843/2011.

El hecho ocurrió un día después de la fuga simultánea de 32 reos de los penales Duport Ostión en Coatzacoalcos, La Toma en Amatlán de los Reyes y el de Cosamaloapan, que provocó la renuncia del director general de Prevención y Readaptación Social, Víctor Hernández, y la detención de seis directivos de esos reclusorios.

En su edición del 21 de septiembre *Notiver* difundió un mensaje que, asegura, fue colocado junto a los cadáveres y donde se habla de 50 ejecutados y no de 35, como sostienen el procurador y el gobernador. La cifra, sin embargo, llegó el 22 de septiembre por la noche a 49, con los 14 cuerpos encontrados ese día en distintos puntos de la zona conurbada del puerto y en la capital estatal, en condiciones similares a las primeras víctimas.

Según el rotativo el comunicado fue enviado a todas las redacciones de periódicos, televisoras y estaciones de radio del estado. Sin embargo sólo fue publicado en *Notiver*, cuyos directivos no explicaron cómo llegó a su redacción, aunque aseguran que el mensaje "lo vieron muchas personas que pasaban caminando y otras que iban en sus vehículos".

El contenido dice: "Este día 20 de septiembre, aproximadamente a las 5 PM, aparecieron cincuenta cadáveres de hombres y mujeres ejecutados, pertenecientes a integrantes del cartel de Los ZETAZ (sic), tirados en el bulevar Ruiz Cortines, abajo del puente de Los Voladores de Papantla, frente a la Plaza Américas, todos con huellas de tortura.

"Estaban amarrados de manos y pies con cinchos, tenían pintadas unas Zetas en la espalda y con la leyenda 'Por Z', unos cuerpos estaban tirados en el suelo y tapaban la circulación de los autos que circulaban de Mocambo a Veracruz y otros estaban dentro de las redilas de dos camionetas Nissan.

"Fueron dejados con dos mantas con mensajes que alcanzaban a leerse: 'No más extorsiones, no más muertes de gente inocente. Fuera ZETAZ (sic) del estado de Veracruz, aun faltan más ministerios públicos. Comandante Marcelo Castillo Torres. Zetas así acabaron o como los que hemos matado'."

Al final hacen un llamado: "Al pueblo veracruzano, no se dejen extorsionar, no paguen más cuotas, si lo hacen es porque quieren".

La violencia se ha incrementado en casi todo el territorio veracruzano. Incluso se han registrado sucesos jamás vistos en la entidad, como la explosión de bombas en lugares públicos como ocurrió en el puerto de Tuxpan, donde la mañana del 2 de agosto de 2011 un comando lanzó un artefacto que estalló en la plaza cívica, muy cerca del Palacio Municipal, dejando a tres personas heridas.

Otro hecho que causó estupor e indignación, el mayor atentado perpetrado hasta ahora contra la sociedad veracruzana, fue la explosión de un artefacto lanzado por desconocidos en el bulevar Manuel Ávila Camacho del puerto de Veracruz, cerca del Acuario, donde murió una persona y tres resultaron gravemente heridas, entre ellas dos menores de edad de una familia del Estado de México que se encontraba de vacaciones.

Al comienzo del gobierno de Duarte, el 15 de enero de 2011, la sociedad xalapeña se escandalizó por una balacera en la colonia Lomas de Casa Blanca entre tropas del Ejército y un supuesto grupo criminal. El enfrentamiento duró más de 12 horas y dejó 14 muertos, entre ellos dos militares. "No hubo víctimas civiles", según el reporte oficial.

Después de la balacera los familiares de las víctimas reclamaron los cuerpos de Lorenzo García, ingeniero en sistemas de 44 años, y de Miguel Ángel Sánchez Torres, un empleado de seguridad. Ambos eran originarios de Nuevo León y habían sido reportados como desaparecidos.

Sus deudos aseguraron que no eran delincuentes sino víctimas del grupo criminal que se enfrentó con las fuerzas federales, ya que los habían secuestrado cuando llegaron a esta ciudad el 10 de enero en misión de trabajo, para luego exigir un rescate. Sin embargo, "nos los entregaron muertos", acusó la esposa de una de las víctimas.

La tranquilidad que caracterizaba a esta ciudad, famosa por su actividad cultural y artística, ha sido rota por las constantes balaceras, enfrentamientos y presencia de las fuerzas castrenses. Hoy es cotidiano ver a efectivos encapuchados y fuertemente armados rondando en unidades artilladas.

9 de octubre de 2011

Entre el miedo y la psicosis

Regina Martínez

XALAPA, VER.- Mientras las autoridades veracruzanas y federales intentan ponerse de acuerdo sobre el manejo de la información acerca de los asesinatos masivos cometidos por la delincuencia organizada o por grupos paramilitares, la sociedad sigue viviendo en el pánico y la psicosis ante una violencia inédita en la entidad.

En el hecho más reciente, el 6 de octubre las redes sociales fueron –otra vez– las que anunciaron la aparición de más de 30 cadáveres en "casas de seguridad" en tres fraccionamientos exclusivos de la zona conurbada Veracruz-Boca del Río.

Pese a que después del mediodía del 6 de octubre de 2011 la noticia del hallazgo de los cuerpos circulaba en las redes sociales y la información se había difundido extraoficialmente en los portales de internet, el gobierno estatal negaba los hechos. "Es mentira, no es cierto, no hay nada de eso", insistió Miguel Valera, director de Información de la Coordinación General de Comunicación Social (CGCS, que encabeza Georgina Domínguez), ante las preguntas de esta reportera.

En su afán de ocultar la información, los yerros del área de Comunicación Social y de las autoridades judiciales del estado han sido evidentes, ya que en un solo día emitieron tres comunicados diferentes.

En el primero la CGCS aseguraba que sólo habían sido asesinadas cuatro personas y no entre 30 y 40, como señalaban los usuarios de las redes sociales. El comunicado agregaba que los cuerpos habían sido hallados la madrugada de ese día en una casa en el puerto de Veracruz y que peritos de la PGJ del estado habían empezado a "investigar la identidad" de los cuatro cadáveres "luego de que un reporte ciudadano llevó a las autoridades ministeriales al lugar de los hechos".

También señalaba que peritos de la PGR y efectivos de la Agencia Veracruzana de Investigaciones "acudieron al sitio señalado para iniciar las investigaciones correspondientes, investigar los cuerpos y las causas del fallecimiento".

Un segundo comunicado emitido hacia las cinco de la tarde afirmaba que hasta esa hora "el gobierno del estado no tiene confirmación oficial alguna por parte de las Fuerzas Armadas o del gobierno federal sobre el supuesto hallazgo de cuerpos en la zona conurbada, tal y como refieren algunos medios de comunicación que citan fuentes que no identifican".

Agregó que "integrantes de las fuerzas federales realizaron un operativo en la zona dentro de las acciones del Plan Veracruz Seguro y para continuar brindando protección a los ciudadanos", pero no se mencionaba el hallazgo masivo de cadáveres.

Para entonces algunos medios locales ya hablaban del hallazgo –en "casas de seguridad" en los fraccionamientos Costa Verde y Jardines de Mocambo– de al menos 31 cuerpos con huellas de tortura y citaban a fuentes de la Policía Intermunicipal Veracruz-Boca del Río. En las redes sociales se hablaba de 40 cadáveres.

Algunos portales electrónicos afirmaban ya que "fuentes extraoficiales" habían confirmado que fue en una vivienda de Jardines de Mocambo donde se encontraron los restos de 17 hombres y tres mujeres. Detallaban que, según las mismas fuentes, otra llamada anónima había reportado un hallazgo similar en una casa deshabitada en el fraccionamiento Costa Verde, de donde la policía sacó los restos de nueve hombres y dos mujeres.

Horas después el gobierno estatal tuvo que recular. Un comunicado emitido después de las 10 de la noche de ese 6 de octubre por la Semar confirmó el asesinato masivo. En el boletín 313 esa dependencia lamentaba "informar sobre el hallazgo de 32 cuerpos sin vida" en la zona Veracruz-Boca del Río.

La Semar subrayó que a partir de información obtenida por la inteligencia naval "el día de hoy personal de infantería de marina acudió a un domicilio en el fraccionamiento Jardines de Mocambo" y en el lugar "se ubicó a personal de la Policía Estatal que informó a los marinos del hallazgo de 20 cuerpos sin vida en el interior de la casa, los cuales ya había sido retirados por agentes del Ministerio Público del Fuero Común".

En una visita a un segundo domicilio en el fraccionamiento Costa Verde, con base en la misma información de inteligencia, la Semar agregó: "El personal naval de infantería de marina localizó 11 cuerpos sin vida dentro de la casa"; el Ministerio Público del Fuero Común, dijo, acudió "para realizar las actuaciones correspondientes". La Armada mencionó que personal de la dependencia había localizado otro cuerpo sin vida en un domicilio del fraccionamiento Costa de Oro.

Después del comunicado de la Semar y de que los noticieros nocturnos ya habían empezado a criticar al gobernador veracruzano por el ocultamiento de información, la CGCS se vio obligada a difundir su tercer comunicado "para avalar" el reporte de la Armada.

"Durante más de 18 horas se desarrollaron numerosos operativos que llevaron a la ubicación de tres domicilios en donde se localizaron los cuerpos, de los cuales dieron fe las autoridades ministeriales que concluyeron con esta tarea pasadas las 21:30 horas", dijo.

Por la naturaleza y condiciones del caso, agregó el tercer comunicado, "las autoridades responsables de la investigación mantuvieron en secrecía las diligencias hasta la conclusión del operativo que se inició la madrugada del jueves". Añadió que ya había "datos sobre casas de seguridad en varios puntos de la ciudad, en donde la delincuencia presuntamente operaba".

Captura de matazetas

El 7 de octubre la Semar salió otra vez a la palestra para informar a los medios sobre los resultados de los primeros operativos del

Plan Veracruz Seguro. José Luis Vergara, vocero de la Marina, reportó la detención de ocho integrantes del Cártel Jalisco Nueva Generación que se ocultaban armados en un inmueble en el fraccionamiento Costa de Oro, en Boca del Río, y que se hacían llamar Los Matazetas.

"Se trata de otro grupo del crimen organizado, antagónico a la organización delictiva de Los Zetas", con la que se disputa el control "de las actividades y recursos ilegales de Veracruz para la comisión de delitos agraviantes a la sociedad, como homicidio, secuestro, extorsión y el llamado cobro de piso", dijo Vergara.

Según éste, los detenidos "manifestaron que aparte del inmueble en que se encontraban tenían otras tres casas de seguridad, donde había 32 cuerpos humanos abandonados, por lo que se llevó a cabo una movilización inmediata para ubicarlas". Confirmó que en un domicilio del fraccionamiento Jardines de Mocambo, "personal estatal (que) ya se encontraba presente" comunicó a la Marina el hallazgo de los 20 cadáveres que ya habían sido retirados por el Ministerio Público.

Por información de los mismos detenidos, siguió Vergara, "existe la presunción e indicios de que están vinculados al asesinato de las 35 personas" cuyos cuerpos fueron tirados el pasado 20 de septiembre en el bulevar Ruiz Cortines, en Boca del Río.

Precisó que con ambos episodios –el del 20 de septiembre y el del 6 de octubre de 2011– se llega a "un total de 67 personas asesinadas" presuntamente por el Cártel Jalisco Nueva Generación. En la lista de los detenidos destaca el jefe de la célula criminal en la plaza de Veracruz, Alfredo Carmona Landa, El Capi, así como Guillermo Aparicio Gaudeano, Adrián de la Cruz Juan, Alfonso Richard Sanel, Mario Alberto Cruz Torres, Fabián Federico Santos Ruiz, José Refugio Estrada Rojas y Juan Antonio de la Cruz Trenado.

Durante los operativos del Plan Veracruz Seguro también fueron detenidos 12 presuntos zetas, incluido Aquiles Amaranto Cruz Hurtado, supuesto jefe de plaza en Veracruz.

Javier Duarte, en otro comunicado, se limitó a manifestar su alegría "por los resultados del operativo coordinado Veracruz Seguro", ya que su administración "está trabajando todos los días por la tranquilidad y la armonía de la sociedad veracruzana". El gobierno de Veracruz, junto con el federal y las Fuerzas Armadas, señaló, "continuará realizando operaciones coordinadas" contra la delincuencia y contra "todos aquellos que violenten la ley y el estado de derecho".

A su vez Georgina Domínguez, en varias entrevistas con medios nacionales, negó que las autoridades estatales hayan ocultado información sobre los hechos; "simplemente no se tenía confirmación oficial" sobre el hallazgo de los 32 cadáveres.

"La diligencia se llevó en total secrecía por la naturaleza del caso y nosotros emitimos tardíamente nuestro comunicado, al mismo tiempo que la Semar, por ahí de las 9:00 o 9:30 de la noche, que fue la hora en que las autoridades ministeriales concluyeron sus diligencias", argumentó.

Pifias del procurador

Los yerros de la administración estatal en torno a este tipo de hechos no son nada nuevo. Lo mismo ocurrió el 20 de septiembre de 2011 cuando fueron arrojados los cuerpos de 35 personas en Boca del Río: un par de horas después del hallazgo, el aún procurador estatal Reynaldo Escobar Pérez –quien renunció el 7 de octubre alegando "motivos personales"– afirmaba que ya habían sido identificados y que la mayoría "tiene antecedentes penales".

Ese día hacia las cinco de la tarde un comando que viajaba en dos camionetas tiró en el paso a desnivel Los Voladores de Papantla, en el bulevar Ruiz Cortines frente al centro comercial Plaza Américas, 35 cadáveres. La noticia generó revuelo en las redes sociales, donde algunos usuarios difundieron fotografías de los cuerpos semidesnudos, maniatados, regados sobre el asfalto y algunos aún colgando de la caja de carga de las camionetas.

Ante la noticia que ya circulaba hasta en medios extranjeros, hacia las siete de la noche Escobar Pérez dio una conferencia de prensa e informó que la PGJ ya había iniciado las investigaciones ministeriales. Incluso, dijo, "se ha logrado la identificación de algunos cuerpos".

El entonces titular de la PGJ afirmó en esa conferencia que, por medio de Plataforma México, "se ha confirmado que todos ellos tenían antecedentes penales y se dedicaban a actividades vinculadas al crimen organizado, tales como secuestro, extorsión y narcomenudeo".

"A través de la agencia segunda del Ministerio Público de Boca del Río", afirmó, la PGJ inició la averiguación previa 843/2011. Sin embargo de entonces hasta su renuncia al cargo, Escobar no informó del avance en las pesquisas.

Pero la versión oficial quedó en entredicho ante el reclamo de familiares de los asesinados, quienes aseguraban que estos eran víctimas inocentes que habían sido levantadas incluso por la policía estatal. Uno de esos casos fue divulgado por los medios, el del joven de 17 años Alan Michel Jiménez.

Aún más: el diario *Notiver* publicó el 30 de septiembre una lista con los nombres de las víctimas y demostró que 24 de los 35 ejecutados no aparecen en el banco de datos de Plataforma México con antecedentes penales.

Días después el diario *Reforma* reveló que ninguna de las víctimas fue ultimada a balazos; algunas murieron a golpes y otras por asfixia, ya que permanecieron encerradas en un contenedor. "Los cuerpos presentaban quemaduras de metal en el torso y las piernas debido a que fueron recargados en el contenedor para ser atados de manos con precintos de seguridad de plástico", señaló el diario, que añadió que los precintos de plástico suelen ser utilizados por cuerpos de seguridad institucional y por la Marina y el Ejército.

El gobierno del estado se limitó a desacreditar lo publicado por *Notiver* y *Reforma* y a negar la veracidad de la información, "por carecer de fuentes oficiales".

Por si fuera poco, el 5 de octubre la vocera del gobierno federal, Alejandra Sota, reveló que la PGR no tenía precisión todavía en torno a la presunta actividad delictiva de las 35 víctimas de Boca del Río. "Hasta el momento", dijo, "no hay información de que el ciento por ciento de estas personas esté incluido en la Plataforma México con antecedentes penales", por lo que la PGR aún no decidía atraer o no el caso.

"Que renuncie Buganza"

Para el diputado local panista Fernando Yunes Márquez el único resultado que hasta ahora han dado las autoridades estatales en este clima de violencia que asuela a la entidad ha sido la salida de Escobar Pérez de la PGJ, a quien después de seis meses de mantenerse como encargado de despacho "le fue aceptada su renuncia por motivos personales".

Yunes, presidente de la Comisión de Procuración de Justicia, opina que debería renunciar también el secretario de Gobierno, Gerardo Buganza Salmerón, "ya que es inaudito que siga en el cargo ante todos los errores cometidos para vigilar la seguridad de los veracruzanos y, al igual que ocurrió con Reynaldo Escobar, al mostrar su incapacidad y su valemadrismo, ya nadie confía en él ni en este gobierno".

Con Veracruz Seguro, subrayó, "queda demostrado que" éste "desde hace mucho tiempo es el estado más inseguro del país y lo confirma el hecho de que seamos el único lugar en que vamos a tener un mando único por encima de la Secretaría de Seguridad Pública y la procuraduría del estado".

"Esto nunca se había visto en la historia de México", afirmó: "Que el gobierno federal prácticamente interviniera un estado en materia de seguridad", un problema que se dejó crecer desde la administración de Herrera Beltrán "ya que fue él quien protegió y pactó con la delincuencia organizada".

4 de diciembre de 2011

Guadalajara: venganza terrorífica

Felipe Cobián R. y Alberto Osorio M.

G**UADALAJARA, JAL.-** "¡Ahora sí ya se los cargó la chingada! ¡Con ustedes ya tenemos el número para completar la venganza!"... Estas son las palabras que asegura haber escuchado la esposa de uno de los 26 levantados que la mañana del 24 de noviembre de 2011 aparecieron asesinados en los Arcos del Milenio en tres camionetas.

Era cerca de la medianoche del 23 de noviembre de 2011. La mujer, su esposo y dos acompañantes varones regresaban de San Luis Potosí, a donde habían llevado una carga de chatarra. Minutos antes habían hecho un alto en Ojuelos, Jalisco, para tomar café. Les faltaban menos de dos horas para llegar a San Francisco de los Romo, Aguascalientes, de donde habían partido temprano ese mismo día. Ellos fueron los tres últimos levantados por miembros del cártel Zetas-Milenio para completar la "cuota".

Circulaban por la carretera federal 70, a poca distancia de Ojuelos en dirección a Aguascalientes, cuando fueron interceptados y obligados a salir de la cinta asfáltica por una camioneta en la que viajaban al menos dos hombres armados. Los cuatro pasajeros fueron sacados a golpes del vehículo; los tres hombres fueron subidos por la fuerza a la camioneta de los agresores. A la mujer la dejaron tirada ahí, al borde de la carretera.

Hacia las 11 de la noche, en su casa de San Francisco de los Romo, Eva Murillo López había recibido una llamada desde el celular de su esposo, Carlos Solís Coronado, quien le avisó que llegaría de madrugada.

"Me dijo que ya venían a la mitad del camino, que llegarían a la una de la mañana para que lo esperara... pero ya nunca llegó", declaró Eva cuando, acompañada por su hermana María Elena, llegó al Semefo de Guadalajara a reclamar el cuerpo de su marido, que el 24 de noviembre fue encontrado entre los cadáveres dejados en la glorieta de los Arcos del Milenio, a dos cuadras del Mercado de Abastos y a cuatro de la Expo Guadalajara, donde dos días después se inauguró la Feria Internacional del Libro.

Tanto Eva como su hermana aseguraron que Carlos Solís, mecánico dedicado también a la venta de chatarra, no tenía nada que ver con actividades ilícitas. Eva recuerda que su esposo había salido temprano de San Francisco rumbo a San Luis Potosí y que durante el día no tuvo más comunicación con él hasta que se reportó para avisarle que iba de regreso.

Cuenta que el día del levantón de Carlos una mujer fue testigo de todo: "Con ellos venía la esposa de uno de los acompañantes de mi esposo, pero a ella la golpearon y la bajaron mientras a los demás se los llevaron; nunca les dijeron el motivo". Ella le dio aviso.

Sigue: "La familia de mi esposo es de aquí de Tonalá y yo les hablé a sus parientes; les dije que lo habían agarrado en la carretera a él y a otras dos personas, que se los habían llevado, y desde ese momento lo empezaron a buscar hasta que lo encontraron aquí", en el Semefo.

Los compañeros de Carlos Solís, quienes aparecieron asesinados junto con él, son José Manuel Jara Salazar y Juan Carlos Cázares Guzmán. Éste sí tenía antecedentes penales en Aguascalientes, donde estuvo preso por fraude.

Aún sin perfiles

Más de ocho días después de que aparecieron los cadáveres las autoridades no lograban disipar una serie de dudas sobre la matanza y menos clarificar el perfil de los ejecutados, aunque policías y expertos opinan que algunos de ellos –la mayoría jóvenes– eran "tropa" del narco que efectuaban acciones de narcomenudeo o participaban en otros ilícitos, como lavado de dinero, extorsiones o algún negocio vinculado con las bandas del crimen organizado. No descartan que en la redada criminal también se haya levantado a inocentes.

Entrevistados por **Proceso**, familiares de Víctor Andrés Jaime Rivera, de 19 años –la más joven de las víctimas–, consideran desafortunado que autoridades o medios pretendan ver en muchos de los ejecutados a personas ligadas con el narcotráfico.

"Mi sobrino era un muchacho limpio, igual que otros dos jóvenes que fueron encontrados y que andaban con él; ellos eran inocentes", declara a este semanario una de las tías del joven que estaba entre los 26 muertos. Víctor vivía en la colonia Ayuntamiento, en el municipio de Guadalajara, y vendía videojuegos en el mercado de la colonia Constitución, de Zapopan.

María Rivera, de 37 años, madre del muchacho, dijo a las autoridades que su hijo desapareció el 23 de noviembre y reconoció que no había presentado ninguna denuncia debido a que esperaba que regresara sano.

Aunque 10 familias interpusieron denuncias por desaparición de algunos de sus miembros, otras no lo hicieron porque, explicaron, en la PGJ les informaron que tenían que esperar 72 horas antes de confirmar el hecho.

El médico forense Mario Rivas Souza, responsable del Semefo y quien trabaja desde hace seis décadas en ese lugar, dice a **Proceso** que la mayoría de las víctimas –entre ellas un peón de albañil y un vendedor de hamburguesas– procedía de familias de escasos recursos. Hasta principios de diciembre de 2011 habían sido identificados 22 cadáveres; el último es el de José Jorge Montoya, de 34 años, originario de San Luis Potosí.

Entre las víctimas también se encontró a Carlos Humberto Carpio Piña, originario de Guanajuato, conductor de una camioneta de carga Nissan, una de las usadas para dejar los cuerpos. La unidad es propiedad de la Farmacéutica Marzán. El hombre fue levantado por varios sujetos armados mientras recorría el trayecto Lagos de Moreno-Aguascalientes la noche del 22 o la madrugada del 23 de noviembre. Iba a entregar medicamentos controlados.

Otra de las víctimas, José Guadalupe Buenrostro Calzada, de 29 años, era empleado del área de frutas y verduras de una tienda Sam's

Club en Tlaquepaque. Su madre, Juliana Calzada, recalca que su hijo fue levantado el 23 de noviembre y junto con él también desapareció Saúl Mendoza Jaso, de 22 años. Ambos estaban por entrar a su centro de trabajo cuando fueron sorprendidos por sujetos que se los llevaron violentamente a bordo de un vehículo del que no hay descripción.

En la colonia Santa Margarita, Zapopan, de donde levantaron a otras dos personas, el ambiente es de miedo. En varias partes de la populosa colonia hay una especie de toque de queda de facto y al anochecer las calles quedan semivacías. Ahí son pocos los que quieren hablar sobre los levantones y asesinatos de Octavio Gutiérrez Rodríguez y de Horacio Oceguera López, habitantes del vecindario plagiados el 21 de noviembre.

"Aquí nadie quiere hablar por eso que pasó y porque la cosa está muy caliente. Usted pasa como a esta hora de la noche (las 20:00 horas) y ya casi no sale la gente de sus casas desde la semana pasada", dice un hombre mayor que pide el anonimato. El reporte de las autoridades señala que Octavio Gutiérrez, panadero de 36 años, desapareció la noche del 21. Su hermano Jesús aclara que no levantaron denuncia por su desaparición.

Horacio Oceguera, de 31 años, fue identificado por su madre, Socorro López Ramos. Según la información judicial, Horacio tenía antecedentes penales por delitos contra la salud (expediente 779/2004-D).

Las pistas del forense

El 29 de noviembre la PGJ informó que dos días antes la policía de Guadalajara dio con una casa entre las calles Siderúrgica y Fuelle, en la zona industrial del Álamo, abandonada y con las puertas abiertas. En su interior encontraron cuatro armas AK-47 y AR-15, al menos 15 cargadores y droga.

Aunque hasta el 1 de diciembre no se tenía la certeza, los investigadores no descartan que haya sido el lugar donde mataron a las 26 personas que el día 24 fueron halladas en las tres camionetas en torno de los Arcos del Milenio. La finca sigue sujeta a investigación.

Un analista forense consultado por **Proceso** llama la atención sobre las características del múltiple homicidio. Asegura que la forma en que se privó de la vida a los 26 hombres da fe de un *modus operandi* que ningún investigador puede pasar por alto. "Seguramente los captores se concentraron en algún lugar donde no podían hacer detonaciones de arma de fuego y por ende optaron por matarlos a golpes o asfixiándolos".

El entrevistado cuestiona la versión de que uno o varios de los muertos sean inocentes: "No se equivoquen, la mafia no escoge al azar; las bandas rivales saben tras de quién van, ubican perfectamente a sus rivales y los lugares donde operan, identifican a quienes están en el negocio y sólo bajo un lamentable error se puede justificar que un occiso se encontrara en el lugar equivocado, en el momento inoportuno y acompañado de la persona equivocada. Sólo así se puede entender la muerte de inocentes en este hecho".

Dante Haro Reyes, investigador de la Universidad de Guadalajara, asegura que la escalada de violencia en Jalisco se advertía desde hacía varios meses y que la presión creció para esta entidad al amparo de una especie de *vendetta* encabezada por Los Zetas contra Los Chapos, a raíz de los acontecimientos registrados en Boca del Río, Veracruz, donde se abandonaron 35 cuerpos de zetas en una de las principales avenidas de esa ciudad en septiembre de 2011 en un hecho similar al ocurrido en Guadalajara.

Según Haro la ejecución de los 26 hombres en Guadalajara es una venganza del Cártel Zetas-Milenio por lo ocurrido en Veracruz, toda vez que el Cártel Jalisco Nueva Generación se adjudicó aquel ataque y que fueron "ellos mismos –los de Nueva Generación– quienes subieron un video a *YouTube* en su propio territorio (zeta). Y se supone que Nueva Generación tiene el cobijo del Cártel de Sinaloa".

Subraya que el aumento de la violencia en Jalisco y Sinaloa es apenas un aviso de los tiempos difíciles que se avecinan y prevé una jornada electoral en 2012 complicada en materia de seguridad.

A tono con esto, el criminalista Alfredo Rodríguez habla incluso de condiciones de alto riesgo para líderes sociales, políticos o funcionarios en los próximos meses ante la crisis de seguridad, de corrupción y el embate de las bandas que reclaman los territorios de Jalisco.

Haro habla de la incapacidad de las autoridades estatales y municipales y de la manera en que los delincuentes presumen actos de impunidad. "También es un aviso a la ciudadanía sobre su capacidad de acción, exhiben un acto de barbarie y de terrorismo... que los beneficia en la realización de delitos colaterales, como secuestros, extorsiones y cobros de piso. Esto es un claro mensaje de que no están jugando".

Asegura que las 10 denuncias por desaparición y secuestro de personas, antes del abandono de los 26 cuerpos, demuestran falta de capacidad de las autoridades para defender a la población civil. Añade que el abandono de los 26 cuerpos en la zona metropolitana ocurre cuando la Policía Federal y el Ejército salieron de la ciudad, después de cuidar el orden durante los Juegos Panamericanos y Parapanamericanos.

Haro denuncia un subejercicio de 40% en los recursos asignados a seguridad en Jalisco: "Aquí se gastó nada más 60% del presupuesto, a pesar de los serios problemas que existen. En Jalisco 97% de los delitos cometidos son castigados", asegura.

Por su parte, el secretario de Seguridad Pública de Jalisco, Luis Carlos Nájera, afirma que la narcomanta en donde se hace alusión a los gobernadores Emilio González Márquez y Mario López sólo busca mermar la credibilidad de la autoridad por parte de las bandas del crimen organizado, tal como ha ocurrido con otros mensajes dirigidos contra el Ejército o el presidente Felipe Calderón en otras entidades. "Lo que quieren es que la gente tenga desconfianza de su autoridad y que no denuncie".

–El señalamiento en la manta dejada por los presuntos ejecutores es directo en cuanto a la supuesta relación de ambos gobernadores con el cártel que encabezan *El Chapo* Guzmán y *El Mayo* Zambada. ¿Cuál es su punto de vista? –se le pregunta a Nájera.

El jefe policiaco rechaza cualquier liga con bandas de criminales y con sarcasmo responde aludiendo al encuentro que tuvo Julio Scherer García con *El Mayo* a principios de 2010. Comenta: "A lo mejor él tiene un poquito más de información que nosotros, ¿no?"

–¿Hay preocupación de las autoridades de Jalisco?

–Lejos de eso. Lo que hay es trabajo. No es el primer embate de un grupo delictivo; tenemos que seguir trabajando, hacer labor de inteligencia y trabajar todos unidos para que esto no crezca.

Por su parte, la delegación en Jalisco de la PGR aclaró que no ha ejercido la facultad de atracción del caso de los 26 asesinados, pero afirmó que colabora en la investigación que lleva la fiscalía estatal. Tampoco hay ninguna indagatoria sobre presuntos nexos del gobernador de Jalisco con el Cártel de Sinaloa, como se aseguraba en la lona que apareció junto a los cuerpos encontrados el 24 de noviembre, dice el vocero de la delegación, Ulises Enríquez.

13 de mayo de 2012

La matanza anunciada

GUADALAJARA, JALISCO.- Hace cinco meses, la víspera de que se localizaran los 26 cadáveres en los Arcos del Milenio, las autoridades judiciales recibieron denuncias sobre algunos levantones en varios municipios jaliscienses, pero no les dieron seguimiento. La historia se repitió hace unos días, cuando varias decenas de personas fueron secuestradas y el miércoles 9 de mayo de 2012 aparecieron 18 cadáveres en dos camionetas en la carretera a Chapala y dos más cerca de El Arenal.

Hasta la madrugada del 12 de mayo aún no aparecían todos los secuestrados, entre ellos una mujer. Y aun cuando los familiares de uno de los plagiados pagaron el rescate, nunca regresó. Sus restos desmembrados aparecieron junto con los de otras 17 personas el 9 de mayo. Cinco de ellos fueron decapitados vivos, otros tenían el tiro de gracia, según los peritos.

La PGJ de Jalisco sabía lo que estaba sucediendo en Ajijic, San Nicolás de los Ibarra, San Antonio y San Juan Cosalá, entre los municipios de Chapala y Jocotepec, en la ribera del lago, donde grupos de desconocidos estaban levantando gente, según testimonios de algunos plagiados que escaparon de sus captores el 8 de mayo.

La "siembra" de cadáveres se volvió a presentar de manera similar a la de noviembre pasado en los Arcos del Milenio, en esta ciudad, sólo que ahora los cadáveres fueron abandonados en el kilómetro 25 de la carretera a Chapala y en una brecha que va a la comunidad de La Querencia, en territorio de Ixtlahuacán de los Membrillos. Un grupo de desconocidos dejó ahí dos vehículos con 18 cuerpos –13 más o menos completos y cinco descuartizados y decapitados– la mañana del 9 de mayo.

Y aunque la PGJ admite que desde el 27 de abril tenía información sobre varios levantones en el municipio de Chapala, sus agentes no fueron a investigar ni informaron a la comunidad sobre lo que estaba pasando.

Según los testimonios de los lugareños, recogidos por los medios locales, hace más de 15 días dos adolescentes y un adulto fueron levantados por hombres armados en San Juan Cosalá. Y pese a que los familiares presentaron la denuncia ante la PGJ los peritos no comenzaron a investigar hasta que aparecieron las camionetas con los 18 cadáveres.

El 11 de mayo por la noche aún se veía en el poblado una manta con los nombres de los desaparecidos: Liliana, Pedro y Armando. Sus familiares no saben si están vivos; sólo claman que los tres son inocentes y exigen a sus captores que los liberen.

Para las autoridades de Jalisco las ejecuciones son resultado de un encontronazo entre chapos-golfos y zetas-milenios que se disputan el territorio jalisciense. Los reportes policiacos indican que las bandas habían planeado levantar a medio centenar de personas y llevarlas a una casa de Ahuisculco, municipio de Tala, donde serían ejecutados.

De acuerdo con el plan, los cuerpos serían tirados en lugares próximos a la zona metropolitana de Guadalajara el 10 de mayo. Pero la fuga de 10 personas el día 8 alteró el plan original.

Para la procuraduría estatal el multihomicidio es una respuesta de Los Zetas y sus aliados del Cártel del Milenio a la banda de *El Chapo* Guzmán, cuyos sicarios ejecutaron el pasado 4 de abril a

23 personas en Nuevo Laredo, Tamaulipas. Ese día aparecieron 14 cuerpos en una camioneta abandonada y nueve más colgados en un puente peatonal.

La fuga

La mañana del 9 de mayo los pobladores de Ixtlahuacán de los Membrillos supieron del hallazgo de los 18 cuerpos mutilados. La PGJ aseguró una Ford Ecosport en la que se encontraron cinco cabezas humanas, piernas, brazos y otros restos, así como otra camioneta Toyota Sienna con los demás cuerpos.

Las unidades fueron trasladadas al Instituto Jalisciense de Ciencias Forenses con su "carga" para realizar los peritajes de ley y para evitar que los reporteros y fotógrafos se enteraran del hallazgo.

El 10 de mayo el periódico *Mural* publicó una nota en la cual indicaba que, según versiones extraoficiales, en las dos camionetas había mensajes contra *El Chapo* Guzmán, *El Mayo* Zambada y José Ángel Carrasco Coronel, sobrino del desaparecido *Nacho* Coronel, líderes del Cártel de Sinaloa.

La nota aludió también a la presunta protección del gobierno de Jalisco a ese grupo. El procurador estatal, Tomás Coronado Olmos, rechazó el señalamiento y negó que se hubieran encontrado mensajes o amenazas contra autoridades estatales.

Ese mismo día aparecieron otros dos cuerpos en el municipio del Arenal; ambos tenían el tiro de gracia. La policía los relacionó con el mismo hecho. Coronado Olmos declaró que al parecer la mayoría de los muertos no tenía que ver con la delincuencia organizada.

El 9 de mayo el procurador admitió que era imposible precisar el número de víctimas pues sus cuerpos estaban desmembrados. Tras reunirse con el gabinete de Seguridad, encabezado por el gobernador Emilio González Márquez, en Casa Jalisco, Coronado dijo que el hallazgo estaba relacionado con el descubrimiento de una decena de personas secuestradas en el poblado de Ahuisculco, en Tala, de donde algunos lograron escapar de sus captores la mañana del 8 de mayo.

Incluso declaró que el mismo día en la población de Navajas, en el mismo municipio de Tala, fue capturada Laura Rosales Sánchez, de 25 años y oriunda del lugar, quien cuidaba a los secuestrados en la vivienda propiedad de su familia.

Estaban encerrados en una vieja finca marcada con el número 34 de la calle Ignacio Zaragoza, a unos metros de una escuela primaria y del lienzo charro Nati Cano. En el interior de la vivienda asegurada los policías y empleados del Servicio Médico Forense buscaron indicios de personas asesinadas. No encontraron ninguna pista.

Según testimonios recabados por **Proceso**, antes de la llegada de las autoridades a ese poblado al menos ocho de los afectados acudieron directamente a las casas de algunos pobladores para pedir comida y solicitar permiso para realizar una llamada telefónica a sus familiares... y a la policía:

"Vimos que cuatro de los secuestrados entraron por la parte de la huerta a mi finca y nos asustamos. Les ofrecimos un poco de agua y les pedimos que, por favor, salieran de la casa; nos daba miedo que permanecieran en ella", relata una de las personas que brindó auxilio a los secuestrados.

El delegado municipal de Ahuisculco, Fernando Ortega, y varios pobladores localizaron a los fugados y los llevaron al ayuntamiento. Ahí les dieron agua y comida y los interrogaron. Algunos iban totalmente desnudos. Uno de ellos llegó a la carretera Tala-Guadalajara para pedir ayuda.

Eran las 10 de la noche del 8 de mayo y las unidades de la policía estatal aún montaban guardia en la zona. Durante más de cuatro horas Ahuisculco fue tomado virtualmente por agentes policiacos y soldados. Estos últimos bloquearon las cinco entradas a la ranchería, donde habitan poco menos de mil personas.

Sin embargo ni la fuga de varios secuestrados ni el despliegue policiaco-militar pudo disuadir el plan de "siembra" de cadáveres establecido para el 10 de mayo; sólo se adelantó un día, según informó el diario *El Occidental* el 9 de mayo y aludió al decomiso de un narcolaboratorio localizado en Acatlán de Juárez tras la captura de Laura Rosales.

Una procuraduría negligente

En sus declaraciones Laura Rosales relató que fue su hermano Ángel Rosales –al que apodan *El Terrillo* y a quien la policía considera el líder de Los Zetas en Chapala– el que se encargó de "reunir" a las víctimas "por órdenes de su patrón", aunque no dio su nombre.

Dijo también que su hermano iba a ejecutar a los plagiados para luego abandonar los cadáveres en dos vehículos en Ixtlahuacán.

Según el procurador, la detenida admitió que trabajaba para Los Zetas y aludió a las ejecuciones realizadas por la gente del Cártel de Sinaloa en Nuevo Laredo, Tamaulipas, y la respuesta que preparaban sus rivales en Jalisco "para que todo mundo supiera las cosas. Ahí están los resultados", dijo el funcionario.

Las autoridades estatales consideran posible que entre las personas que custodiaba Laura Rosales en Ahuisculco se encontraran algunos de los levantados en la ribera de Chapala entre el 24 de abril y el 8 de mayo, la víspera del hallazgo de los 18 cuerpos mutilados.

El mismo día 8, habitantes de esa zona de Chapala llamaron a la redacción de **Proceso Jalisco** para denunciar los levantones en la región y para quejarse de la nula respuesta de la PGJ.

La tarde del 9 de mayo Coronado dijo que desde finales de abril la procuraduría recibió denuncias sobre desapariciones en Chapala. Al principio dijo que eran 15, pero luego corrigió y dijo que eran 30. Admitió también que en la región Valles se reportaban 12 quejas similares.

A decir de los vecinos de Chapala, la PGJ actuó con negligencia, aun cuando en esa zona residen miles de extranjeros. Se portó como en noviembre pasado, cuando a pesar de que tenía 10 denuncias sobre desaparición de personas, actuó sólo cuando aparecieron 26 cuerpos abandonados en las inmediaciones de los Arcos del Milenio la madrugada del 24 de noviembre (**Proceso** 1830 y 1831).

Esa vez el forense Alfredo Rodríguez criticó la incapacidad de las autoridades estatales para enfrentar ataques directos a la población, mientras el investigador de la Universidad de Guadalajara Dante Haro calificó el multihomicidio como un acto de narcoterrorismo en el marco de la guerra entre chapos y zetas.

Hasta el 12 de mayo sólo se habían identificado los cuerpos de varios meseros de entre 16 y 28 años que trabajaban en el restaurante Piedra de la Iguana, en un lugar conocido como Piedra Barrenada, al borde del lago de Chapala, y varios estudiantes.

Uno de ellos, Jesús Martínez Delgado, de 18 años, cursaba el quinto semestre de ingeniería en la Universidad de Guadalajara y había sido levantado el 6 de mayo; otro era Juan Luis Sandoval, de

16 años, quien también cursaba ingeniería, y David Martínez Velázquez, de 18, recién egresado de preparatoria.

La SSP estatal se vio más activa que la PGJ al capturar a cuatro presuntos sicarios de Los Zetas implicados en los levantones y en la masacre. Se trata de Héctor Manuel López, de 31 años y con antecedentes penales por delitos contra la salud y robo a negocios; Milton Enverado Castro, de 21; Ramón Parada Talamantes, de 44, y César Alejandro Rodríguez Cervantes, *El Moco*, de 20. Este último fue captado en video cuando retiraba efectivo de un cajero automático con la tarjeta de una de las víctimas. Todos residían en Tala.

El 11 de mayo la PGJ giró órdenes de aprehensión contra Armando Rafael Figueroa Martínez, *El Cali*, *El Colchón* o *El R-20*; Juan Carlos Antonio Mercado, *El Chato* o *El Molino* y Ángel Rosales Sánchez, *El Jabalino*, *El R-25* o *El Terrillo*, hermano de Laura Rosales.

El día anterior la SSP estatal localizó una casa rodante en San Nicolás de los Ibarra, municipio de Chapala, presuntamente robada semanas atrás. Los agentes encontraron en su interior un arsenal que incluía siete fusiles AR-15, tres AK-47, varias granadas de fragmentación, cuatro pistolas de diferentes calibres y cargadores para los cuernos de chivo, así como parque.

El mismo día 10 la PGR confirmó que personal asignado a la institución se sumaba a las investigaciones, si bien aclaró que no atraería el caso del multihomicidio.

20 de mayo de 2012

La brutal pelea por las rutas

Luciano Campos Garza

MONTERREY, NUEVO LEÓN.- Nuevo León, estado gobernado por el priista Rodrigo Medina de la Cruz, se ha vuelto escenario de las peores matanzas en el país. El 13 de mayo de 2012 ocurrió la más reciente: En San Juan, municipio de Cadereyta, 49 cuerpos fueron tirados en un paraje a orillas de la carretera.

Nadie vio cuando, en la madrugada, fueron arrojados ahí los cadáveres sin cabezas ni extremidades. La PGJ de Nuevo León supone que los cuerpos fueron transportados en un camión de volteo.

Los mutilados de Cadereyta se suman a una cada vez más abultada lista de homicidios masivos en Monterrey y sus municipios conurbados perpetrados durante la administración de Medina de la Cruz: Los 51 cadáveres enterrados en las narcofosas halladas en el municipio de Benito Juárez; los 21 acribillados en el bar Sabino Gordo, del centro de la capital; los 52 calcinados en el ataque al casino Royale y los 44 internos asesinados en el Cereso de Apodaca, de donde en la misma jornada escaparon 37 reos.

A esto se agrega el hallazgo, el 18 de mayo, de cuatro narcofosas en el municipio de China, 120 kilómetros al norte de Monterrey, en los límites con Tamaulipas.

Un comunicado de la Sedena dio a conocer este hecho, que se derivó de declaraciones de ocho presuntos miembros del Cártel del Golfo detenidos el 17 de mayo en un operativo militar montado luego del hallazgo de los 49 mutilados de Cadereyta.

Una fuente cercana a la investigación señaló extraoficialmente que habían hallado un cuerpo calcinado en cada una de las fosas, localizadas a un lado del kilómetro 10 de la carretera que va de China al municipio tamaulipeco de Méndez. No se descartaba que hubiera más restos en cada fosa.

Para Aldo Fasci Zuazua, exsecretario de Seguridad Pública de Nuevo León, el incremento de la violencia en la entidad obedece a las disputas por el control de las rutas para el trasiego de mercancía ilícita, donde los cárteles de Sinaloa y del Golfo se aliaron para expulsar a Los Zetas.

En su opinión, Ciudad Juárez –donde actuaban los narcos de Sinaloa y del Golfo– comienza a aplacarse y la temperatura en Nuevo León sube porque en el norte nuevoleonés están las vías estratégicas para acceder a Reynosa y Nuevo Laredo, Tamaulipas, puntos idóneos para entrar a Texas.

La intimidación

En la comunidad rural de San Juan, en Cadereyta Jiménez, a un lado del kilómetro 47 más 200 de la carretera libre a Reynosa, fueron tirados los cuerpos desmembrados de 43 hombres y seis mujeres.

A las dos de la mañana del 13 de mayo llegaron al lugar agentes de todas las corporaciones policiacas que operan en la entidad y cercaron la escena. Ningún reportero o fotógrafo tuvo acceso.

Al mediodía el procurador nuevoleonés Adrián de la Garza Santos dio una conferencia de prensa en la que conjeturó que, debido al evidente estado de putrefacción de los cuerpos, algunos tenían hasta 48 horas muertos y que habían sido asesinados en un lugar diferente. Agregó que fueron mutilados para dificultar su identificación y señaló que se investiga si se trata de inmigrantes.

En la misma conferencia el vocero de seguridad estatal, Jorge Domene Zambrano, dijo que junto a los cuerpos había una manta con un mensaje en el que supuestamente Los Zetas reivindicaban esas muertes.

El mensaje decía: "Esto va para todos los Golfos, Chapos, Marinos, Huachos y todo el Gobierno. Nadie nos va a poder hacer nada. Se la van a pelar. Atte. El Loco, Z-40 y Comandante Lazcano".

Domene asoció estos hechos a otros similares que recientemente han ocurrido en Tamaulipas, Jalisco y Veracruz. Fue el procurador quien insinuó que las víctimas podrían proceder de otros estados u otro país.

"Una de las cosas que nos llama la atención es que al menos en el estado no ha habido en los últimos días denuncias masivas de esas cantidades de gente desaparecida. Por eso pensamos que probablemente pueden ser de alguna otra entidad o migrantes", dijo.

Sin embargo el 15 de mayo fueron desplegadas mantas en Zacatecas y San Luis Potosí en las que presuntamente Los Zetas se deslindaban de esas ejecuciones.

Los textos decían:

"Srio. Javier del Real, Jorge Domene, Adrián de la Garza. El grupo de los Zetas se deslinda de los 49 descuartizados en Nuevo León y les pedimos que antes de echarnos la culpa chequen bien. Investiguen, hagan su trabajo como debe ser. No sólo porque van y les tiran un camión con cuerpos con un mensaje zetas ya no van a continuar hacer su trabajo. Y por hacer las cosas fáciles hasta conferencia de prensa están dando. Y así se quitan ya su responsabilidad de investigar. Señores no sean tontos. Los que hicieron eso querían que nos responsabilicen de eso. Por ejemplo. Cuando nosotros ponemos mantas decimos 'Las Golfas' y ellos se ponen 'Golfo'.

"Señores no sean tontos analicen las cosas y no hagan su trabajo a lo fácil. Ya para quitarse el paquete ese y también pónganse a pensar si lo hubiéramos echo nosotros que nos cuesta tirárselos dentro de Reynosa? Ellos los tiraron en Nuevo León porque es tierra de nosotros. Señores no sean tontos, ni les sigan la corriente investiguen nos deslindamos de esos 49 muertos. Solamente los de Jalisco y los 9 colgados de Nuevo Laredo si aceptamos nuestra responsabilidad y en la manta de Nuevo Laredo pongan atención y dice Golfos y chequen todas la que hemos puesto y dicen Golfas."

La madrugada del 16 de mayo aparecieron mantas similares en distintos puntos de Nuevo León.

De la Garza tuvo que aclarar que el gobierno nuevoleonés no había acusado a ningún grupo criminal de la autoría del hecho, sino sólo había comentado a los medios quién se atribuía los crímenes, según el mensaje encontrado.

También informó que hasta el 16 de mayo ningún cuerpo había sido identificado ni reclamado y que la PGR podría atraer la investigación.

El 17 de mayo fue difundido en *blogdelnarco.com* un video que presuntamente grabaron quienes arrojaron los cadáveres en Cadereyta. En poco más de siete minutos de imágenes muy oscuras se observan las maniobras de un grupo de personas que parecen descargar los cuerpos mutilados y además dejan una manta blanca con letras negras. El gobernador Medina aseveró que las autoridades ya analizan el video para verificar su autenticidad.

Apodaca

A unos 40 kilómetros del sitio donde fueron tirados los cadáveres está el penal estatal de Apodaca, donde ocurrió otro hecho violento: La madrugada del 19 de febrero de 2012 un grupo de internos se amotinó. Encerraron a los celadores que, según una fuente cercana a las investigaciones, entregaron a los reos las llaves de los dormitorios para que asesinaran a 44 internos que Domene identificó como integrantes del CDG.

Una hora antes de la matanza se habían escapado 37 reos. El penal está a un lado del campo militar de Escobedo.

No hubo disparos. Los internos fueron asesinados, al parecer, uno por uno a golpes y con "puntas". Los cadáveres quedaron amontonados en un rincón del patio y estaban tan desfigurados por el castigo físico que sus familiares tuvieron dificultades para reconocerlos.

El director del penal, Guillermo Miguel Andrés Martínez, tres mandos y 17 custodios fueron arraigados. El 16 de marzo recibieron auto de formal prisión por los delitos de evasión de presos, delitos cometidos contra la justicia, delitos contra la seguridad de la comunidad en un centro de detenciones y delincuencia organizada.

Rodrigo Medina esperó a que pasara la crisis penitenciaria. Cinco días después, cuando el gobierno federal hacía el recuento de los daños en el penal, el gobernador cesó al secretario de Seguridad Pública, el general retirado Jaime Castañeda Bravo, y en su lugar nombró al también militar en retiro Javier del Real Magallanes.

De acuerdo con el gobierno nuevoleonés, Andrés Martínez recibía dinero de Los Zetas para que los dejara controlar el reclusorio. Por eso en las conferencias de prensa posteriores a la matanza el gobernador reiteró que los hechos fueron producto de una traición dentro de las instituciones.

Otros hitos

El hecho criminal que ha provocado mayor indignación en la entidad es el ataque incendiario al casino Royale, donde 52 personas murieron la tarde del 25 de agosto de 2011.

Un comando zeta roció gasolina en la entrada del centro de apuestas y le prendió fuego. El piso alfombrado ardió y decenas de personas quedaron atrapadas dentro del inmueble, que tenía muy pocas salidas de emergencia.

Hasta ahora los familiares de quienes murieron en el Royale no están conformes con el peritaje del gobierno estatal, que señaló que sí había salidas de emergencia suficientes y que de cualquier manera nadie hubiera podido sobrevivir a los 600 grados centígrados que generaron las llamas.

Samara Pérez, quien estuvo en la jornada trágica donde perdió a un hijo, refuta a las autoridades e insiste en que los deudos buscarán un peritaje independiente que arroje una verdad imparcial.

"Dicen que nadie pudo haberse salvado. ¡¿Cómo es que yo me salvé?!", cuestiona en entrevista.

Antes del casino Royale, Nuevo León ya había fijado un récord macabro: el ataque del 8 de julio de 2011 al bar Sabino Gordo, en la zona roja del centro de Monterrey.

Esa noche hombres armados ingresaron al lugar y dispararon contra clientes y trabajadores. Murieron 21 personas en lo que constituye la mayor matanza en un bar de Nuevo León. El gobierno estatal atribuyó la autoría del crimen a narcomenudistas.

Benito Juárez, al poniente de Cadereyta, fue noticia internacional al darse a conocer el 22 de julio de 2010 el hallazgo de narcofosas con 51 cadáveres en la abandonada hacienda Calderón.

Soldados y efectivos de la Agencia Estatal de Investigaciones (AEI) tardaron tres días en extraer los restos del fondo de un socavón usado como basurero. Del total, 10 cuerpos nunca fueron reclamados y se enviaron a la fosa común. Nunca se dio información oficial acerca de la investigación de estos hechos, aunque trascendió que algunas de las víctimas eran inocentes secuestrados y otras eran criminales de grupos rivales a los de sus asesinos.

Nuevas formas de violencia

En el segundo aniversario de la muerte de Jorge Antonio Mercado Alonso y Javier Francisco Arredondo Verdugo, estudiantes del Tecnológico de Monterrey asesinados a tiros por soldados el 19 de marzo de 2010 en el campus principal, la institución publicó su propuesta para mejorar la seguridad en el país: *Pronunciamiento y propuestas del Tecnológico de Monterrey para mejorar la seguridad en México*, elaborado por Fasci Zuazua.

En el resumen ejecutivo del documento, que contiene información actualizada hasta el 31 de octubre de 2011, se señala que Nuevo León ha visto formas de violencia nuevas en la entidad, como los coches-bomba y los asesinatos masivos o "masacres", como llaman a las ejecuciones de cinco o más personas en un solo hecho.

El estudio muestra a Nuevo León como el tercer lugar en percepción de inseguridad, con 82%, debajo de Chihuahua y el Distrito Federal.

Es el quinto lugar en ejecuciones, con 64 por cada 100 mil habitantes.

Al analizar el fenómeno de la criminalidad en la entidad, Fasci observa que los grupos criminales se pelean las vías para el trasiego de valores ilegales entre Monterrey y la frontera texana.

"Por aquí pasan las rutas, es así de sencillo. Por aquí llegan a Texas drogas, armas, dinero e indocumentados, cuatro temas clave para cualquier organización delictiva. Las rutas cambiaron. Hay una alianza entre El Golfo y Sinaloa. La ruta que había hacia El Paso, Texas, por Ciudad Juárez, se abrió hacia acá. Por eso Juárez se está calmando y la zona del noreste se está incendiando", estima quien fue también subprocurador de Ministerios Públicos del estado.

Con más de 10 años de experiencia como asesor en materia de seguridad y actualmente candidato a una diputación federal por el Partido Verde en alianza con el PRI, considera que las carreteras más socorridas son las que comunican a Reynosa y Nuevo Laredo.

Por eso, en esta última ciudad, el 4 de mayo de 2012 fueron colgadas nueve personas como saldo de la disputa entre cárteles. "Pero a fin de cuentas todo esto es una lucha de poder, porque yo no veo que un grupo criminal le robe la droga a otro".

En el mismo sentido se pronunció el gobernador Medina, quien atribuyó el hecho a una disputa de las organizaciones criminales por las rutas para transportar drogas.

"Sigue la lucha entre bandas del crimen organizado, no perdamos de vista que los verdaderos enemigos son los criminales, que son ellos quienes provocan esta violencia por la lucha sobre las rutas, el mercado de las drogas, sobre todo hacia Estados Unidos", dijo al día siguiente del hallazgo en Cadereyta.

Del Real Magallanes consideró que el hecho tenía la intención de enviar un mensaje: "No me cabe duda que esto es una medida tomada de la delincuencia organizada de carácter mediático, que pretendía llamar la atención de la población, de la sociedad y sobre todo del grupo contrario, al que se dirigen, al que lanzan la amenaza. Y el resultado aquí lo estamos viendo, que desde muy temprano todos ustedes estuvieron pendientes de lo que ahí aconteció, entonces se cubrió el objetivo por parte de ellos", señaló.

Fasci afirma que la presentación de cuerpos descuartizados proporciona un mensaje de intimidación hacia la ciudadanía y de poder hacia los rivales, como ha ocurrido en otros estados.

Señala que pese a la violencia intimidatoria que ha sido exhibida públicamente en todo el país, hay una salida, y adelanta que presentará un plan para remediar paulatinamente el fenómeno de la delincuencia.

Tras analizar durante tres años los incidentes relacionados con la inseguridad, concluye que el gobierno federal acierta al atacar la logística, combatiendo a sicarios, desmantelando casas de seguridad e incautando armas, pero también le falta atacar las entradas de dinero.

Explica que en la industria del crimen, como en cualquier empresa, hay ingresos, egresos y utilidades.

Las utilidades son las que se reparten, pero la organización se mantiene con ingresos procedentes del secuestro, cobro de piso, robo de vehículos, de gasolina y venta de droga al mayoreo y menudeo.

"Pero no lo estamos atacando adecuadamente. Estamos deteniendo gente, reventando casas de seguridad y decomisando armas. Eso es cómo y quién lo hace, pero nos falta atacar la causa, que es el ingreso. Por eso hay que atacar el robo de la gasolina, que es un ingreso importante. En lugar de atacar que entre droga aquí, hay que evitar que aquí se quede", dice.

El plan propone también cerrar las fronteras para que no entren más armas, una medida que México puede concretar sin necesidad de presionar al gobierno estadunidense para que impida el contrabando hacia el sur.

En su propuesta está, asimismo, la creación de una policía nacional contra la delincuencia organizada, en la que deberán participar estados y federación aportando sus efectivos.

CAPÍTULO 7

LOS LIDERAZGOS

15 de julio de 2012

La z se divide

Jorge Carrasco Araizaga y Juan Alberto Cedillo

La mañana del 1 de junio de 2012 un grupo de jóvenes colgó una gran manta en el jardín Independencia en el Centro Histórico de Zacatecas. Casi al mismo tiempo cuatro adolescentes subieron las escaleras de un puente peatonal que cruza la transitada avenida Félix U. Gómez, del centro de Monterrey, para colocar el mismo narcomensaje que tenía en el centro una gran fotografía de *El Lazca*.

Alrededor de la imagen del *Lazca* había siete más pequeñas de otros capos zetas que han sido muertos o capturados, entre ellos Jesús Enrique Rejón Aguilar, *El Mamito*; Jaime González Durán, *El Hummer*; Arturo Guzmán Decena, *El Z-1* y Raúl Lucio Hernández Lechuga, *El Lucky*.

Por esos días también fue subido a *Youtube* un corrido con la siguiente advertencia: "Pongan atención cárteles de México y de otros países, ésta es la historia de una persona que ha traicionado a compañeros aliándose con federales para así entregárselos y su plan es ser líder de Los Zetas".

Con esa advertencia comienza el video que llamaron "la verdadera historia del Z-40", en alusión a Miguel Ángel Treviño Morales, quien junto con *El Lazca* tiene el control de Los Zetas, el grupo que hasta 2009 operó como brazo armado del Cártel del Golfo al servicio de Osiel Cárdenas Guillén, ahora preso en Estados Unidos.

Luego apareció otro video: *Nuevo corrido de Los Zetas*, en el que se narran las supuestas traiciones que ha cometido el "Nuevo Judas", como identifican a Treviño Morales, contra algunos integrantes de esa organización.

El 7 de junio el mismo mensaje con la foto del *Lazca* al centro apareció frente a la presidencia municipal de Ciudad Mante, Tamaulipas. Pero esa vez fue colocado en la puerta de un camión de carga en cuyo interior había 14 cadáveres mutilados.

Esos mensajes y hechos como el descuartizamiento de 49 cuerpos abandonados la madrugada del 13 de mayo de 2012 en Cadereyta, dejan ver una nueva división en uno de los grupos más poderosos y diversificados en la República, lo que podría ser el preludio de un nuevo baño de sangre.

"El Z-40" vs. "El Lazca"

Fuentes de seguridad del gobierno federal confirman a **Proceso** que hay una división entre Los Zetas y consideran que la pugna es por el liderazgo. Mencionan incluso que Treviño Morales puede traicionar y hasta entregar a *El Lazca*, el único de los militares de élite que sigue en la organización. Los demás desertores del Ejército que crearon Los Zetas al inicio del sexenio de Vicente Fox han sido asesinados o encarcelados.

"*El* Z-40 ha traicionado y ha estado poniendo a gente del *Lazca*", aseguran las fuentes oficiales, quienes agregan que Lazcano se ha estado desplazando entre Europa y Centroamérica. Hace poco fue ubicado en Costa Rica, a donde llegó desde Alemania.

Lazcano ha perdido mucha gente de su confianza y eso lo ha obligado a replegarse, aunque la reciente detención de José Treviño Morales, hermano del Z-40, lo puede favorecer, dicen.

José Treviño fue detenido el 12 de junio en Estados Unidos, acusado de lavar dinero para su hermano. La investigación en ese país tiene que ver sólo con la célula de Los Zetas a cargo de Treviño Morales y no implica a toda la organización delictiva.

El Z-40, quien ha sido ubicado entre Piedras Negras, Coahuila, y Aguascalientes, podría tornar todavía más violento a ese cártel si logra quedarse con el control, pues se ha distinguido como un operador impulsivo, advierten las fuentes.

Las noticias sobre la división zeta no son nuevas. Desde abril de 2011 la firma texana de inteligencia Stratfor dio cuenta de versiones en ese sentido:

"Stratfor ha escuchado rumores de una división entre el líder de Los Zetas, Heriberto Lazcano Lazcano, *El Lazca*, y el número tres de la organización, Miguel Ángel Treviño Morales, *Z-40*. Sin embargo no nos ha sido posible confirmar esto o determinar si el desgaste de líderes secundarios fue afectado o causado por tal división."

Las versiones no quedaron ahí. En junio de 2011 se informó que Lazcano había muerto en un enfrentamiento con el Ejército en Matamoros. La Sedena lo desmintió.

Narcomensaje

Las narcomantas que aparecieron en Zacatecas, Monterrey y Ciudad Mante en junio pasado empiezan con una advertencia: "Esto va para todos los compañeros que quedan cerca del jefe Lazcano y Z-40".

Los autores del texto usaron el nombre de Guzmán Decena, el militar que fundó Los Zetas y que murió en Matamoros en noviembre de 2002 en un enfrentamiento con sus excompañeros del Ejército.

El recurso fue para preguntar a Heriberto Lazcano si la captura de algunos jefes zetas son casualidades o han sido traiciones. Las bajas han sido ante el Ejército o la Marina. Pero la mayoría han caído en manos de la PF.

En las narcomantas se dice que la detención de Germán Torres Jiménez, *El Tatanka*, era "entendible para quitar la calentura del gobierno de Estados Unidos". Esto porque en diciembre de 2008 aquél fue responsable del secuestro y asesinato del exagente del FBI Félix Batista, en Saltillo. Enseguida preguntan quién lo entregó: ¿Lazcano o *El Z-40*?

Después de haber sido capturado en Poza Rica, Veracruz, *El Tatanka* confesó a la PF que había abandonado la plaza de Saltillo porque supo que miembros de su grupo pretendían eliminarlo.

Otro de los nombres incluidos en las mantas es el de Efraín Teodoro Torres, *La Chispa* o Z-14, quien murió en el ataque del 3 de marzo de 2007 en Villarín, Veracruz, donde tenía lugar una carrera de caballos.

Su nombre salió de nuevo a la luz pública por la detención del hermano del Z-40 pues entre los acusados de lavar dinero para Miguel Ángel Treviño, la justicia estadunidense incluyó a Francisco Colorado Cessa, presente en los hechos donde murió *El Z-14*. Las narcomantas señalan que después de que mataron a Torres dejaron a su "familia en la calle".

Además está el nombre de Reyes Enrique, *El Rex* o *Z-12*, detenido en junio de 2007 en Hidalgo por militares. "Su ilusión era casarse confió en ti la ubicación de su boda y lo traicionaste poniéndolo el día de su boda", dice el narcomensaje que también cuestiona que al *Lucky* lo haya capturado la Marina cuando andaba solo, a pesar de que "era muy cuidadoso en su seguridad". Fue "¿casualidad o traición?"

Los narcomensajes también señalan que Miguel Ángel Treviño andaba junto con Daniel Pérez, *El Cachetes*, cuando éste fue detenido en Guatemala en abril de 2008. "Era el segundo de abordo tuyo como él no la libró y 40 sí. Casualidad o traición?"

Dicen también que el jefe zeta en Reynosa, *El Hummer*, le "estorbaba a 40 para que resaltara más que él".

Refieren además la detención de otro exmilitar fundador del grupo, *El Mamito*, y de Alberto José González Xalate, *El Paisa*, detenido por la PF en abril de 2012 en Saltillo cuando circulaba en un auto con su esposa y tres menores.

"Era buen amigo tuyo y cuidaba tus finanzas e intereses personales fue casualidad que los azules lo encontraran también andando en carro solo y con su familia?"

El mensaje termina con la siguiente frase: "Saca conclusiones... a la mayoria los detuvo los azules y es tan fácil como dar un numero telefónico y te ganchan.

"Los únicos que andaban comunicados contigo o 40 son todos los mencionados... casualidad o traición? Con quien estamos más seguros con Lazcano o con 40."

También en video

Los narcovideos son más explícitos: Dicen que el "Judas" de Los Zetas es Miguel Ángel Treviño. Lo implican en una serie de intrigas y asesinatos de los mismos compañeros del grupo y le advierten a Lazcano que *El Z-40* "no conoce de lealtad".

"Hay un dicho que es muy cierto, ni en tu sombra hay que confiar. Ese que tú traes a un lado no conoce la lealtad... Y tú por confiar en tu sombra, sabrá dónde acabarás", dice *El nuevo corrido de Los Zetas*.

"Ahí te dejo de recuerdo lo de la Sierra de Victoria, San Luis y San Fernando, acuérdate y haz memoria, te cayó todo el gobierno y por poco no la logras", añade.

Versiones que circulan en medios policiacos de Nuevo León aseguran que Los Zetas ya están divididos en dos bandos, uno de los cuales está negociando con los grupos descontentos del CDG para formar un grupo y abandonar al Z-40. Y destacan que Heriberto Lazcano tiene mucho tiempo al margen de las principales acciones.

Uno de los hechos que evidencian la división del grupo ocurrió la madrugada del 13 de mayo de 2012, cuando Jesús Elizondo Ramírez, *El Loco*, líder zeta en Cadereyta, desobedeció las órdenes del Z-40.

Capturado por los militares el 18 de mayo en el municipio de Guadalupe, confesó que "recibió órdenes de Heriberto Lazcano y Miguel Ángel Treviño y del jefe de la organización criminal en dicha entidad, el cual es conocido como *El Morro*, para que se coordinara con un individuo apodado *El Camarón* y abandonaran en la plaza principal de Cadereyta los cuerpos que le iba a entregar dicha persona, junto con una manta que los incriminaba como responsables de la matanza", informa un comunicado de la Sedena.

Elizondo Ramírez contó que un representante del *Camarón*, José Ricardo Barajas López, *El Bocinas*, fugado del Penal de Apodaca, lo citó en el poblado de Los Herrera, donde se encontró con 30 sicarios que le entregaron los 49 cuerpos, "los cuales fueron transportados en varias camionetas, incluyendo un camión de carga".

"Debido a las consecuencias previsibles que desencadenaría un evento de esta naturaleza en su contra", *El Loco* contravino las órdenes de sus jefes y decidió "dejar los cuerpos en donde posteriormente fueron localizados por las autoridades y no en la plaza central del municipio, como se le indicó".

Según esa versión, la madrugada del 13 de mayo *El Bocinas* se encargó de grabar la acción con su teléfono celular y posteriormente el video fue subido a *Youtube*, pero duró pocas horas en la red.

En su confesiones a los militares, Elizondo Ramírez confirmó que *El Z-40* estaba en Guatemala cuando fue detenido *El Cachetes*.

El comunicado de la Sedena precisa que Elizondo "señaló además que en el mes de marzo de 2008 formó parte de un grupo de sicarios encabezado por Treviño Morales, quienes incursionaron en el departamento de Zacapa, en Guatemala, para ampliar el control de la organización en dicho país, registrándose varios enfrentamientos con los grupos locales en donde falleció el narcotraficante guatemalteco Juan José León Radón, alias *Juancho* León".

Dos días después de que aparecieran los 49 cuerpos, el grupo que se está dividiendo colocó decenas de narcomantas en Ciudad Valles, luego en Zacatecas y finalmente en Monterrey, en las que niegan ser autores de la matanza de Cadereyta.

Otro de los hechos que muestran las divisiones zetas también sucedió en Monterrey, cuando policías estatales detuvieron a Juan Francisco Treviño Chávez, *El Quico*, sobrino de Treviño Morales.

Treviño Chávez fue detenido junto con su primo Jesús Chávez García la tarde del 12 de junio en un centro comercial de Monterrey por miembros de la AEI.

Treviño Chávez, de 31 años, estaba a cargo de la plaza de Nuevo Laredo y llegó a Monterrey para reorganizar al grupo que aún está con ellos. Fuentes policiacas informaron que su captura se debió a una denuncia anónima que alertó a los miembros de la AEI, una corporación que nunca detiene a narcotraficantes de ese calibre. Tras capturarlo mantuvieron en secreto el hecho durante dos días, hasta que una filtración a los medios sacó a la luz el caso.

Treviño Chávez fue el segundo familiar de Treviño Morales detenido ese día: el gobierno estadunidense había capturado ya al hermano menor del Z-40.

14 de octubre de 2012

La historia secreta

Anabel Hernández

Heriberto Lazcano Lazcano se convirtió en un dolor de cabeza para la Sedena desde el 18 de febrero de 1998, cuando fue detenido por primera vez en Reynosa, Tamaulipas, en una camioneta Chevrolet Silverado con 325 kilos de mariguana. Y todo indica que lo seguirá siendo, aun después de que el gobierno federal lo ha declarado muerto.

En ese momento *El Lazca* o Z-3, como también se le conoce, ya había cruzado la línea que separaba su trabajo como policía judicial federal adscrito a Tamaulipas y la ilegalidad. Trabajaba ya para el crimen organizado, al que perteneció hasta el 7 de octubre de 2012, cuando fue presuntamente acribillado por la Marina. Su carrera criminal dejó una estela de muerte, violencia e impunidad.

Proceso accedió a una ficha elaborada en 2007 por el Cisen y que concentra información recabada durante años por esta oficina de inteligencia.

La ficha dibuja claramente la trayectoria del cabo de infantería que se convirtió en uno de los criminales más violentos y poderosos en la historia de México, cuya organización –bautizada como Los Zetas– importó tácticas, disciplina y usos y costumbres del Ejército para el servicio del crimen organizado, lo que aumentó su eficacia y peligrosidad.

Dicha información contiene datos hasta ahora desconocidos y revela un punto de quiebre, cuando el buscado narcotraficante y líder del grupo paramilitar decidió dejar las filas del gobierno para trabajar de lleno en las del narcotráfico. Ésta es la historia secreta de *El Lazca*.

Nació en Navidad... tal vez

Heriberto Lazcano, también conocido como *El Verdugo*, nació en la Navidad de 1974 en Pachuca de Soto, Hidalgo, se afirma en la ficha del Cisen. Esta información coincide con aquella que la DEA difundía en su página electrónica ofreciendo una recompensa de 5 millones de dólares por el líder de Los Zetas. Aunque la ficha también señala que "en los registros de Estados Unidos aparece como fecha de nacimiento el 1 de enero de 1970".

Llama la atención que la fecha de nacimiento registrada por el Cisen no coincide con la del banco de datos del gobierno federal –hasta ahora desconocido–, en el cual presuntamente se consultaron las huellas dactilares del cadáver que el gobierno identifica como el de Lazcano. De acuerdo con ese archivo, el capo nació en 1975. Que haya una discrepancia entre el gobierno de EU y México no es extraordinario, pero una discrepancia entre los registros del propio gobierno federal sí llama la atención.

Al padre de *El Lazca* se le menciona como Gregorio Lazcano García y a su madre como Amelia Lazcano Pérez. A Verónica Abigaíl Flores Rodríguez se le ubicaba como una de sus parejas sentimentales.

Información de la Sedena obtenida por la Ley Federal de Transparencia y Acceso a la Información Pública señala que Lazcano se dio de alta en el Ejército el 5 de junio de 1991, a los 17 años. Ingresó como uno más de la tropa, con la matrícula B-9223601, y en 1993 ascendió a cabo de infantería, el primer escalón de la jerarquía militar. En ese puesto, reconoce la Sedena, aprendió el manejo de "armamento especial" y a "comandar escuadras".

Según la mencionada ficha del Cisen, Lazcano fue integrante del GAFE, cuerpo de élite creado, irónicamente, para combatir al narcotráfico.

De gafe a judas

Según la información del Cisen, a los 23 años Lazcano causó alta en la PGR como policía judicial federal y fue destacado en Tamaulipas, tierra del CDG cuyo líder, Juan García Ábrego, fue detenido y extraditado en 1996. Cuando Lazcano llegó al estado, el nuevo capo era Osiel Cárdenas Guillén, apenas siete años mayor que él.

De acuerdo con información recabada por fuentes militares, en 1997, cuando Enrique Cervantes Aguirre era secretario de la Defensa, comisionó a cientos de soldados para reforzar las operaciones de la ya muy corrompida Policía Judicial Federal (PJF) que dirigía el general Guillermo Álvarez Nahara. Fue uno de los primeros experimentos serios del gobierno federal de sacar a miembros del Ejército de sus cuarteles y encargarles tareas policiacas, con resultados terribles.

En Tamaulipas esos jóvenes policías pronto fueron cooptados por el CDG; uno de ellos era Lazcano. Y con el tiempo se convirtieron en el brazo armado de la organización delictiva, los temidos Zetas.

En la ficha del Cisen se establece que Lazcano ingresó a la PGR el 15 de junio de 1997 como agente C, fue asignado a la delegación de Tamaulipas y dado de baja el 30 de octubre de 1997.

El documento informa que el narcotraficante perteneció al GAFE, del cual no desertó sino que se dio de baja el 15 de abril de 1998. El lema del cuerpo militar era: "Ni la muerte nos detiene y si la muerte nos sorprende, bienvenida sea", el cual parece haber aplicado *El Lazca* en su carrera delictiva.

El 18 de febrero de 1998 personal de la Sedena detuvo en Reynosa, Tamaulipas, al *Lazca* con Julián Ramírez Carranza, Roberto Pérez Sierra y Martiniano de Jesús Jaramillo Silva. Se les aseguró un vehículo Chrysler Dodge tipo Van, modelo 1983, con placas de circulación ZYJ2795 de Estados Unidos, así como una camioneta GMC Chevrolet Silverado *pick up*, modelo 1994, color café y sin placas de circulación. Llevaban 325 kilos de mariguana y un teléfono celular, señala el documento confidencial del Cisen.

Esto ocurrió sólo ocho meses después de que el hidalguense había llegado como policía judicial a Tamaulipas, lo que revela que la cooptación del CDG a los gafes convertidos en judiciales fue muy rápida. Junto con Lazcano también se pasó a las filas del crimen organizado otro gafe que se desempeñaba como judicial: Arturo Guzmán Decena, primer líder de Los Zetas.

En ningún renglón de la ficha se explica por qué, pese a la detención y el decomiso de droga, Lazcano fue puesto en libertad. Sólo se indica que después del suceso fue dado de baja de la PGR y del Ejército.

Según el archivo del Cisen, el primer gran escándalo en el que se implicó Lazcano fue el asesinato del comandante Jaime Rajid Gutiérrez Arreola, de la PJF, el 21 de marzo de 1999, a la altura del kilómetro 8 más 900 de la carretera Reynosa-Camargo.

El boletín número 244/99 de la PGR informa textualmente que por este homicidio se giró orden de aprehensión:

"Por la comisión de diversos delitos como son: Delincuencia Organizada, Homicidio, Contra la Administración de Justicia, Abuso de Autoridad y Encubrimiento, entre otros, en contra de: Lic. Carmen Oralio Castro Aparicio, ex-delegado de la PGR en el estado de Tamaulipas; Lic. Aurelio Soto Huerta, ex-subdelegado; Andrés y José Isabel López Rivas, Gabriel Ángel Gutiérrez Portillo y Ramiro García Eugenio, todos ellos ex-agentes de la PJF; Juan Antonio Contreras Domínguez (a) *El Tony* y Manuel de Jesús Siordia Franco (a) *El Manolo* (civiles extraños a la delegación estatal); Eduardo Rendón López, Ministerio Público de la Federación; y Jorge Calderón Frías, médico legista del gobierno del estado de Tamaulipas; así como del narcotraficante Oziel (sic) Cárdenas Guillén."

Ahí se afirma que la muerte de Gutiérrez Arreola "no fue resultado de un enfrentamiento a balazos con narcotraficantes, como se quiso hacer creer en la investigación original que se practicó por la delegación estatal de la PGR en Tamaulipas, sino que ésta se debió a una discusión por cuestiones monetarias derivadas de actividades ilícitas, en la cual estuvieron presentes: Carmen Oralio Castro Aparicio, Aurelio Soto Huerta, Juan Antonio Contreras Domínguez (a) *El Tony*, Manuel de Jesús Siordia Franco (a) *El Manolo*, Andrés y José Isabel López Rivas, Gabriel Ángel Gutiérrez Portillo y Ramiro García Eugenio, así como, a dicho de los inculpados, el narcotraficante conocido como Oziel (sic) Cárdenas Guillén".

Pero en la ficha del Cisen se agrega que, según testimonio de la colombiana Andrea Posada Williamson, novia de Cárdenas Guillén detenida en noviembre de 2000, para entonces Lazcano ya era el encargado de la seguridad del capo del CDG.

Domicilios sospechosos

En la ficha del Cisen, que data de 2007, se hace referencia a varios domicilios relacionados con Lazcano, los cuales, se puede suponer, eran pistas para localizarlo. Pese a esto el capo no fue aprehendido.

El gobierno federal investigaba las siguientes direcciones en Pachuca: Privada Valle de Seco, casa 4, fraccionamiento Arboledas de San Javier; Retorno 4, Camelias 122, fraccionamiento Paseo de Camelias; Valle Imperial 150, fraccionamiento San Javier; y avenida Álamo y calle de Sabino 107, en la colonia Tezontle, donde Lazcano patrocinó la construcción del centro de catequesis Juan Pablo II de la iglesia de Nuestra Señora de San Juan de los Lagos.

También se relacionaba con él un domicilio en Vicente Rivapalacio 805, colonia Guadalupe Victoria, de Coatzacoalcos, Veracruz.

La ficha detallaba: "Información reciente señala que conduce una camioneta Sonora color azul con placas XBP1224, registrada a nombre de Jorge Reynaldo Alvarado Aguilar, con domicilio en calle La Playa, colonia Villa del Mar en Matamoros, Tamaulipas", así como otro vehículo con matrícula RZV4109 que tenía registros de viajes a Estados Unidos y relacionaba a Los Zetas con ciudadanos de Jordania: "Las personas que manejan estos dos vehículos tienen conocidos en el mismo domicilio en San Antonio, Texas; uno de estos asociados es de nacionalidad jordana".

Y se añade un domicilio más "en Plaza San Marcos Poniente 204, de la colonia Valle de San Ángel, Sector Francés, en Garza García, Nuevo León, el cual es utilizado por dos o tres presuntos kaibiles y una persona no identificada, al parecer Heriberto Lazcano Lazcano".

Pese a toda esa información el gobierno nunca dio con él. Ahora, cuando oficialmente está muerto, lo sigue buscando.

14 de octubre de 2012

Cautela en Washington

J. Jesús Esquivel

WASHINGTON.- Si bien aplaudió a las autoridades mexicanas por la presunta eliminación del líder de Los Zetas, *El Lazca*, la DEA se deslinda: "Nosotros no participamos absolutamente en nada, no fuimos nosotros quienes ubicaron al criminal abatido", dice a **Proceso** un efectivo de la agencia antidrogas que trabaja en la zona de la frontera norte de México y quien por razones de seguridad pide el anonimato.

El domingo 7 de octubre la Semar informó que sus hombres abatieron a tiros al *Lazca* y a uno de sus acompañantes cuando asistían a un partido de beisbol llanero en la localidad de Progreso, en el estado de Coahuila, en un incidente que, según las autoridades mexicanas, fue fortuito.

El 8 de octubre los medios mexicanos destacaron que, según la Marina, uno de los dos hombres abatidos el día anterior en Coahuila presuntamente era el líder de Los Zetas. Horas después la institución ratificó que, tras comparar las huellas dactilares del cadáver con las que el Ejército tenía en su base de datos, podía asegurarse que *El Lazca* sí cayó en el enfrentamiento del día 7.

Pero las dudas afloraron no obstante lo declarado por la Semar, sobre todo porque algunas características del supuesto cadáver del capo no coinciden con los datos de México y de la DEA.

"Lo increíble es que se hayan robado el cadáver. Este hecho vergonzoso provoca dudas sobre su identidad, aunque efectivamente se haya dado muerte a Lazcano Lazcano", apunta el agente de la DEA.

La ficha del gobierno mexicano estipula que *El Lazca* medía 1.60 metros, pero la DEA anota 1.76 metros. Lo cierto es que el cadáver robado medía 1.80 metros, de acuerdo con la información de la propia Semar.

"No vimos el cadáver ni pudimos comparar las huellas dactilares de éste con las que teníamos del *Lazca* en nuestros archivos. No tenemos otra alternativa más que creerle al gobierno de México", subraya el agente.

Tras el robo del cadáver **Proceso** consultó varias fuentes del gobierno de Estados Unidos. Una de ellas, que trabaja en una agencia federal en Laredo, Texas, sostiene que después de que los marinos hicieron el anuncio oficial de la muerte del *Lazca*, los sistemas de inteligencia de Washington en México "parecían dar por confirmada" la información.

"Si tuviéramos que marcar las posibilidades de su muerte en una escala, diría que estamos en 90% de probabilidad –comenta–. Además hay un hecho muy extraño de suma importancia: la plaza de Nuevo Laredo está muy calmada y callada. Nuestras fuentes de inteligencia nos dicen que se debe a que el cártel de Los Zetas se está reagrupando por la baja de un alto mando."

Y aun cuando la organización está reconfigurando sus mandos por la presunta baja de uno de sus líderes, el gobierno de Estados Unidos se muestra preocupado, pues, según la fuente, los sicarios de ese grupo "pueden reaccionar con más violencia cuando designen al sucesor del *Lazca*".

Comenta que si bien la agencia en la que labora considera que Miguel Ángel Treviño, *El Z-40*, asumirá todo el control del cártel, "el gobierno mexicano tiene que estar muy bien preparado y listo para confrontar la reacción", sobre todo en el norte de Nuevo Laredo, ciudad identificada como la sede de las operaciones de Los Zetas.

Al anunciarse oficialmente la muerte del *Lazca* en el "operativo fortuito" de la Marina, el gobierno de Barack Obama se abstuvo de comentar la noticia. Ni la DEA ni el Departamento de Estado mencionaron el tema.

No fue sino hasta cuatro días después cuando el vocero de la DEA, Rusty Payne, distribuyó un breve comunicado, escrito con un lenguaje cauteloso: "El presidente mexicano Felipe Calderón y su secretario de Gobernación, Alejandro Poiré Romero, han confirmado la muerte del líder del Cártel de Los Zetas, Heriberto Lazcano".

Y aun cuando la agencia felicitó a las autoridades mexicanas "por su reciente serie de éxitos en abatir los liderazgos de las organizaciones criminales", en ningún momento dejó entrever que el gobierno estadunidense avalaba la confirmación de la identidad del cadáver.

La DEA no aludió al operativo en el que elementos de la Semar supuestamente mataron al *Lazca*. Se limitó a señalar que "con la muerte de Lazcano el gobierno de México ha capturado o asesinado a 25 de las 37 figuras del crimen más buscadas".

A condición del anonimato un funcionario mexicano comenta a **Proceso** que la cautela de la DEA se justifica ante los recientes ridículos en que han incurrido las autoridades de México al anunciar golpes a las estructuras de poder de los cárteles que han resultado acciones equivocadas.

"Era casi imposible que la DEA reaccionara confirmando la muerte del *Lazca* –dice–. La DEA aprendió su lección cuando el 21 de junio (de 2012) la Marina informó sobre la detención del presunto hijo del *Chapo* e inmediatamente se apresuró a aplaudir al gobierno mexicano por el golpe. 24 horas después de aplaudir la detención, la DEA desmintió la noticia."

Consultadas por este semanario, las autoridades de los dos países involucradas en la lucha contra el narcotráfico y el crimen organizado no ocultan su perplejidad por el robo del cuerpo del presunto líder zeta.

"Es inaudito lo que pasó con el cadáver. No se entiende por qué la Marina –la institución más respetada, la que más golpes ha dado al narcotráfico– haya descuidado el cadáver", comenta el funcionario mexicano.

Y añade: "Tomando en cuenta que cuando mataron a Arturo Beltrán Leyva (el 16 de diciembre de 2009) en un operativo en Cuernavaca, lo primero que hicieron fue resguardar el cadáver e incluso tomarse fotos, muy criticables por cierto, con el cuerpo abatido. La única explicación al error del domingo (7 de octubre) es que no sabían a quién habían matado".

En las agencias estadunidenses, según las fuentes consultadas, no dudan que la supuesta baja del *Lazca* pudiera debilitar al grupo criminal, aun cuando *El Z-40* –quien "estaba en disputa abierta con Lazcano Lazcano"– lo remplace, por lo que, dicen, el gobierno de México debe aprovechar para fortalecer su estrategia contra el cártel.

"Creo que este es el momento oportuno para darle un golpe muy duro y efectivo a Los Zetas en las plazas donde aparentemente ejercen su dominio. Por lo que ocurre en Nuevo Laredo, se podría deducir que (sus integrantes) están confundidos y que esto puede causar una escisión en sus estructuras de mando que no le convendría a nadie. El gobierno mexicano tiene que analizar muy bien la situación para sacar ventaja de ello", agrega el funcionario estadunidense de Laredo.

Las fuentes consultadas hacen hincapié en otro de los aspectos que el gobierno de México debe tomar en cuenta: que con el supuesto debilitamiento de Los Zetas, el único beneficiado es el Cártel de Sinaloa.

14 de octubre de 2012

La caída y la sucesión

Jorge Carrasco Araizaga y Juan Alberto Cedillo

SALTILLO, COAHUILA/MÉXICO, DISTRITO FEDERAL.- Heriberto Lazcano Lazcano, *El Lazca*, oficialmente ya no existe.

Su anunciado sucesor, Miguel Ángel Treviño Morales, *El Z-40*, tendrá que sumar a los seguidores de aquél o acabar con ellos para redefinir a la organización delictiva. Los expertos dudan que pueda cumplir alguna de esas dos misiones. La única certeza que tienen es que la reestructuración traerá más violencia, como ha ocurrido tras la caída de otros capos.

Treviño carece de la formación militar del *Lazca*. Comenzó robando vehículos y autopartes en Estados Unidos; único civil entre los fundadores de Los Zetas, ascendió al liderazgo sólo por estar cerca de Lazcano.

Si al *Lazca* lo apodaban también *El Verdugo* por sus métodos violentos, Treviño lo supera en estas lides. Y su hermano Omar, *El Z-42*, más.

"En esa relación Lazcano era el estratega", dice una fuente oficial de seguridad. La permanencia del *Z-40* en Los Zetas le ha permitido conocer la estructura y operación de distintas organizaciones, principalmente del CDG y de La Familia Michoacana. Formó parte del brazo armado de aquélla y a la segunda le dio entrenamiento.

Fue uno de los consolidadores de Los Zetas como cártel con presencia más allá de México. Estados Unidos lo tiene como uno de sus objetivos a encarcelar. En tribunales federales de Texas y Washington se le siguen juicios por tráfico de cocaína y mariguana y por lavado de dinero, igual que al Z-42. Otro de sus hermanos, José, fue detenido en junio pasado en Oklahoma, acusado de lavar dinero con la compra de ranchos y caballos de carreras.

La justicia estadunidense tiene el historial del Z-40 como operador en el tráfico de droga y de lavado de dinero y como responsable de la compra de autoridades federales y estatales, civiles y militares (**Proceso** 1736 y 1840).

Entre las relaciones que se le atribuyen destaca la de jefes y oficiales de la Marina con quienes supuestamente coordinó detenciones de hombres de confianza del *Lazca*, del que al parecer ya estaba distanciado.

Una de las fuentes consultadas por **Proceso** describe a Treviño como un hombre grueso, de bigote y cabello corto y que suele vestir camisetas tipo polo, pantalones de mezclilla y tenis. Uno de sus refugios es la casa de su abuela en Piedras Negras, Coahuila.

Un teniente coronel retirado –quien combatió al narcotráfico desde la *Operación Cóndor* en los setenta– considera que en los próximos días se definirá si el grupo se divide o si *El Z-40* mantiene el control. "Se verá si las facciones zetas de San Luis Potosí, Zacatecas y Nuevo León se someterán a las órdenes de Treviño", dice.

Lo que confirmaría esta eventualidad sería la aparición de "narcomantas" acusando al Z-40 de haber traicionado a Salvador Alfonso Martínez Escobedo o Carlos García, *La Ardilla* –uno de los hombres más cercanos al *Lazca* y quien fue detenido un día antes de la muerte oficial de su jefe– para quedarse al frente del cártel.

Por lo pronto Los Caballeros Templarios, escisión de La Familia Michoacana ya le declaró la guerra en mantas que colocó en Michoacán, Guanajuato, Guerrero y el Estado de México después de la anunciada muerte del *Lazca*. Días antes ya habían advertido que llegarían hasta Nuevo León, zona zeta, para enfrentar a Treviño.

Otro posible derrotero para Los Zetas es que la captura de *La Ardilla* y del *Talibán* y la muerte del Lazcano deje células sueltas y éstas "se vayan por la libre", como ocurrió en Monterrey después del atentado al casino Royale.

Las células sueltas de Monterrey pronto se convirtieron en grupos autónomos y como consecuencia se redujeron en esa ciudad los delitos de alto impacto, las matanzas y los enfrentamientos, pero se dispararon los secuestros y las extorsiones.

Hace cinco años Nuevo León tenía en promedio uno o dos secuestros por año. Ahora, según las estadísticas del Consejo de Seguridad, hay al menos 25 plagios y levantones al mes. En el último año el ejército y la AEI han desarticulado 165 bandas de secuestradores y detenido a unos 12 mil delincuentes, muchos de ellos exmiembros de Los Zetas y del CDG.

El caos

Por lo pronto hay indicios de que las fuerzas se están reacomodando en los feudos que fueron del *Lazca*. El pasado fin de semana efectivos militares tuvieron enfrentamientos contra hombres armados –sin que hasta el momento se sepa si se trata de zetas o de integrantes del CDG– en poblados y zonas del poniente de la ciudad tamaulipeca de Matamoros, choques que a su vez desataron bloqueos.

La policía local reportó que los tiroteos comenzaron antes del mediodía del 12 de octubre de 2012 en pueblos sobre la vía libre Matamoros-Reynosa. Las escaramuzas se extendieron a diversos sectores de la fronteriza Matamoros y luego ocurrieron los bloqueos en diversas vialidades.

Los enfrentamientos del día 12 aparentemente fueron consecuencia del operativo federal y estatal del día anterior en la colonia Modelo, que permaneció más de seis horas sitiada para asegurar una residencia.

La situación se tornó tan violenta en Matamoros que el mismo día 12 el consulado de Estados Unidos emitió una alerta para sus ciudadanos. Aunque las autoridades locales no han informado nada al respecto, la legación atribuyó la escalada de violencia a la detención de familiares de un presunto "líder criminal" y habló de posibles represalias contra estadunidenses "tras la detención de integrantes de la Organización Trasnacional Criminal".

Hasta la noche del 13 de octubre los enfrentamientos continuaban, ahora en ejidos de la carretera Matamoros-Playa Bagdad.

Cadáver ausente

La presunta eliminación de Lazcano, líder histórico de Los Zetas, sintetizó el sexenio de Felipe Calderón: mucha bala, poca inteligencia. Lo que las autoridades federales quieren presentar como el mayor golpe al narco en México en más de una década –a dos meses y medio de que concluya el gobierno panista– acabó en el vergonzoso robo del supuesto cadáver del capo.

Ni los servicios de seguridad e inteligencia civiles y militares ni los propios infantes de marina protagonistas de la caída de renombrados jefes del narcotráfico en años recientes estaban preparados para el fin de Lazcano. Las inconsistencias de la Marina y de la PGJ de Coahuila lo demuestran.

La Semar dio una versión simple, rayana en la candidez tratándose de uno de los jefes más importantes del narcotráfico internacional. Como en la mayoría de sus acciones, en un comunicado de prensa contó que el 7 de octubre de 2012 "en atención de diversas denuncias ciudadanas" supo que "personas armadas integrantes del crimen organizado se encontraban en el área de Progreso, Coahuila, procediendo a efectuar un patrullaje por el área a fin de verificar la información".

Sin precisar el lugar, que resultó el campo de beisbol de la comunidad, dijo que cuando llegó el personal de la Marina fue agredido con armas de fuego. Los marinos respondieron y mataron a dos delincuentes a los que les aseguraron dos armas largas, un lanzagranadas con 12 granadas útiles, un tubo lanzacohetes con dos cohetes, cargadores y cartuchos de diversos calibres.

Deliberadamente vaga la Marina añadió: "Se obtuvo información de que una vez que se realizaron las pruebas forenses correspondientes, se alcanzaron indicios que señalan que uno de los cuerpos es de Heriberto Lazcano Lazcano (a) *El Lazca*, líder principal de la organización delictiva de Los Zetas".

Un día después dijo que había confirmado la identidad del narcotraficante "al cotejar en las bases de datos dactilares las huellas de los dedos pulgar, índice y medio, tomadas de la mano derecha de uno de los criminales abatidos". Ahí comenzaron las inconsistencias.

La Marina lo describió como un hombre de 1.60 metros, mientras la ficha de la DEA lo registra 20 centímetros más alto. La información de un hombre alto coincide más con la que dio al reportero Rodrigo Vera un excompañero de Lazcano en el Ejército.

El vocero de la Marina, José Luis Vergara, se enredó para explicar que la diferencia se debía que la ficha de México correspondía a su ingreso al Ejército, a los 17 años, por lo que después pudo crecer 20 centímetros.

No acabaron ahí los aprietos del vocero, que después tuvo que admitir "el robo" del cadáver por un comando armado, como había informado la PGJ.

Ante la crisis de credibilidad Vergara tuvo que hacer un carrusel de entrevistas en radio, televisión y prensa escrita. Dio más detalles, pero cada vez más inconsistentes, como la existencia de un tercer delincuente que escapó y la supuesta carrera de 300 metros del *Lazca* para intentar salvarse.

Dudas razonables

La Marina prefirió pasar como incompetente. En su propia versión dijo que no sabía que había matado al *Lazca*, por lo que no custodió el cuerpo. Culpó de la pérdida a los peritos de la PGJ que después de la autopsia decidieron enviar el cuerpo a una funeraria. Pero la Procuraduría también se deslindó.

Funcionarios de seguridad y exmiembros de las Fuerzas Armadas que han participado en acciones contra el narcotráfico derrumban la versión de la Marina. Explican que ésta utiliza fusiles M-16 cuyas balas alcanzan una velocidad de 960 metros por segundo, por lo que es imposible que el narcotraficante hubiera podido correr 100 o 300 metros.

Pero sobre todo, por tratarse del máximo jefe de una de las organizaciones más peligrosas, no podía estar sólo con dos hombres de guardia, como dice la versión oficial.

"Su seguridad ha estado muy bien organizada. Su escolta está integrada por estacas, grupos de 10 a 15 hombres, además de que a su alrededor tiene cinturones de seguridad a los que llaman La Guardia, que no dejan que se acerque nadie. Son quienes provocan los enfrentamientos para que logre escapar", explican los entrevistados.

Cuestionan incluso la identidad del cadáver pues sostienen que los datos de las huellas dactilares pudieron ser manipulados por la PGJ, que fue la que oficialmente realizó la primera identificación del cadáver y que después le pasó la información a la Semar y a la PGR, a la que la Marina no le entregó el cadáver a pesar de que en el enfrentamiento del 7 de octubre se utilizaron armas de uso exclusivo del Ejército.

Consideran también la eventualidad de que *El Lazca* no estuviera en Coahuila pues en los dos meses pasados esta entidad se ha vuelto el centro de la crisis del narcotráfico en México, a pesar de que en agosto pasado el gobernador Rubén Moreira aseguró que gracias a operativos de su gobierno con el de Calderón había logrado sacar del estado al jefe de Los Zetas.

Al hacer esas declaraciones, a mediados de agosto, en Saltillo, Torreón y la región de Piedras Negras se registraban cotidianos enfrentamientos y matanzas que terminaron por desplazaron a Nuevo León y Tamaulipas de los primeros lugares en la violencia criminal.

La crisis se agudizó el 17 de septiembre de 2012 con la fuga de 131 reos del Cereso de Piedras Negras, municipio controlado por Los Zetas. Primero se dijo que habían huido por un túnel que se cavó desde el taller de carpintería. Las investigaciones arrojaron que la realidad fue que los internos salieron por la puerta principal con la complicidad de custodios y autoridades carcelarias.

La fuga desencadenó una cacería de reos en la que participaron todos los cuerpos de seguridad. Las autoridades estatales ofrecieron una recompensa de 200 mil pesos por cada interno recapturado, oferta que se hizo extensiva a los policías estatales que así se aplicaron en su trabajo.

La cacería derivó en varios enfrentamientos. El 3 de octubre los policías estatales abatieron a cuatro sicarios, entre los que se encontraba Alejandro Treviño Chávez, sobrino del Z-40.

Tras la muerte de Treviño Chávez comenzaron las amenazas contra la familia del gobernador Moreira. Al siguiente día fue localizado en una brecha de Ciudad Acuña José Eduardo Moreira Rodríguez, hijo mayor del exmandatario Humberto Moreira, ejecutado con tres tiros en la cabeza.

Versiones no confirmadas mencionan que junto al cadáver del joven había un letrero: "Familia X familia".

Si el asesinato de José Eduardo Moreira parecía la cúspide de una cadena de hechos violentos en el estado, la muerte oficial del *Lazca* aún puede generar más derramamiento de sangre.